책 속의 QR 코드로 용선생의 세계 문화유산 강의를 볼 수 있습니다.
QR 코드를 스캔하여 회원 가입 및 로그인 진행 후
도서 구매 시 제공된 영상 쿠폰 번호를 등록해 주세요.

영상 재생 방법
❶ QR 코드 스캔 ⋯▶ ❷ 회원 가입 / 로그인 ⋯▶ ❸ 영상 쿠폰 번호 등록 ⋯▶ ❹ 영상 재생

회원 가입/로그인 후에 영상 재생을 위해 QR 코드를 다시 스캔해 주세요.
쿠폰 번호는 최초 1회만 등록 가능하며, 변경 또는 양도할 수 없습니다.
로그인 상태라면 즉시 영상을 재생할 수 있습니다.
PC에서는 용선생 클래스(yongclass.com)에서 시청할 수 있습니다.

영상 재생 방법 안내

글 이희건
서울대학교 고고미술사학과를 졸업하고 오랫동안 책 만드는 일을 해 왔으며, 사회평론 역사연구소장을 역임했습니다.

글 차윤석
서울대학교 독어독문학과를 졸업하고 같은 학교 대학원에서 석·박사 과정을 거친 뒤 독일 뮌헨대학교에서 중세문학 박사 과정을 마쳤습니다.

글 김선빈
고려대학교 국어국문학과를 졸업하고 웹진 <거울>등에서 소설을 썼습니다. 어린이 교육과 관련된 일을 시작하여 국어, 사회, 세계사와 관련된 다양한 교재와 컨텐츠를 개발했습니다.

글 박병익
고려대학교 사학과를 졸업했습니다. 사실의 나열이 아닌 '왜?'와 '어떻게?'라는 질문을 통해 어린이들이 역사와 친해지는 글을 쓰기 위해 오늘도 고민하고 있습니다.

글 김선혜
고려대학교 사학과를 졸업하고 여러 회사에서 콘텐츠 매니저, 기획 업무를 담당했습니다.

그림 이우일
홍익대학교에서 시각디자인을 공부한 만화가입니다. '노빈손' 시리즈의 모든 일러스트레이션을 그렸으며 지은 책으로는 《우일우화》, 《옥수수빵파랑》, 《좋은 여행》, 《고양이 카프카의 고백》등이 있습니다.

설명삽화 박기종
단국대학교 동양화과와 홍익대학교 대학원을 나와 지금은 아이들의 신나는 책 읽기를 위해 어린이 책 일러스트 작가로 활동하고 있습니다.

지도 김경진
'매핑'이란 지도회사에서 일하면서 어린이, 청소년 책에 지도를 그리고 있습니다. 얼마 전까지 중학교 교과서 만드는 일도 했습니다. 참여한 책으로는 《아틀라스 중국사》, 《아틀라스 일본사》, 《아틀라스 중앙유라시아사》, 《미래를 여는 한국의 역사》등이 있습니다.

구성 정지윤
서울대학교 국어교육과를 졸업하고 문화예술, 교육 분야 기관에서 기획 업무를 담당했습니다.

자문 및 감수 김병준
서울대학교 동양사학과를 졸업하고 같은 학교 대학원에서 석·박사 학위를 받았습니다. 현재 서울대학교 역사학부 교수로 재직 중입니다. 《순간과 영원: 중국고대의 미술과 건축》, 《고사변 자서》등을 우리말로 옮겼고, 《중국고대 지역문화와 군현지배》등을 지었습니다. 함께 지은 책으로 《사료로 보는 아시아사》, 《역사학의 성과와 역사교육의 방향》, 《동아시아의 문화교류와 소통》등이 있습니다.

자문 및 감수 남종국
서울대학교 서양사학과를 졸업하고 같은 학교 대학원에서 석사 학위를, 프랑스 파리1대학에서 박사 학위를 받았습니다. 현재 이화여대 사학과 교수로 재직하고 있습니다. 지은 책으로《이탈리아 상인의 위대한 도전》, 《지중해 교역은 유럽을 어떻게 바꾸었을까?》, 《세계사 뛰어넘기》등이 있으며 《프라토의 중세 상인》을 우리말로 옮겼습니다.

자문 및 감수 박수철
서울대학교 역사교육과를 졸업하고 같은 대학 대학원 동양사학과에서 석사를, 일본 교토대에서 박사 학위를 받았습니다. 현재는 서울대학교 역사학부 교수로 재직 중입니다. 지은 책으로는 《오다·도요토미 정권의 사사지배와 천황》이 있으며, 함께 지은 책으로는 《아틀라스 일본사》, 《사료로 보는 아시아사》, 《일본사의 변혁기를 본다》등이 있습니다.

자문 및 감수 이은정
한국외국어대학교 터키어과를 졸업하고 터키 국립 앙카라 대학교 역사학과에서 석사 학위를, 서울대학교 서양사학과에서 박사 학위를 받았습니다. 현재는 서울대학교 등에서 강의를 하고 있습니다. <16-17세기 오스만 황실 여성의 사회적 위상과 공적 역할-오스만 황태후의 역할을 중심으로>와 <'다종교·다민족·다문화'적인 오스만 제국의 통치전략>등의 논문을 지었습니다.

자문 및 감수 이지은
이화여대 사학과를 졸업하고 한국외국어대학교와 인도 델리대학교, 네루대학교에서 석사·박사 학위를 받았습니다. 현재 한국외국어대학교 인도연구소 HK연구교수로 일하고 있습니다. 함께 지은 책으로는 《탈서구중심주의는 가능한가》가 있으며 <인도 식민지 시기와 국가형성기 하층카스트 엘리트의 저항 담론 형성과 역사인식>, <반서구중심주의에서 원리주의까지>등의 논문을 지었습니다.

자문 및 감수 정재훈
서울대학교 동양사학과를 졸업하고 같은 학교 대학원에서 석사·박사 학위를 받았습니다. 현재 경상대학교 사학과 교수로 재직 중입니다. 지은 책으로는 《돌궐 유목제국사》, 《위구르 유목제국사(744~840)》등이 있고 《유라시아 유목제국사》, 《사료로 보는 아시아사》등을 우리말로 옮겼습니다.

교과 과정 감수 박혜정
성균관대학교 역사교육과를 졸업하고 현재는 경기도 용인 신촌중학교에서 근무하고 있습니다. 『나의 첫 세계사』를 집필하였습니다.

교과 과정 감수 한유라
홍익대학교 역사교육과를 졸업하고, 현재는 경기도 광명 충현중학교에서 근무하고 있습니다. 『12.3 사태, 그날 밤의 기록』을 집필하였습니다.

교과 과정 감수 원지혜
동국대학교 역사교육과를 졸업하고, 현재는 경기도 시흥 은계중학교에서 근무하고 있습니다. 『더 늦기 전에 시작하는 생태환경사 수업』의 공저자입니다.

기획자문 세계로
1991년부터 역사 전공자들이 모여 함께 고민하고 연구하며 한국사와 세계사를 가르치고 있습니다. 《용선생의 시끌벅적 한국사》기획에 참여했고, 지은 책으로는 역사동화 '이선비' 시리즈가 있습니다.

4 지역 문화권의 형성
아시아, 이슬람, 유럽 문화권

교양으로 읽는
용선생
세계사

글 | 이희건 차윤석 김선빈 박병익 김선혜
그림 | 이우일 박기종

차례

2교시 일본의 탄생

가깝고도 먼 나라 일본의 이모저모	064
일본은 알고 보면 꽤 큰 나라	070
한반도에서 건너온 사람들이 벼농사와 철기를 퍼트리다	074
치열한 경쟁을 거쳐 강력한 왕이 등장하다	078
쇼토쿠 태자, 불교를 도입하고 왕권을 강화하다	083
다이카 개신과 일본의 탄생	087
율령을 공포하고 수도를 옮기다	092
당나라의 영향을 듬뿍 받은 나라 시대	094
후지와라 가문이 일본의 실권을 장악하다	098
나선애의 정리노트	103
세계사 퀴즈 달인을 찾아라!	104
용선생 세계사 카페	
천황의 뿌리가 된 일본의 창세 신화	106
일본의 문화 독립 선언, 국풍 문화란?	108

교과 연계 중학교 역사① Ⅲ-1 동아시아 문화의 형성

1교시 중국을 통일한 수나라와 세계 제국 당나라

중국 문명의 심장부 산시성(섬서성)을 가다	014
짧고 굵었던 수나라	018
당 태종이 세계 제국의 기초를 마련하다	025
동아시아에 큰 영향을 미친 당나라의 여러 제도들	029
세계의 수도 장안	033
안녹산의 난으로 급격히 기울어지는 당나라	040
황소의 난, 휘청거리는 당나라를 꺼꾸러뜨리다	044
나선애의 정리노트	049
세계사 퀴즈 달인을 찾아라!	050
용선생 세계사 카페	
천 년의 시간을 뛰어넘은 한시의 슈퍼스타 두보와 이백	052
전설이 된 인도 유학파 승려 현장 스님	056

교과 연계 중학교 역사① Ⅲ-1 동아시아 문화의 형성

3교시 유라시아 초원의 풍운아 튀르크

중앙아시아에 정착한 유목민의 후예들	114
선비가 세운 초원의 제국 유연	120
튀르크인이 유연을 꺾고 초원의 지배자가 되다	124
돌궐 제국이 비단길을 장악하다	130
수나라와 당나라의 이간책으로 돌궐 제국이 붕괴되다	137
튀르크인의 끝나지 않은 역사	143
나선애의 정리노트	147
세계사 퀴즈 달인을 찾아라!	148
용선생 세계사 카페	
독립군 대장에서 카간까지 튀르크 독립 영웅 쿠틀룩 이야기	150

교과 연계 중학교 역사① Ⅲ-1 동아시아 문화의 형성

4교시 아리아인이 인도의 주인 자리를 되찾다

'라자'들의 땅 라자스탄주	156
굽타 왕조가 브라만교를 부활시키다	160
브라만교가 힌두교로 탈바꿈하다	164
인도 고전 문화가 황금기를 누리다	169
힌두교가 인도 대표 종교로 자리 잡다	176
힌두교와 불교가 아시아 전역으로 퍼져 나가다	182
나선애의 정리노트	187
세계사 퀴즈 달인을 찾아라!	188
용선생 세계사 카페	
인도인들이 사랑하는 《라마야나》의 한 장면	190
비슈누의 화신들	192

교과 연계 중학교 역사① Ⅲ-2 크리스트교와 이슬람교의 확산

5교시 이슬람의 시대가 열리다

이슬람교의 고향 아라비아반도를 찾아서	198
아라비아반도가 새로운 무역의 중심지로 떠오르다	204
무함마드, 천사의 계시를 받아 이슬람교를 창시하다	212
이슬람교가 아라비아반도를 뒤덮다	219
칼리프들이 이슬람교의 기반을 다지다	224
이슬람 제국이 탄생하다	227
나선애의 정리노트	233
세계사 퀴즈 달인을 찾아라!	234
용선생 세계사 카페	
이슬람교도의 평생소원, 메카 순례	236

교과 연계 중학교 역사① Ⅲ-2 크리스트교와 이슬람교의 확산

6교시 이슬람 세계가 황금기를 맞이하다

지중해로 뻗어 나간 이슬람 세계, 북아프리카의 오늘날	242
우마이야 왕조와 시아파가 탄생하다	248
우마이야 왕조, 이슬람 제국을 전성기로 이끌다	255
아바스 왕조와 세계의 중심 바그다드	260
세 명의 칼리프가 등장하다	267
나선애의 정리노트	275
세계사 퀴즈 달인을 찾아라!	276
용선생 세계사 카페	
이슬람 세계의 베스트셀러 《천일야화》	278
이슬람 사원은 어떻게 생겼을까?	280

교과 연계 중학교 역사① Ⅲ-2 크리스트교와 이슬람교의 확산

7교시 서로마 제국 멸망 이후 급변하는 유럽

바이킹의 고향, 스칸디나비아 지역을 가다	286
프랑크족이 서유럽을 통일하다	292
크리스크교가 둘로 갈라지다	300
카롤루스 대제가 서로마 제국 황제 자리에 오르다	306
동쪽에서 이슬람 세력을 막아 낸 비잔티움 제국	316
바이킹의 시대가 열리다	321
나선애의 정리노트	331
세계사 퀴즈 달인을 찾아라!	332
용선생 세계사 카페	
앵글로색슨족의 영국 침략과 아서왕 전설	334
아메리카로 간 바이킹	336

교과 연계 중학교 역사① Ⅲ-2 크리스트교와 이슬람교의 확산

한눈에 보는 세계사-한국사 연표	338
찾아보기	340
참고문헌	343
사진 제공	349
퀴즈 정답	353

초대하는 글

용선생 역사반, 세계로 출발!

　여러분, 안녕! 용선생 역사반에 온 걸 환영해!
　용선생 역사반의 명성은 익히 들어 잘 알고 있겠지? 신나고 즐거운 데다 깊이까지 있다고 소문이 쫙 났더라고. 역사반에서 공부한 하다와 선애, 수재, 영심이도 중학교 잘 다니고 있다는 소식을 들었지.
　그런데 어느 날 중학생이 된 하다와 선애, 수재, 영심이가 다짜고짜 찾아와서 막 따지는 거야.
　"선생님! 왜 역사반에서는 한국사만 가르쳐 주신 거예요?"
　"중학교 가자마자 세계사를 배우는데, 이름도 지명도 너무 낯설고 어려워요!"
　"역사반 덕분에 초등학교 때는 천재 소리 들었는데, 중학교 가서 완전 바보 되는 거 아니에요?"
　한참을 그러더니 마지막에는 세계사도 가르쳐 달라고 조르더라고.
　"너희들은 중학생이어서 역사반에 들어올 수 없어~"
　그랬더니 선애가 벌써 교장 선생님한테 허락을 받았다는 거야. 아닌 게 아니라 다음날 교장 선생님께서 나를 불러 이러시더군.
"용선생님, 방과 후 시간에 역사반 아이들을 위한 세계사 수업을 해 보면 어떨까요?"
결국 역사반 아이들은 다시 하나로 뭉쳤어.
원래 역사반에서 세계사까지 가르칠 계획은 전혀 없었지만… 피할 수 없다면 즐겨라. 역사반 아이들이 이토록 원하는데 용선생이 어떻게 가만히 있을 수 있겠어? 그래서 중·고등학교 세계사 교과서들은 물론이고, 서점에 나와 있는 세계사 책들, 심지어 미국과 독일을 비롯한 세계사 교과서까지 몽땅 긁어모은 뒤 철저히 조사했어. 뭘 어떻게 가르칠지 결정하기 위해서였지. 그런 뒤 몇 가지 원칙을 정했어.

첫째, 지도를 최대한 활용하자! 서점에 나와 있는 책들은 대부분 지도가 부족하더군. 역사란 건 공간에 시간이 쌓인 거야. 그러니 그 공간을 알아야 역사가 이해되지 않겠어? 그래서 지도를 최대한 많이 넣어서 너희들의 지리 감각을 올려주기로 했단다.
둘째, 사람들이 살아가는 모습을 꼼꼼히 들여다보자! 세계사 공부를 할 때 이 사건이 왜 일어났는지도 중요하지만, 그때 사람들이 어떤 모습으로 살았는지도 중요해. 그 모습을 보면, 그들이 왜 그렇게 살았는지, 우리와는 무엇이 같고 다른지 알 수 있게 될 거야.
셋째, 사진과 그림을 최대한 많이 보여주자! 사진 한 장이 백 마디 말보다 사건이나 시대 분위기를 훨씬 더 효과적으로 전달할 때가 많아. 특히 세계사를 처음 배울 때는 이런 시각 자료가 큰 도움이 되지. 사진이나 그림은 당시 분위기를 파악하는 데도 아주 좋은 자료란다.

==넷째, 다른 역사책에서 잘 다루지 않는 지역의 역사도 다루자!== 인류 문명은 어떤 특정한 집단이나 나라가 만든 게 아니라, 지구상에 살았던 모든 집단과 나라가 빚어낸 합작품이야. 아프리카, 아메리카 원주민, 유목민도 유럽과 아시아 못지않게 인류 문명의 발전에 기여했다는 말이지. 세계 각지에서 일어난 문명과 역사를 알면 세계사가 더 쉽게 느껴질 거야.

==다섯째, 과거와 현재를 연결하자.== 수업 시작하기 전에 그 시간에 배울 사건들이 일어났던 나라나 도시의 현재 모습을 보게 될 거야. 그 장소가 과거뿐 아니라 지금도 사람들의 삶의 현장이라는 것을 보여 주기 위해서지. 예를 들어 메소포타미아 하면 사람들은 메소포타미아 문명이 일어난 곳으로만 알지, 지금 그곳에 이라크라는 나라가 있다는 사실은 모르는 경우가 많아. 지금 이라크 사람들의 모습과 옛날 메소포타미아 문명 사람들의 모습을 비교해 보는 것도 좋은 역사 공부 방법이란다.

이런 원칙으로 재미있게 세계사 공부를 하려는데, 작은 문제가 하나 있어. 세계사는 한국사와 달리, 직접 현장을 방문하기가 쉽지 않다는 점이지. 하지만 용선생이 누구냐. 역사 공부를 위해서라면 물불 가리지 않는 용선생이 이번에는 너희들이 볼 수 있는 영상도 만들었어. ==책 속의 QR코드를 찍으면 세계 곳곳의 문화유산과 흥미로운 사건을 볼 수 있을 거야.==

자, 애들아. 그럼 이제 슬슬 세계사 여행을 시작해 볼까?

등장인물

'용쓴다 용써' 용선생

어쩌다 맡게 된 역사반에, 한국사에 이어 세계사까지 가르치게 됐다. 맡은바 용선생의 명예를 욕되게 할 수는 없지. 제멋대로 자란 머리카락을 휘날리며 오늘도 용쓴다.

'장하다 장해' 장하다

'튼튼하게만 자라 다오.'라는 아버지의 소원대로 튼튼하게만 자랐다. 세계적인 축구 스타가 꿈! 세계를 다니려면 세계사 지식도 필수라는 생각에 세계사반에 지원했다. 영웅 이야기를 좋아해서 역사 인물들에게 관심이 많다.

'오늘도 나선다' 나선애

역사 마스터를 꿈꾸는 우등생. 공부도 잘하고 아는 게 많아서 잘 나선다. 글로벌 인재가 되려면 기초 교양이 튼튼해야 한다는 생각으로 용선생을 찾아가 세계사반을 만들게 한다. 어려운 역사 용어들을 똑소리 나게 정리해 준다.

'잘난 척 대장' 왕수재

시도 때도 없이 잘난 척을 해서 얄밉지만 천재적인 기억력 하나만큼은 인정. 또 하나 천재적인 데가 있으니 바로 깐족거림이다. 세계를 무대로 한 사업가를 꿈꾸다 보니 지리에 관심이 많다.

'엉뚱 낭만' 허영심

엉뚱 발랄한 매력을 가진 역사반의 분위기 메이커. 남다른 공감 능력이 있어서 사람들이 고통을 겪을 때면 눈물을 참지 못한다. 예술과 문화에 관심이 많고, 그 방면에서는 뛰어난 상식을 자랑한다.

'깍두기 소년' 곽두기

애교가 넘치는 역사반 막내. 훈장 할아버지 덕분에 뛰어난 한자 실력을 갖추고 있으며, 어휘력만큼은 형과 누나들을 뛰어넘을 정도. 그래서 새로운 단어가 등장할 때마다 한자 풀이를 해 주는 것이 곽두기의 몫.

1교시

중국을 통일한 수나라와 세계 제국 당나라

마침내 다시 중국을 통일한 수나라!
하지만 겨우 40년도 안 돼 수나라는 멸망했어.
그 뒤를 이은 나라가 바로 세계 제국 당나라야.
이번 시간에는 수나라와 당나라의 역사와
당나라가 신라와 발해 등 동아시아 여러 나라에
미친 영향에 대해 알아보자.

589년	618년	630년	755년	875년	907년
수나라, 중국 통일	이연, 수나라를 무너뜨리고 당나라 건국	당나라, 돌궐 제국 정복	안녹산의 난	황소의 난	주전충, 당나라를 멸망시킴

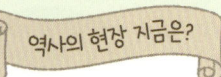

중국 문명의 심장부
산시성(섬서성)을 가다

산시성(섬서성)은 타이항산맥이 있는 산시성(산서성) 서쪽에 있으며, 고대로부터 중국 문명의 심장부였어. 면적은 한반도와 비슷하고, 인구는 3,700만 명에 이르지. 연 강수량이 약 750밀리미터 정도로 우리나라 연 강수량의 절반에 불과하지만 황허강을 비롯한 여러 하천들 덕분에 일찍부터 농업이 발달했어. 산시성은 여전히 농업 위주여서 산업화된 해안 도시들에 비해 몹시 낙후된 지역이야.

도시에서 조금만 떨어져도 외국어가 전혀 통하지 않고, 외국인을 신기하게 쳐다볼 정도지. 하지만 그만큼 자기들만의 개성 있는 문화를 잘 간직한 고장이기도 해.

▲ 산시성의 성도 시안

오랜 역사의 도읍지 시안

황허강의 지류인 웨이수이강의 범람원에 자리 잡은 시안은 산시성의 성도로 주변까지 합치면 인구가 1,300만 명을 넘는 거대한 도시야. 우리에게는 옛 이름인 장안이 더 친숙하지. 장안은 주나라에서 당나라에 이르기까지 1,000년 동안 10여 개 나라가 도읍으로 삼았던, 중국에서 가장 유서 깊은 도시지. 지금 동서양의 수많은 관광객들이 역사의 현장을 보기 위해 이 도시를 찾고 있어.

중국의 5대 명산 중 하나인 화산

시안에는 무협지의 단골 무대인 화산이 있어. 수많은 관광객이 화산의 신비롭고 아름다운 풍경을 보기 위해 이곳을 찾고 있지.

◀ 구름에 둘러싸인 화산

낙후된 황투고원 지역

산시성의 북부는 황투고원으로, 북방 초원과 맞닿아 있어. 중국 내에서도 비교적 낙후된 농촌 지역이어서 아직도 많은 사람들이 옛날 방식대로 살아가고 있지. 이곳을 여행하다 보면 2,000년 전 춘추 전국 시대의 유적도 심심찮게 만날 수 있어.

↑ 황투고원의 낙후된 농촌

↑ **황투고원의 농촌 마을** 사람들이 두꺼운 황토층을 갈아 밭을 일구고 있어.

← **수건을 두른 산시성 농촌의 할머니** 산시성에서는 오랜 옛날부터 햇볕을 가리고 땀을 닦기 위해서 수건을 머리에 둘렀대.

주식은 국수와 빵

산시성 사람들은 밥보다 국수를 즐겨 먹어. 덕분에 국수 요리가 매우 발달되어 있지. 특히 '굵기가 벨트와 같다.'고 하는 '뱡뱡면'이란 음식이 널리 알려져 있어. 손으로 면을 뽑을 때 '뱡뱡' 하는 소리가 난다고 해서 뱡뱡면이라는 이름이 붙었어. 그리고 산시성 사람들은 화덕에 빵을 구워 먹는데, 그 크기가 솥뚜껑만 해. 여행을 떠날 때 이 빵만 몇 개 챙기면 끼니 걱정을 할 필요가 없대.

↑ 국수가 주식인 산시성 사람들

 ← 한자 '뱡' 왼쪽 한자는 오로지 산시성 근방에서만 쓰이는 '뱡'이라는 한자야. 총 57획으로, 중국에서 가장 복잡한 글자지. 뱡뱡면을 처음 맛본 선비가 그 맛에 반한 나머지 온갖 좋은 글자를 섞어서 이 글자를 만들었다는 이야기가 전해지고 있어.

↑ 뱡뱡면

→ 솥뚜껑만 한 거대한 빵

017

짧고 굵었던 수나라

↑ 수 문제 수나라를 세우고, 위진 남북조 시대의 혼란을 끝냈어.

"지난 시간에는 북주가 중국 북부를 다시 통일한 이야기까지 했었지?"

용선생이 아이들을 둘러보며 책을 넘겼다.

"근데 말이야, 승리의 기쁨이 가시기도 전에 북주에는 멸망의 기운이 드리웠어. 일곱 살의 어린 황제가 즉위하면서 황제의 외할아버지 양견이 권력을 장악했고, 얼마 뒤에는 아예 외손자의 자리를 빼앗아 양견 자신이 황제 자리에 오른 거야. 양견은 나라 이름을 수로 바꾸고 곧바로 남조를 공격해 멸망시켰어. 589년, 마침내 400년 가까운 긴 분열을 끝내고 새로운 통일 왕조가 들어선 거야."

"수나라가 중국을 통일했군요!"

나선애가 노트를 들추며 말하자 용선생이 고개를 끄덕였다.

"그렇지. 양견이 바로 수나라의 첫 황제인 문제야. 수 문제는 오랜 전쟁으로 폐허가 된 중국을 차근차근 복구해 나갔어. 가장 시급한 일은 나라의 곳간을 채우고, 백성의 생활을 안정시키는 거였어. 그 일을 위해 낭비를 줄이고 불필요한 관직을 정리해 지출을 줄였지. 또 전국에 걸쳐 호구 조사를 철저히 실시해 숨어 있던 인구를 찾아내 세금 수입을 늘렸어."

"숨어 있던 인구를 찾아낸다는 게 무슨 뜻이죠?"

"세금을 피해 땅을 버리고 달아났던 유민과 대지주의 소작농이나 노비로 들어가 호적에서 사라졌던 사람들을 찾아냈다는 뜻이야. 수나라는 이들에게 땅을 나눠 줘 농사를 짓게 하고 세금을 거둬 세금 수입을 늘렸어. 이런 노력 덕분에 아들인 양제 때가 되면 나라의 곳간에 50년 치 먹을 양식이 쌓여 있었다고 할 만큼 수나라는 부유해졌지."

"백성이 먹고살 수 있게 해 주고 세금도 늘어났으니 일석이조의 정책이군요."

"그런 셈이지. 수나라는 관리를 뽑는 방법도 바꾸었어. 문벌 귀족의 등장을 가져온 구품중정제 대신 시험을 쳐서 관리를 뽑는 과거제를 도입한 거야."

"흠, 진작 그랬어야지요. 뭐니 뭐니 해도 시험만큼 공정한 게 없으니까."

용선생의 설명을 들은 왕수재가 으스대며 말했다.

용선생의 세계사 돋보기

당시 호구 조사는 지금의 인구 조사와 비슷해. 가구 수, 가구별 가족 수, 성별, 나이, 재산 등을 꼼꼼하게 조사했지. 이렇게 조사한 내용을 기록한 장부를 호적이라고 하는데, 호적은 각종 세금과 병역을 부과하는 기준이 되기 때문에 나라를 다스리는 데 가장 기본적인 자료란다.

곽두기의 국어사전

유민 흐를 류(流) 백성 민(民). 한곳에 머물러 살지 못하고 이리저리 떠돌아다니는 백성이야.

"그래. 과거제는 문벌 귀족을 약화시키고 오로지 황제에게 충성할 유능한 인재를 찾아내기에 가장 좋은 방법이었어. 또 과거제 덕분에 미천한 가문 출신의 인재도 오로지 실력만으로 관리가 될 수 있는 길이 열렸지. 수나라 때부터 과거제는 관리 선발 제도로 자리 잡아 1,000년 넘게 이어졌단다. 그뿐만 아니라 신라, 발해, 베트남 등 동아시아 여러 나라의 관리 등용 제도에도 큰 영향을 끼쳤지."

"그러니까 과거제도 중국이 원조였군요."

"수나라 이야기를 할 때 빼놓을 수 없는 게 대운하야. 여길 한번 보렴."

용선생이 스크린에 지도 한 장을 띄웠다.

"수나라는 총 25년에 걸쳐 중원 한복판을 가로지르는 어마어마한 길이의 운하를 건설했단다. 이 지도가 바로 수나라가 건설한 운하를 표시한 지도야. 지금의 베이징에서 창장강 남쪽의 항저우까지를 물길로 연결한 것으로 총 길이가 2,500킬로미터나 돼. 서울에서 부산까지 거리의 6배가 넘는 길이의 강을 인공적으로 만든 거야!"

"그렇게 어마어마한 공사를 왜 했어요?"

"창장강, 화이허강, 황허강을 물길로 잇기 위해서였어. 이 세 강을 이으면 수로를 이용해 남북으로 쉽게 물자를 운송할 수 있기 때문이지."

"그게 저런 엄청난 공사를 벌여야 할 만큼 중요한가요?"

"그렇단다. 이 무렵 중국의 화베이 지역은 인구

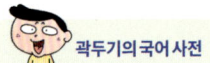

운하 옮길 운(運) 물 하(河). 배가 드나들 수 있도록 육지에 인공적으로 파 놓은 물길을 뜻해.

↑ 수나라 대운하

에 비해 식량 생산이 매우 부족했어. 반면에 강남 지역은 꾸준히 농지 개간이 이루어져 풍요로운 곡창 지대로 변해 있었지. 남북을 수로로 이어 창장강 유역에서 생산된 식량을 화베이 지역으로 손쉽게 운송할 수 있다면 이 문제를 깨끗이 해결할 수 있었지."

"우아, 그렇게 깊은 뜻이?"

용선생의 설명에 아이들이 고개를 끄덕였다.

"대운하 공사는 필요한 일이긴 했지만, 부작용 또한 만만치 않았어."

"부작용이라니요?"

"대운하 공사는 25년 동안 해마다 100만 명 이상의 백성이 동원된, 실로 어마어마한 대공사였어. 여기에 동원된 백성들은 농사를 제대로 지을 수 없었고, 죽거나 다치는 일도 허다했지. 양제가 공사를 서두르면서 이런 문제는 더욱 심해졌고, 백성의 원성도 더욱 높아졌어. 거기다 백성의 불만에 기름을 끼얹은 것은 양제의 순행이었지."

"순행이라고요? 황제가 전국을 직접 돌아보는 것 말씀인가요?"

"그렇단다. 대운하가 완공되자 양제는 대운하를 따라 직접 배를 타고 세 차례나 순행에 나섰대."

"황제가 순행을 하는 게 왜 문제예요?"

"그건 황제의 순행 행렬이 너무나 거대하고 호화로

↑ **대운하를 오가는 배들** 대운하는 지금도 중국의 남북을 잇는 중요한 운송로 역할을 맡고 있어.

↑ **수 양제의 순행** 양제가 탄 배는 워낙 거대해서 수심이 얕은 곳에서는 백성을 동원해 밧줄로 끌어야 했어.

웠기 때문이야. 황제는 4층으로 된 거대한 배를 탔는데, 온통 금박으로 장식된 호화로운 배였어. 황제는 순행을 하는 동안 매일같이 수백 명이 넘는 관리, 궁녀, 환관, 도사와 함께 술과 고기로 잔치를 벌였대. 또 가는 곳마다 지방 관리를 불러서 그 지방에서 나는 진귀한 물품과 산해진미를 바치도록 했어. 거기에다 수천 명에 이르는 황제의 수행원과 근위대를 먹이고 재우는 것도 현지에서 해결해야 했지. 그 때문에 지방 관리들은 몇 년 치 세금을 미리 거두는 등 백성들을 쥐어짤 수밖에 없었고, 백성은 그야말로 죽을 맛이었지. 그래서 황제의 순행이 한 번 지나갔다 하면 일대가 완전 초토화되고 말았대. 자연히 백성들은 황제가 순행에 나선다는 말만 들어도 치를 떨었지."

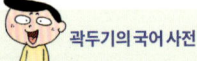

곽두기의 국어 사전

산해진미 뫼 산(山) 바다 해(海) 보배 진(珍) 맛 미(味). 산과 바다에서 나는 아주 진귀한 재료들을 다 갖추어 잘 차린 음식이란 뜻이야.

"휴~. 도대체 백성들이 무슨 죄람."

허영심이 한숨을 폭 내쉬었다.

"수나라를 결정적으로 수렁에 빠뜨린 것은 양제의 무리한 고구려 침공이었어."

"아, 맞다! 을지문덕 장군이 수나라의 백만 대군을 무찔렀다고 한 국사 시간에 배웠어요!"

나선애의 이야기에 용선생이 흐뭇한 표정으로 고개를 끄덕였다.

"정답이다. 고구려는 수나라에 비하면 작은 나라였지만 결코 만만치 않은 강국이었어. 수나라는 중국을 통일하자마자 고구려에 사신을 보내 조공을 바치라고 요구했지만 고구려는 수나라의 요구를 단호히 거절했지. 그런 상태에서 북방 초원에서는 튀르크가 강력한 유목 제국을 건설했어. 여기서 만약 고구려와 튀르크가 동맹을 맺는다면 수나라로서는 아주 곤란해질 상황이었지."

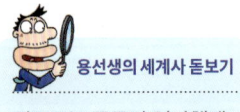

용선생의 세계사 돋보기

튀르크는 중국의 역사책에 돌궐이라고 적혀 있어. 흉노에 이어 몽골 초원을 장악하고 돌궐 제국을 건설했어.

↑ 살수 대첩 612년 고구려로 쳐들어온 수나라 군대는 살수(지금의 청천강)에서 고구려 을지문덕 장군에게 참패를 당했어.

"그래서 미리 고구려를 꺾어 놓겠다, 이건가요?"

왕수재가 용선생의 말을 받았다.

"그런 셈이지. 수 양제는 100만 대군을 이끌고 고구려로 쳐들어갔어. 선두에서 끄트머리까지 행렬이 무려 400킬로미터에 달했다니 정말 어마어마한 대군이었지. 하지만 결과는 너희들도 알다시피 수나라의 참패였어. 양제는 그 뒤에도 두 차례나 더 고구려를 침공했지만 모두 패하고 말았지."

"히야, 중국을 통일한 수나라가 고구려한테 쩔쩔매다니, 고구려도 정말 대단하네요."

장하다가 입을 벌린 채 감탄했다.

"그 정도가 아냐. 이 전쟁으로 수나라가 수렁에 빠지고 말거든. 무

리한 전쟁으로 곳간은 텅 비었고, 백성들의 원성은 하늘을 찔렀지."

"전쟁에서 패한 것 때문인가요?"

"그렇단다. 원래 전쟁이 일어나면 제일 큰 고통을 당하는 것이 백성이야. 전쟁에 끌려 나가야 할 뿐 아니라 나라에서 전쟁 비용을 마련하기 위해 백성들을 달달 볶기 때문이지. 그나마 이기기라도 하면 모를까 고구려에 잇따라 참패를 당하면서 군대에 끌려갔던 백성들은 목숨을 잃거나 불구가 되어 돌아왔잖니? 결국 백성의 불만은 한꺼번에 폭발하고 말았어. 무려 200여 곳에서 반란이 일어난 거야."

"그렇게 제멋대로 구는데 반란이 안 일어날 수 없죠."

"반란이 일어났을 때 양제는 순행 차 강남에 가 있다가 자신의 부하의 손에 목숨을 잃고 말았어. 수나라는 그대로 멸망했지. 400년 가까운 긴 혼란 끝에 탄생한 수나라가 겨우 40년도 안 되어 거꾸러진 거야."

"쩝, 너무 허무해."

나선애가 쓴 듯 입맛을 다셨다.

> **용선생의 핵심 정리**
>
> 589년, 수나라가 중국을 통일한 뒤 호구 조사와 과거제, 운하 건설로 제국의 기틀을 마련함. 그러나 과도한 운하 공사, 사치스러운 순행, 고구려 원정 실패로 겨우 40년도 안 되어 멸망함.

당 태종이 세계 제국의 기초를 마련하다

"수나라를 무너뜨리고 새로이 중국의 주인이 된 사람은 수 양제의 이종사촌인 이연이라는 사람이었어. 농민 반란이 한창일 때 이연은 둘째 아들 이세민의 설득으로 봉기해 장안을 차지했고, 이듬해인 618년 수 양제가 죽자 나라 이름을 당으로 고치고 황제가 되었어."

"둘째 아들의 설득으로 반란을 일으켰다고요?"

"그렇단다. 반란을 일으키자고 설득한 것도 둘째 아들이고, 반란에서 제일 큰 공을 세운 것도 둘째 아들이었지. 이 둘째 아들이 바로 당나라 두 번째 황제인 당 태종이야."

"엥? 당 태종이라면 수 양제에 이어 고구려를 침공했다가 큰코다친 사람 아니에요?"

곽두기가 뭔가 떠올랐다는 듯 용선생에게 말했다.

"그래, 두기가 잘 기억하고 있구나. 당 태종 역시 고구려를 침공했다가 안시성 전투에서 큰 패배를 당했지. 하지만 당 태종은 고구려 원정을 제외하면 평생 전쟁에서 진 적이 없었대. 수많은 정복 전쟁을 통해 영토를 넓히고 나라를 잘 다스려 당나라 최고의 전성기를 열었지. 그래서 중국인들은 지금도 당 태종을 중국 역사상 최고의 황제들 가운데 한 명으로 꼽는단다."

"헤헷. 고구려에 쳐들어와서 나쁜 황제인 줄 알았더니 나름 훌륭한 황제였나 보네요."

"그렇단다. 당 태종은 황제가 된 후에도 뛰어난 학자들을 스승으로 삼아 열심히 공부하고 항상 겸손하고 진지한 태도로 신하들의 쓴 소

장하다의 인물 사전

이연 (566년~635년)
당나라 제1대 황제인 고조로, 둘째 아들 이세민의 설득으로 봉기해 618년에 수나라를 멸망시키고 당나라를 세웠어.

↑ **이세민** (599년~649년)
당 태종으로, 당나라의 전성기를 이끌었어.

나선애의 세계사 사전

천가한 중국의 황제를 뜻하는 천자와 유목민들의 왕을 뜻하는 가한을 합친 말이래. 중국의 천자이자 유목민의 왕이라는 뜻이지. 그 말처럼 당 태종은 중국과 초원을 모두 다스렸어.

리에 귀를 기울였대. 당 태종의 최고 업적은 당시 가장 큰 위협 세력이었던 돌궐 제국을 제압한 거였어. 먼저 태종은 돌궐 제국의 여러 부족을 교묘하게 부추겨 내분을 일으켰지. 그리고 틈을 노려 고비 사막을 넘어 대초원에 있는 튀르크인의 본거지로 쳐들어가 카간을 포로로 잡았단다. 이때 유목 부족들은 당 태종에게 천가한이란 칭호를 바치고 무릎을 꿇었어. 위진 남북조 시대 이후 수백 년 동안 북방 유목민에게 시달렸던 중국이 비로소 유목민을 제압하게 된 거야. 태종은 서쪽으로는 타림 분지 일대, 남쪽으로는 지금의 베트남 인근까지 정복해 영토를 넓혔고, 태종의 아들인 고종은 수나라, 당나라에 꿋꿋이 맞섰던 고구려까지 무너뜨리고 당나라 영토를 최대로 넓혔지. 지도로 살펴볼까?"

▲ **당나라 영토와 여섯 도호부** 당나라는 주변 민족들을 정복하고 여섯 개의 도호부를 설치해 다스렸어.

"전쟁에서 이기는 건 좋은데 저 넓은 땅을 어떻게 다스려요?"

지도를 바라보던 나선애가 뒷머리를 긁적이며 말했다.

"오, 선애의 질문은 언제나 날카롭단 말이야. 당나라는 정복한 지역의 자치를 인정하는 대신 도호부란 관청을 설치하고 직접 관리를 파견해 정복지를 관리했어. 당나라가 군사 원정을 벌일 때에는 도호부를 통해 물자를 거두고 군사를 동원하기도 했지. 당나라는 안동도호부를 비롯해 총 여섯 군데에 도호부를 두었단다. 당나라 입장에서는 최대한 적은 비용으로 이민족을 다스리기 위한 제도였지."

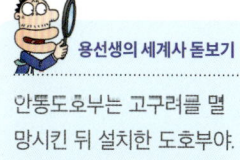

용선생의 세계사 돋보기

안동도호부는 고구려를 멸망시킨 뒤 설치한 도호부야. 안동은 동쪽을 안정시킨다는 뜻이고, 도호부는 변경 지역을 지키는 관청이라는 뜻이야.

"또 다른 통치 방법은 없었어요?"

"물론 있었지. 황실 여인을 두둑한 지참금과 함께 이민족 부족장에게 시집보냈어. 서로 혼인 관계를 맺음으로써 관계를 돈독히 하려고 한 거지. 한편, 이렇게 이민족과 결혼한 여성들을 화번공주라고 하는데, 화번공주들은 중국 문화를 퍼뜨리는 데도 큰 역할을 했단다. 당

↑ 토번 사신을 맞이하는 당 태종 오른쪽에 앉아 있는 사람이 당 태종이고, 왼쪽이 티베트 사신이야.

중국을 통일한 수나라와 세계 제국 당나라 **027**

나라 황실의 문성 공주라는 여인은 멀리 티베트의 토번 왕국으로 시집을 가서 두 나라의 관계를 안정시키기도 했어."

"안됐네요, 나라를 위해서라지만 아는 사람도 없는 곳으로 시집을 가야 하다니……."

허영심이 안타까운 표정을 지었다.

용선생의 핵심 정리

630년, 당 태종이 돌궐 제국을 정복하는 등 정복 전쟁을 활발하게 펼치며 당나라 영토를 넓힘. 도호부 제도와 혼인 정책을 통해 정복한 민족을 다스림.

동아시아에 큰 영향을 미친 당나라의 여러 제도들

"이민족 정복을 마무리한 당나라는 안으로 눈을 돌려 율령 제도를 비롯해 각종 제도를 정비했어."

"율령? 율령이 뭐예요?"

장하다가 어리둥절한 표정을 지었다.

"간단히 말하면 법전이야. 그때까지 있었던 모든 법과 규칙들을 수집하고 정리해 통일된 법으로 일목요연하게 정리한 거지. 정확한 이름은 율령격식인데, 보통 줄여서 율령이라고 불러. 지방 구석구석까지 율령 제도가 시행되자 황제는 자기가 정한 하나의 법으로 온 나라를 다스리게 되고, 자연히 권력도 강해졌지. 또 명확한 법이 있으니 관리가 제멋대로 법 집행을 못 하게 되어 부패도 줄고 효율적인 통치가 가능해졌지. 이렇게 율령격식이 나라를 다스리는 데 아주 효과적이라는 사실이 알려지자 신라와 발해, 일본 등 주변 나라들에서도 당나라의 율령 제도를 도입한단다. 너희들…… 혹시 3성 6부제라고 들어 봤니?"

> **용선생의 세계사 돋보기**
>
> 율, 령, 격, 식을 합쳐 율령격식이라고 해.
> 율은 형법이야. 어떤 범죄에 어떤 처벌을 내릴지를 정해 놓은 거지.
> 령은 나라를 다스리는 행정 제도를 정해 놓은 거야. 관직의 높고 낮음, 각 관직의 업무, 책임, 권한을 상세히 정해 놓았지.
> 격은 황제가 내린 명령에 따라 율령을 변경하거나 보충한 내용이야.
> 마지막으로 식은 율령을 보완하기 위한 규칙들을 정리한 거야.

↓ 당나라의 3성 6부제

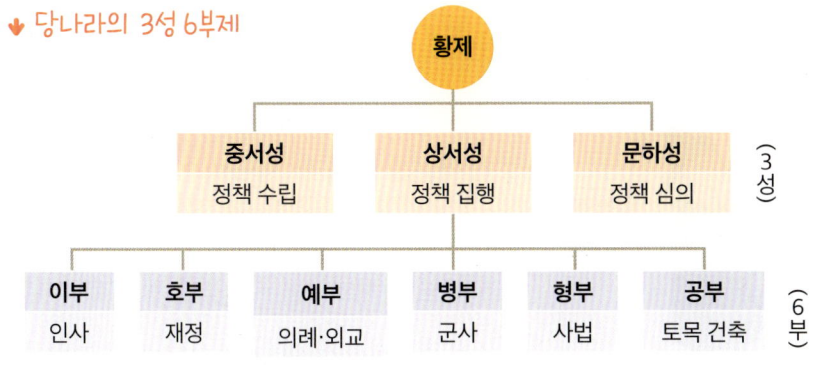

"네, 한국사 시간에 배운 기억이 나요."

곽두기가 머리를 긁적이며 말했다.

"맞아. 발해랑 고려에서 실시했던 제도야. 그런데 그 3성 6부제는 사실 당나라에서 처음 시작된 행정 제도란다. 황제 직속 부서인 중서성, 문하성, 상서성을 합쳐서 3성, 상서성 밑의 이, 호, 예, 병, 형, 공 여섯 개의 부서를 합쳐서 6부라고 하지."

"3성 6부에서는 어떤 일을 했는데요?"

"먼저 중서성은 황제의 명령을 받아 정책을 만드는 부서야. 황제가 '짐이 이런저런 일을 하려 하니 방법을 찾아보시오.' 했을 때, 그 방법을 찾고 계획을 세우는 곳이 중서성이지. 문하성은 중서성에서 보내 온 계획이 합당한지를 요모조모 따지는 역할을 하는 곳이야. 만약 문하성에서 그 계획이 합당하지 않다고 판단하면 그 계획을 버리지. 황제는 문하성을 통과한 계획을 검토한 뒤 최종 결정을 하게 돼. 그대로 하기로 결정하면 상서성 장관을 불러 '이대로 집행하라.' 하고 명령하는 거야. 상서성 장관은 일의 성격에 따라 6부 가운데 한 부에 그 일을 맡긴단다. 예컨대 관리를 임명하거나 해임하라는 명령이면 이부에, 군사를 이동하라는 명령이면 병부에 맡기는 거지."

"히야, 생각보다 아주 체계적인걸요."

"하하, 그렇단다. 당나라의 세금 제도인 조용조 제도 역시 이에 못지않게 체계적이야."

"조용조? 제도가 아니라 사람 이름처럼 들

▼ 당나라의 세금 제도

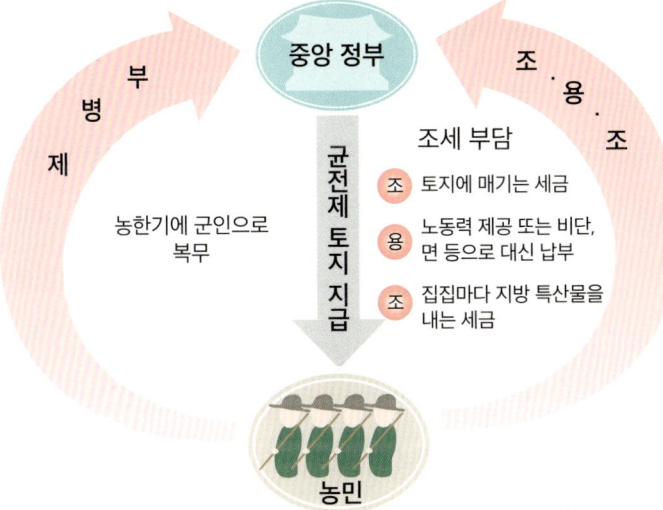

리는데요?"

"조용조는 조, 용, 조를 합친 말이야. 앞의 조는 토지세로, 균전제에 따라 나라가 준 토지에서 수확한 곡식의 일부를 나라에 바치는 거야. 용은 부역으로 백성은 보통 1년에 20일 정도 나랏일에 불려 나가 일을 했어. 마지막 조는 지역 특산물을 바치는 거야. 말은 특산물이지만, 보통은 비단이나 면직물 같은 옷감들을 거두어 갔어. 옛날에는 옷감이 귀해서 돈처럼 썼기 때문이지."

"간단하네요. 그럼 그 세 가지만 바치면 되는 건가요?"

"한 가지가 더 남았어. 바로 부병제야."

"부병제요? 그건 북주에서 했던 제도잖아요."

"아주 잘 기억하고 있구나. 당나라도 북주의 부병제를 그대로 이어받았단다. 그래서 농민은 평소에는 농사를 짓다가 농한기가 되면 한곳에 모여 훈련을 받고, 몇 달간 병사로 복무해야 하지. 당나라에서

 나선애의 세계사 사전

부역 왕궁이나 왕릉, 대운하 건설과 같이 국가가 벌이는 대규모 공사에 백성이 동원되어 의무적으로 일하는 것을 말해.

▲ 세계 각국 사신을 맞는 당나라 관리

허영심의 상식 사전

문화권 비슷한 문화를 같이 가지고 있는 범위를 가리켜. 예를 들어 우리나라, 일본, 중국, 베트남은 유교, 한자 등을 특징으로 하는 동아시아 문화권에 속해.

농민이 국가를 위해 해야 하는 일은 이 네 가지였다고 볼 수 있어. 조용조, 그리고 부병제에 따른 군역 의무지."

"나라에서는 땅을 주고, 농민은 세금과 군역을 부담하고. 흠, 깔끔한데요."

아이들이 잠자코 고개를 끄덕이는 사이 용선생이 설명을 이어 나갔다.

"당나라의 이런 제도는 이웃 나라에도 큰 영향을 미쳤어. 신라와 발해, 일본, 그리고 저 남쪽의 베트남도 당나라의 율령 제도를 본받아 법과 제도를 정비했거든. 그리고 그 과정에서 한자와 유교, 불교가 전파되어 동아시아 전체가 하나의 문화권을 형성하게 된단다."

"동아시아 나라들이 하나의 비슷한 문화를 갖게 된 게 이때부터였군요?"

"그렇단다. 그걸 상징적으로 보여 주는 게 빈공과야."

"빈공과? 그건 또 뭐예요?"

"빈공과는 외국인을 대상으로 한 과거야."

"외국인을 관리로 뽑아요?"

"그렇단다. 당나라 역시 과거 시험을 통해 관리를 뽑았는데, 빈공과는 바로 신라, 발해, 일본, 베트남, 서아시아 지역 등 외국인을 관리로 채용하기 위한 시험이었어. 신라의 최치원이 바로 빈공과에 합격해 당나라 관직에 올랐던 사람이란다. 물론 빈공과 합격자가 당나라에서 아주 높은 관직에 오를 수는 없었지만, 본국에 돌아가면 스타 대접을 받았지."

"지금도 미국 하버드 대학에 합격했다 하면 알아주잖아요. 그거랑 비슷한가 보죠, 뭐."

"하하, 그래. 그만큼 당나라가 당시 전 세계의 정치, 경제, 문화의 중심인 세계 제국이었다는 증거라고 할 수 있지."

용선생의 세계사 돋보기

빈공과 합격자 수를 놓고 여러 나라가 은근히 경쟁을 벌였는데, 특히 신라와 발해, 페르시아 사람들이 빈공과에 많이 합격했대.

▲ 최치원 (857년~900년) 빈공과에 합격해 당나라에서 관리로 일하다가 신라로 귀국했어.

 용선생의 핵심 정리

율령제, 3성 6부제, 조용조 세금 제도 등 당나라의 제도는 동아시아 전역으로 퍼져 나감.

세계의 수도 장안

"세계 제국이라니, 뭔가 멋진데요?"

"당나라는 말로만 세계 제국이 아니라 실제로 전 세계 각지에서 온 사람들을 만날 수 있는 나라였어. 전 세계에서 당나라의 문물을 배우

▸ 장안과 유라시아 교역로

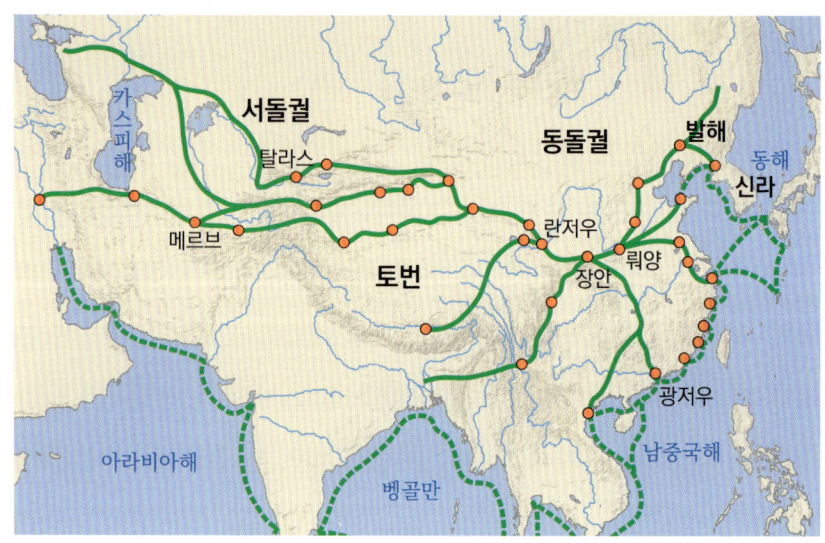

려는 유학생, 비단이나 도자기를 사 가려는 상인, 진귀한 물품을 가져온 상인, 조공 사절이 당나라로 모여들었거든. 외국 상인은 아예 당나라에 자기들끼리 모여 사는 마을을 만들어 정착하기도 했지. 산둥성의 신라방도 신라 사람이 모여 사는 곳이었어. 특히 당나라의 수도 장안은 전성기에 인구가 100만 명이 넘는 세계 최대의 국제도시였단다."

"우아~! 인구가 100만이라니, 정말 대단하다!"

용선생의 설명에 아이들이 감탄사를 토했다.

"장안은 이미 한나라와 수나라의 수도였고, 최초로 중국을 통일한 진나라의 수도 셴양도 바로 근처에 있었어. 당 고조는 수 문제가 지은 장안성을 그대로 이어받아 수도로 삼았지. 장안성은 가로 10킬로미터, 세로 9킬로미터에 높이 5미터에 달하는 어마어마한 성이었단다. 이 그림은 성벽으로 둘러싸인 장안성의 구조를 보여 주는 그림이야."

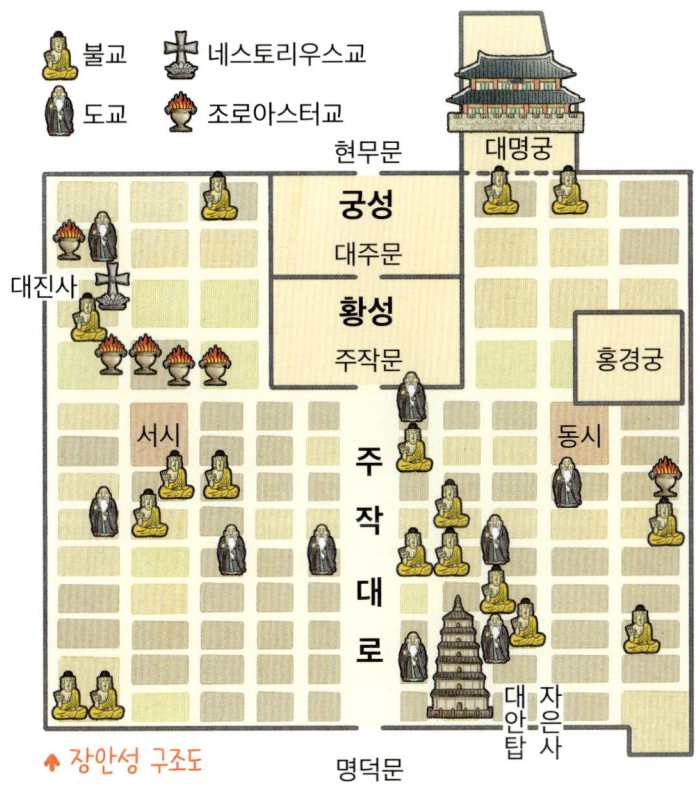

↑ 장안성 구조도

"그런데 무슨 도시가 이렇게 네모지게 생겼어요?"
허영심이 고개를 갸웃거리며 용선생에게 물었다.
"그건 장안성이 철저한 계획도시이기 때문이야. 장안성의 중심축은 황성에서 남문까지 쭉 뻗은 주작대로였어. 폭이 150미터나 되는 엄청나게 넓은 길로, 황제가 행차하거나 국가적인 행사가 열리던 곳이었지. 이 주작대로를 중심으로 가로 14개, 세로 11개의 직선 도로가 있는데, 이 도로들이 교차하며 장안을 약 110개의 구역으로 나누었어. 이렇게 나뉜 하나하나의 구역을 방이라고 해. 각 방에는 출신이나 직업이 같은 사람끼리 모여 살았단다."

→ **장안성 성벽** 현재의 장안성 성벽은 당나라 시대로부터 약 700년 후인 명나라 때 쌓은 것으로, 규모는 당나라 때의 7분의 1에 불과하대.

동아시아의 모범이 된 도시? 당나라 장안

↑ **당삼채** 서아시아 상인 사이에서는 자신의 모습을 본뜬 채색 도자기를 만드는 것이 유행이었대. 도자기에 세 가지 색을 입혔다고 해서 당삼채라고 해.

"캬, 당나라는 제도뿐 아니라 수도도 완전 체계적으로 만들어 놨네요."

"응. 당나라는 세계 각지의 사람이 모여드는 국제도시지만 한편으로는 철저히 통제된 도시이기도 했어. 해가 지면 병사들이 성문을 닫아 사람의 출입을 막았고, 상인이 장사를 하는 구역도 따로 정해져 있었지. 장안성 서쪽에는 서시, 동쪽에는 동시라는 시장이 설치되어 있었는데, 우리나라나 일본 같은 동아시아의 상인은 동시에, 중앙아시아와 서아시아에서 건너온 상인은 서시에 모여서 물건을 사고팔았어. 동시와 서시는 당나라 국제 무역의 중심으로, 특히 서시에는 멀리 페르시아에서 비단길을 건너온 진귀한 물건이 넘쳐 났지."

"그럼 그 많은 상인이 좁은 저곳에서만 장사를 할 수 있었단 말이에요?"

036

나선애의 말에 용선생은 고개를 절레절레 저었다.

"절대 좁지 않아. 800년 무렵에 점포의 수가 4,000개가 넘었으니까."

"4,000개요? 어머, 생각보다 시장이 엄청 큰데요?"

"점포가 그렇게 많으니 당연히 외국 상인도 무지무지 많았겠지? 그래서 장안에는 외국 상인이 머무는 거주지와 이들을 위한 네스토리우스교 교회, 이슬람교 사원, 조로아스터교 사원, 불교 사찰 등도 들어서 있었어. 세계 각지에서 찾아온 상인들이 바둑판 모양의 거대한 도시에서 질서 정연하게 살아가는 모습은 세계 어디에서도 찾아볼 수 없는 장안만의 진풍경이었지. 장안과 당나라의 번영은 중국 역사상 처음이자 마지막 여자 황제인 무측천 시대에 절정에 달한단다."

나선애의 세계사 사전

네스토리우스교 431년 종교 회의에서 이단으로 몰린 콘스탄티노폴리스 총대주교인 네스토리우스의 주장을 따르는 크리스트교의 한 갈래야. 서아시아와 중앙아시아를 거쳐 당나라까지 전파되었지.

용선생의 핵심 정리

당나라 수도 장안은 세계 각지 사람들이 모여드는 인구 100만 명의 세계 최대 도시이자 110개 구역으로 이뤄진 계획도시.

▲ **격구하는 여인** 격구는 말을 타고 달리며 긴 장대로 공을 쳐서 상대의 골문에 넣는 경기야. 원래 페르시아인들의 놀이로 당 태종 때 중국으로 들어와 유행했단다.

▲ **팔각 금잔** 잔의 여덟 개의 면에는 악기를 든 사람들이 새겨져 있고, 손잡이에는 중앙아시아 또는 서아시아 사람의 얼굴이 새겨져 있어.

안녹산의 난으로 급격히 기울어지는 당나라

↑ **무측천** (624년~705년)
흔히 측천무후로 알려진 중국의 유일한 여황제야.

곽두기의 국어 사전

숙청 엄숙할 숙(肅) 맑을 청(淸). 원래 나쁜 것을 없애 맑게 한다는 뜻이시만, 보통 권력을 잡으려고 반대파를 제거하는 것을 말해.

"여자 황제도 있었어요?"

허영심의 눈이 반짝거렸다.

"응. 무측천은 원래 당 태종의 후궁이었어. 그러다 태종의 아들인 당 고종과 결혼해 황후가 되었지. 그런데 고종이 병으로 몸져눕자 황제 대신 실권을 틀어쥐고 나라를 다스렸어. 고종이 죽은 후에는 자신의 두 아들을 차례로 황제의 자리에 올렸지만, 곧 아들들을 쫓아내고 스스로 황제가 되었지."

"아들을 쫓아내고 황제가 되었다고요? 신하들이 가만두고 보지 않았을 텐데요."

"물론 신하들의 반발이 거셌지. 반란도 일어났고. 그래서 무측천은 황제에 오르기 전 자신을 반대하는 황족과 공신을 모조리 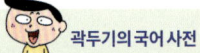했단다. 그리고 그동안 정치에 제대로 참여하지 못했던 지방 선비들을 적극적으로 등용해 자기편으로 삼았지. 여기에 종교도 이용했어. 불교 경전을 조작해서 '미륵불이 여성으로 환생해 황제가 되었다'는 식의 이야기를 퍼뜨렸거든."

"말은 쉬워도…… 보통 일은 아니었겠네요."

왕수재가 중얼거리자 용선생이 고개를 끄덕였다.

"그래. 그 당시 여자가, 그것도 황족도 아닌 여자가 황제 자리에 오르기가 어디 쉬웠겠니? 그만큼 무측천은 영리하고 뛰어난 수완을 가진 사람이었던 거지. 게다가 나라도 잘 다스려서 태평성대를 이끌었어. 하지만 무측천이 죽은 뒤 무측천 세력은 모두 내쫓기고 말았지. 그리고 황제 자리에 오른 사람이 바로 태종에 버금가는 업적을 쌓은 황제인 현종이란다."

"현명한 황제들이 계속 나오네요."

"그래. 현종은 호구 조사를 실시해 세금 수입을 늘리고 국제 무역도 활발하게 펼쳐 나라의 재정을 튼튼하게 했지. 이땐 큰 전쟁도 없어서 그야말로 태평성대라고 할 만했어. 그래서 현종이 다스렸던 시대를 이때의 연호를 따 '개원의 치'라고 부르기도 한단다. 하지만 바로 그 현종 말년에 당나라에 점점 어두운 그림자가 드리워지고 있었어."

"태평성대라더니, 갑자기 왜요?"

"먼저 균전제가 흔들리기 시작했어. 원래 균전제에 따르면 땅을 받은 백성은 70세가 넘거나 사망하면 땅을 나라에 돌려줘야 했어. 그

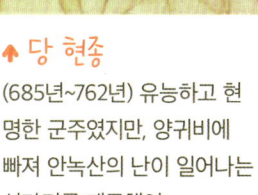

▲ 당 현종
(685년~762년) 유능하고 현명한 군주였지만, 양귀비에 빠져 안녹산의 난이 일어나는 실마리를 제공했어.

➜ 화청지 현종이 양귀비를 위해 지은 온천이야. 지금은 양귀비와 현종의 사랑을 그린 뮤지컬 극장으로 이용되고 있어.

➜ 양귀비 양귀비의 모습. 당나라 때는 이렇게 눈이 가늘고 매끄럽고 흰 피부에 통통한 체형을 가진 사람이 미인이었대.

래야 젊은 농민이 농사지을 땅을 나눠 받을 수 있기 때문이지. 그런데 실제로는 농민이 법대로 땅을 잘 돌려주지 않았어. 거기다 나라에서도 땅을 제때 돌려받고 균등히 나눠 주는 것보다 당장 세금을 더 많이 걷는 데만 신경을 곤두세웠지. 나중에는 백성에게 나누어 줄 토지가 부족해져서 땅을 받지 못했는데도 세금은 내야 하는 백성이 늘어났어. 이런 농민은 세금을 피해 고향을 떠나 부랑자가 될 수밖에 없었지."

"그런 문제가 있었군요."

장하다가 혀를 쯧쯧 찼다.

"균전제가 무너지자 덩달아 부병제도 흔들리면서 당나라의 군사력이 크게 약화됐어. 병사로 복무해야 할 농민이 줄어들었기 때문이지. 그래서 당나라는 절도사라는 특별한 관직을 만들어 냈단다."

"절도사? 절도사가 뭔데요?"

"절도사는 변경을 다스리는 군사령관이야. 그런데 보통 군사령관보다 권한이 엄청 막강했어. 절도사는 직접 농민을 다스리면서 세금을 거둘 수 있었거든. 이렇게 거둔 세금으로 돈을 주고 군사를 모집해 국경을 지키는 게 절도사의 역할이었지."

"돈을 주고 군사를 모집한다고요?"

"응. 그러니까 농민을 무상으로 동원하는 부병제 대신 돈을 주고 군사를 모집하는 모병제를 실시한 거야. 모집한 병사는 국경 요새인 진에 배치했어. 여러 개의 진을 합친 것을 번이라고 하는데, 절도사는 바로 이 번진을 지휘하는 사령관이었단다. 현종 때에는 당나라 변경 지역에 모두 10개의 번진이 설치되었는데, 많게는 번진 하나가

곽두기의 국어 사전
변경 가장자리 변(邊) 지경 경(境). 국경 지역을 가리키는 말이야.

나선애의 세계사 사전
모병제 일정한 보수를 받는 직업 군인으로 군대를 유지하는 병역 제도야.

용선생의 세계사 돋보기
이렇게 번과 진을 설치해 국경을 방위하는 체제를 번진 체제라고 해.

10만 명에 육박하는 병사를 거느릴 만큼 세력이 컸지."

"그러니까 이제는 절도사의 역할이 굉장히 중요한 거네요."

"바로 그게 문제였어. 절도사의 세력이 너무 커진 거야. 특히 현종의 신뢰를 한 몸에 받은 안녹산이란 장수는 무려 세 군데의 절도사를 겸했을 정도였지. 그러다 보니 안녹산 한 사람이 거느린 병력이 전체 당나라 군대의 40퍼센트나 되었어. 바로 이 안녹산이 반란을 일으키는 바람에 평화로웠던 당나라는 일순간에 쑥대밭으로 변하고 만단다."

"신뢰를 받았다면서 왜 반란을 일으켰는데요?"

"반란은 사소한 일에서 시작됐어. 현종은 말년에 양귀비에게 푹 빠져 양귀비의 사촌 오빠 양국충을 재상으로 삼아 나랏일을 맡기고 자기는 양귀비와 노느라 정신이 없었지. 그런데 양국충이 안녹산을 절도사 자리에서 몰아내려 현종에게 모함을 일삼은 거야. 그러자 안녹산은 간신 양국충을 몰아낸다는 명분으로 반란을 일으켰지."

"결국 권력 다툼 때문에 일어난 반란이었네요."

나선애가 한심하다는 듯 혀를 찼다.

"그런 셈이지. 안녹산이 반란을 일으켰단 소식이 전해지자 현종은 황급히 짐을 꾸려 멀리 남쪽의 쓰촨 지역까지 피란을 떠났어. 안녹산은 텅 빈 장안을 차지하고 그곳에 눌러앉아 버렸지. 당나라는 안녹산을 몰아내기 위해 있는 힘, 없는 힘 모두 짜내야 했단다. 그래서 지역마다 닥치는 대로 절도사를 임명해 병사를 긁어모으게 하고, 초원의 유목민에게도 도움을 청했어. 당나라는 8년 만에 겨우 반란을 진압하고 장안을 되찾았지만, 이미 예전의 당나라는 아니었지. 무엇보다 안

▲ 안녹산

당나라를 멸망 직전으로 몰아넣은 절도사 안녹산은 중앙아시아의 튀르크 출신이었다고 해.

 용선생의 세계사 돋보기

이 반란을 '안녹산의 난' 또는 '안사의 난'이라고 해. '안사의 난'은 안녹산과 그의 부하 사사명의 이름을 따서 만든 말이야.

▲ 피란을 가는 현종
현종은 안녹산의 반란군을 피해 급히 쓰촨으로 피란을 떠났어.

녹산이 난을 일으키기 전까지는 국경 지대에 10명뿐이었던 절도사가 이제는 전국에 40~50명이나 되었거든. 사실상 당나라 전체가 절도사들이 다스리는 40~50개의 나라로 쪼개져 버린 격이었지. 불안해진 황제는 환관에게 의지하기 시작했단다. 황제는 환관에게 수도를 방어하는 군대의 지휘권을 주고, 절도사들을 감시하도록 했어. 하지만 권력을 손에 쥔 환관은 오히려 황제를 꼭두각시로 만들어 버렸지. 환관은 자기 입맛대로 황제를 갈아 치우기까지 했는데, 환관 손에 황제 자리에 오른 이가 무려 일곱 명이나 됐단다."

 **용선생의 핵심 정리**

현종 때 부병제가 흔들리면서 군사력이 약화되자 국경 지대에 절도사를 임명하고 모병제를 실시함. 755년, 절도사 안녹산이 반란을 일으켜 당나라를 큰 혼란에 빠뜨림.

황소의 난, 휘청거리는 당나라를 꺼꾸러뜨리다

"화려한 세계 제국 당나라도 이렇게 끝이 나는군요."
"하하, 아직은 아니야. 안녹산의 난으로 나라가 크게 한 번 휘청거렸지만, 그 뒤로도 150년이나 더 버텼거든."
"어떻게 금방 망하지 않고 그렇게 끈질기게 버틴 거죠?"

044

"당나라 조정에서 나라를 되살리려고 여러 가지 처방을 내렸거든. 그 가운데 제일 중요한 처방은 세금 제도를 조용조에서 양세법으로 바꾼 거야. 여름에 한 번 겨울에 한 번, 일 년에 두 번 세금을 걷는다고 해서 양세법이라고 이름이 붙었지. 하지만 중요한 건 모든 백성들에게 똑같이 세금을 거두는 대신 땅을 많이 가진 사람에게 많이 거두는 쪽으로 바꿨다는 거야. 이제 농사지을 땅이 없는 사람은 세금 부담에서도 벗어날 수 있게 되었지."

"오, 그러니까 가진 만큼 세금을 내라는 거네요. 공평한데요?"

곽두기가 용선생을 쳐다보며 말했다.

"그래. 양세법 덕분에 당나라의 재정 형편이 좀 나아졌어. 여기에 더해 조정에서는 소금 전매 제도를 실시했지."

"소금 전매? 그거 옛날에 한나라 때도 했던 거잖아요?"

"맞아. 그때도 백성들의 항의가 만만찮았던 거, 기억하지? 당나라는 안녹산의 반란군과 한창 맞서 싸울 때 소금 전매를 시작해 곧 전국으로 확대했어. 문제는 나라에서 소금을 터무니없이 비싼 가격에 팔았다는 거야. 전매 제도를 실시한 지 고작 2년 만에 소금 가격이 많게는 37배까지 올랐으니 백성들은 기가 막힐 지경이었지."

"네? 37배라고요? 이건 완전히 날강도네요."

나선애가 혀를 내두르며 중얼거렸다.

"이러다 보니 소금을 몰래 빼돌려 싼 가격에 파는 밀매업자가 판을 치기 시작했어. 나라에서 밀매업자를 붙잡으면 바로 사형시키는 등 강력하게 대처하자 밀매업자는 되레 무장을 갖추었지. 혹시라도 발각되면 맞서 싸울 생각이었던 거야."

"어째 분위기가 살벌한데요."

허영심이 긴장한 표정을 지었다.

"한편 번진에 고용된 병사들도 불만이 쌓였어. 절도사가 병사에게 지급할 봉급을 제대로 주지 않고 빼돌렸거든. 결국 병사들이 먼저 들고일어나자, 가난한 농민과 소금 밀매업자까지 덩달아 반란을 일으켰단다. 그 가운데서 가장 큰 반란이 875년 황소라는 소금 밀매업자가 일으킨 반란이었어."

"황소? 킥킥, 이름이 진짜 황소예요?"

장하다가 웃음을 터뜨렸다.

"으응. 진짜 사람 이름이야. 황소는 평등을 내세워 가난한 사람들

046

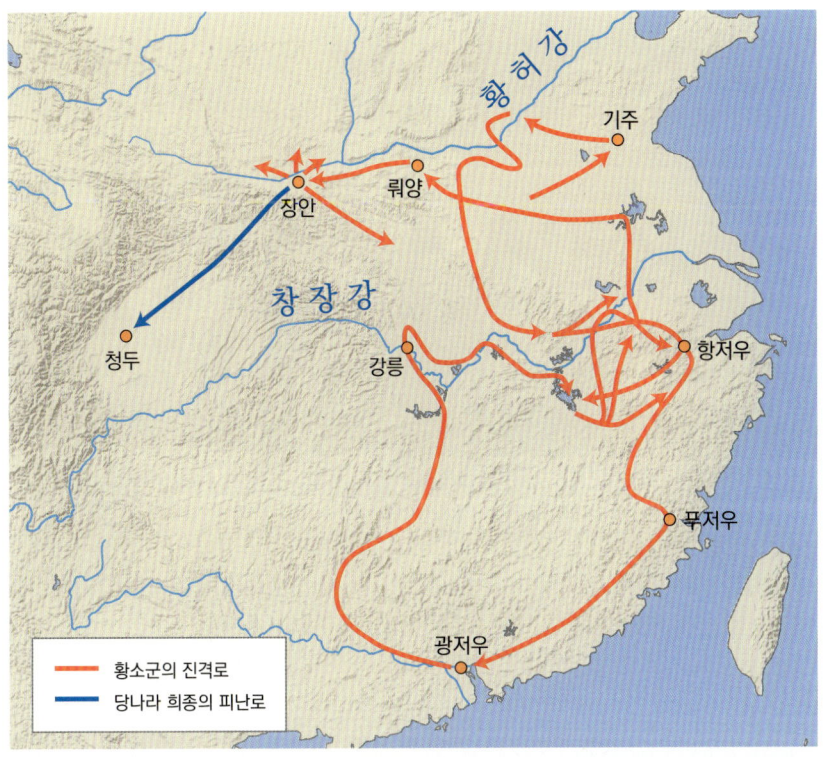

← 황소군의 진격로

에게 인심을 얻었어. 그리고 그 힘으로 당나라에 불만을 가진 사람을 끌어 모으며 7년이나 중국 곳곳을 들쑤시고 다녔지. 그러다 나중에는 뤄양을 거쳐 황제가 있는 장안까지 밀고 들어갔어. 황제는 또다시 쓰촨으로 도망갔다가 3년 만에 겨우 장안을 되찾았어. 하지만 겨우 숨만 쉬고 있던 당나라는 황소의 난으로 완전히 끝장나고 말았지."

"왜요? 장안을 되찾았다면서요?"

"황소의 난을 진압하는 데 황제가 한 일은 아무것도 없었어. 죄다 절도사들의 공이었거든. 그러다 보니 그렇지 않아도 높았던 절도사의 기세가 하늘을 찌를 지경이었지. 그러다 907년, 주전충이라는 절도사가 황제를 몰아내고 당나라를 멸망시켰어. 그리고 새 황제 자리에 올

▲ 장안으로 입성하는 황소

랐단다."

"크! 드디어 완전히 절도사의 시대가 열린 거네요."

"히히. 하지만 사실 주전충의 시대도 오래가지 못했어. 이 이야기는 다음 시간에 계속하도록 하자! 오늘은 여기까지!"

> **용선생의 핵심 정리**
>
> 소금 전매로 소금값이 치솟자 소금 밀매가 성행. 875년, 소금 밀매업자 황소가 일으킨 반란으로 당나라가 쇠락함. 907년, 절도사 주전충이 당나라를 멸망시킴.

나선애의 정리노트

1. 수나라의 중국 통일과 멸망
- 철저한 호구 조사를 통해 세금 수입을 늘리고, 과거제를 처음으로 실시함.
- 대운하 건설: 강남 지역의 쌀을 화베이 지방으로 운반하기 위해 건설함.
  - → 무리한 운하 건설과 수 양제의 사치, 고구려 원정 실패로 국력 소모
  - → 백성들의 잇따른 반란으로 멸망함.

2. 세계 제국 당나라
- 이연이 반란을 일으켜 황제 자리에 오르고 나라 이름을 당으로 고침.
  - → 제2대 황제 당 태종이 활발한 정복 활동을 벌여 돌궐 제국을 제압하고 세계 제국 건설
  - * 여섯 개의 도호부를 설치해 변방의 이민족을 통치함!

3. 당나라의 번성과 여러 제도
- 율령, 관료 체계(3성 6부제), 토지 제도(균전제), 세금 제도(조·용·조), 군사 제도(부병제)
  - → 당나라의 통치 제도와 문화는 동아시아 곳곳에 전파되어 동아시아 문화권을 형성
  - * 동아시아 문화권: 한자, 유교, 불교, 율령 등의 공통 요소를 가짐!
- 국제도시 장안: 외국 상인들의 왕래가 활발한 계획도시!

4. 당나라의 쇠퇴와 멸망
- 부병제가 흔들리며 변방의 군대를 모집하고 지휘하는 절도사가 등장
- 강력한 절도사가 일으킨 안녹산의 난을 계기로 당나라가 쇠퇴하기 시작
  - → 뒤이어 황소의 난이 일어나고, 절도사 주전충이 당을 멸망시킴.

세계사 퀴즈 달인을 찾아라!

1 수나라에 대한 설명으로 옳지 <u>않은</u> 것은? (   )

① 고구려 원정 실패로 국력을 소모했다.
② 말기에는 절도사의 반란으로 쇠퇴했다.
③ 과거제를 최초로 실시한 나라이기도 하다.
④ 강남과 화베이를 연결하는 대운하를 건설했다.

2 당나라에 대한 설명으로 알맞은 것에 ○표, 알맞지 <u>않은</u> 것에 X표 해 보자.

○ 당나라의 수도 장안은 계획도시이자 국제 도시였다.   (   )

○ 당나라는 전국 각지에서 일어난 반란으로 건국 40년을 넘기지 못하고 멸망했다.
                                                                          (   )

○ 당나라 때 형성된 동아시아 문화권의 공통 요소는 불교, 도교, 네스토리우스교이다.
                                                                          (   )

3 다음 중 지도에 표시된 나라에 대한 설명으로 옳지 <u>않은</u> 것은? (   )

① 수도는 장안이다.
② 황건적의 난으로 멸망하였다.
③ 동아시아 문화권 형성에 큰 영향을 미쳤다.
④ 돌궐 제국을 제압하고 고구려를 무너뜨렸다.

4 다음 설명이 나타내는 알맞은 문화유산의 이름을 써 보자.

> 당에서 유행한 도자기로, 세 가지 색깔을 입혔다고 해서 이런 이름이 붙었어.

(   )

5 빈칸에 들어갈 알맞은 말을 써 보자.

> 수나라는 ○○○ 건설을 통해 남북을 수로로 이어 창장강 유역에서 생산된 식량을 화북 지역으로 손쉽게 운송할 수 있었어. 그러나 25년에 걸친 과도한 공사로 인해 백성들의 불만이 높아졌고 결국 수나라 멸망의 원인 중 하나가 되었어.

(   )

6 당나라의 관료 체계에 대한 설명으로 알맞은 것을 골라 보자.

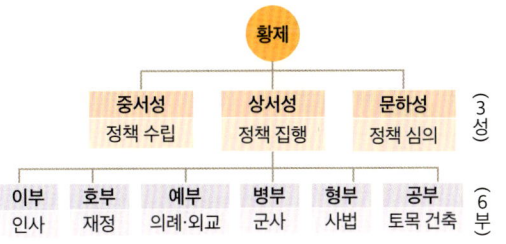

- (중서성 / 문하성) 관료는 황제의 명령에 따라 정책을 만든다.
- (문하성 / 상서성)은 정책을 실제로 실행하는 역할을 했다.

7 빈칸에 들어갈 알맞은 이름을 써 보자.

> 당나라 말기에는 절도사가 병사들에게 봉급을 제대로 주지 않고 빼돌리는 일이 흔히 벌어졌어. 결국 병사들은 힘을 모아 대규모로 반란을 일으켰고, 이 와중에 가난한 농민과 소금 밀매업자도 힘을 보태서 덩달아 반란을 일으켰지. 특히 ○○라는 사람이 일으킨 반란이 당나라에 치명타를 가했어.

(   )

정답은 353쪽에서 확인하세요!

용선생 세계사 카페

천 년의 시간을 뛰어넘은 한시의 슈퍼스타 두보와 이백

당나라 하면 시가 떠오를 만큼 당나라는 시가 유행했던 나라였어. 과거 과목에 시가 포함되면서 많은 선비들이 시 짓기에 몰두했고, 그만큼 뛰어난 시인들이 많이 나타났지. 그중에서도 가장 위대한 시인을 꼽으라면 단연 두보와 이백을 꼽아. 모두 안녹산의 난으로 당나라가 혼란스럽던 현종 시기에 활동했던 시인들이지. 하지만 두 사람의 성격이나 작품 분위기는 매우 달랐어. 두보와 이백의 대표적인 시를 한 편씩 감상하며 두 사람이 어떻게 다른지, 왜 두보는 시성으로 이백은 시선으로 불리는지 알아보도록 하자.

두보, 백성의 고단함에 눈물 흘린 시의 성인(聖人)

먼저 살펴볼 사람은 두보야. 두보는 시인의 집안에서 태어나 어려서부터 시 짓는 법을 배우며 자랐어. 두보는 시를 지을 때 글자 한 자 한 자를 신중하게 선택했고, 시를 지은 뒤에도 고쳐쓰기를 수없이 되풀이했지.

과거 시험에 연이어 낙방하자 두보는 관직에 미련을 버리고 전국을 떠돌며 백성의 고단한 삶과 무너져 내리는 당나라의 모습을 절절한 마음으로 노래했어. 그가 남긴 1,600여 편의 시에는 나라를 걱정하고 백성을 사랑하는 마음이 담겨 있지. 그래서 사람들은 두보를 시의 성인, 즉 시성이라고 불렀단다.

↑ 두보 (712년~770년)

두보의 시는 조선의 선비들에게도 큰 사랑을 받았어. 세종 대왕은 나라와 백성을 걱정하는 두보의 마음을 사람들이 본받도록 두보의 시를 번역한 《두시언해》라는 책을 만들도록 했어. 성종 때 완성된 《두시언해》는 조선 선비들의 필독서였지.

전차의 노래 (兵車行)
병거행

수레는 삐걱삐걱 말은 히잉히잉
출정하는 군사들마다 허리에 활과 화살을 차고 있네.
부모와 처자들이 달려가며 배웅하느라
먼지가 자욱해 함양교는 보이지도 않는구나.
옷자락을 붙들고 발을 구르며 길을 막고 우니
우는 소리가 하늘까지 찌르는구나.
길 가던 사람이 병사에게 물으니
"걸핏하면 전쟁터로 끌려갑니다."
어떤 이는 나이 열다섯에 황허강 북쪽을 지키다
마흔이 되어서도 서쪽 둔전을 일구고,
떠날 때는 앳된 청년이었는데
돌아오니 머리가 백발인데도 또다시 변방 지키러 간다.
국경은 흐르는 피로 바다를 이루는데
변방을 정복하려는 폐하의 뜻은 꺾이지 않는구나.
(후략)

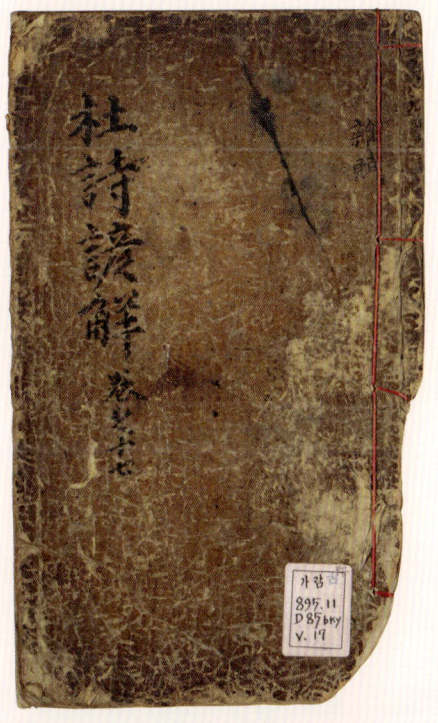

↑ 조선 성종 때 간행된 《두시언해》

두보의 대표작 중 하나인 〈전차의 노래〉라는 시로 마흔한 살 때 쓴 시야. 백성들의 고통엔 아랑곳하지 않고 전쟁에만 몰두하는 황제를 비판하는 시지. 두보는 전쟁터로 끌려가는 병사의 모습을 묘사해 백성들의 힘들고 안타까운 삶에 가슴 아파했어.

이백, 달과 술을 벗한 시의 신선(神仙)

이백은 부유한 집안 출신으로 평생 먹고살 걱정이 없었어. 그래서인지 성격도 호방하고 거침이 없었지. 이백은 전국을 떠돌며 친구를 사귀고, 술 마시며 시를 쓰는 게 일이었단다. 그러다 보니 이백의 시에는 술과 신선, 자유에 대한 내용이 많아.

이백은 한때 당 현종의 눈에 들어 관직 생활을 한 적도 있었어. 그런데 그곳에서 하는 일이라곤 황제가 양귀비와 히히덕거리며 놀 때 옆에서 시를 지어 바치는 일뿐이었지. 이백은 미련 없이 관직을 내던지고 평생 자유로이 시를 지으며 살았어. 한 글자 한 글자 신중하게 글자를 고르며 시를 썼던 두보와 달리 이백은 마음 가는 대로 한순간에 시를 써 내려간 것으로 유명해. 그래서 이백을 시 쓰는 신선, 즉 시선으로 부른단다. 그럼 이백의 시를 한 수 읊어 볼까?

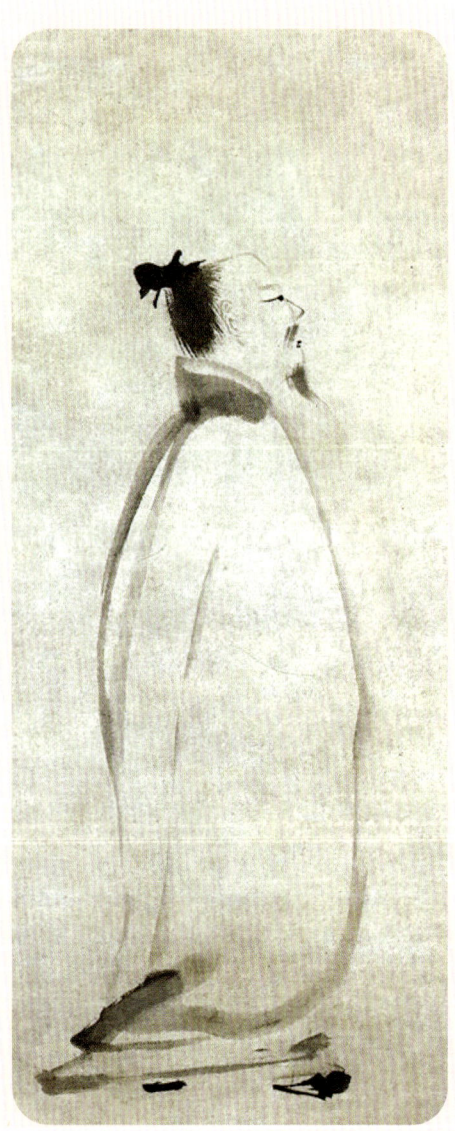

↑ 이백 (701년~762년)

달밤에 홀로 술 마시며 (月下獨酌)
월 하 독 작

꽃 사이에 술 한 병 놓고,

함께 마실 사람 없어 혼자 술 마시네.

잔 들고 밝은 달을 맞이하니,

달과 나와 내 그림자까지 모두 셋이구나.

달이야 워낙에 술 마시기를 모르고,

그림자야 다만 내 몸에 딸린 것이지만,

아쉬우나마 얼마 동안 달과 그림자를 벗하여,

즐겁게 노닐며 이 봄을 누려야지.

(후략)

이백에게 술은 답답한 세상을 잊게 해 주는 친구이고, 달은 외로울 때 언제나 함께해 주는 친구였어. 그래서 술과 달은 이백의 시에게 빼놓을 수 없는 소재들이란다. 오죽하면 배에서 술을 마시던 이백이 강물에 비친 달을 잡으려다 물에 빠져 죽었다는 전설이 생겨났겠니.

용선생 세계사 카페

전설이 된 인도 유학파 승려 현장 스님

부처님의 가르침을 좇아 걸어서 인도까지

중앙아시아를 거쳐 중국에 불교가 전해진 지 어언 200여 년! 이제 중국에도 많은 불교 사원이 건설되고 불교가 융성했지만, 스님들은 여전히 부처님의 가르침에 목이 말랐어. 아직 중국에는 공부할 경전이 턱없이 부족하고, 그나마 있는 경전도 번역이 제대로 되지 않아 내용이 믿음직스럽지 못했거든. 그래서 불교의 본고장인 인도로 가 큰 스승으로부터 부처님의 가르침을 얻고, 경전을 챙겨 중국으로 돌아오는 스님들이 생기기 시작했어. 이런 스님들을 구법승이라고 불러. 또 이렇

↑ 현장 스님의 구법 여행 경로

게 인도를 다녀오는 걸 구법 여행이라고 해. 구법 여행은 무거운 짐을 진 채 오로지 두 다리로 수천 킬로미터를 걸어야 하는 힘겨운 여정으로 그 자체가 고행이었어.

구법 여행을 떠난 많은 승려들 가운데서 가장 유명한 분이 당나라 초기의 구법승인 현장 스님이야. 629년 인도로 떠난 현장 스님은 20여 년 동안 인도를 두루 순례하며 불법을 공부한 뒤 600여 편의 경전을 가지고 당나라로 돌아왔어. 현장 스님이 장안으로 돌아온다는 소식을 듣고 당 태종이 직접 달려 나가 맞았을 정도라고 하니, 당시 이미 현장 스님의 명성이 어땠는지 짐작할 수 있을 거야.

↑ **구법 여행에서 돌아오는 스님의 모습**
등 뒤에 경전을 가득 짊어진 모습이 인상적이야.

↓ **인도 날란다 대학**
현장 스님이 공부한 곳으로 전 세계에서 수많은 유학생들이 모여들었어.

《대당서역기》와 《서유기》

당나라로 돌아온 현장 스님은 구법 여행을 기록한 《대당서역기》라는 책을 지어 황제에게 바치고 인도에서 가져온 불경을 번역하는 일에 전념했어.

그런데 세월이 흐르면서 현장 스님의 구법 여행기에 하나둘 신기한 모험담이 덧붙여지기 시작했어. 현장 스님이 온갖 괴물과 요괴들의 방해를 이겨 내고 여행을 계속해 나가는 이야기이지. 약 900년 후인 명나라 때 오승은이라는 사람이 그런 신비한 모험담들을 수집해 재미있는 소설로 만들었으니, 그게 바로 《서유기》야.

온갖 도술을 부리는 손오공과 저팔계, 사오정의 도움을 받아 인도를 다녀오는 삼장 법사가 바로 현장 스님이야. 너희들도 손오공이라는 이름은 들어 본 적 있지? 《서유기》는 오늘날까지도 끊임없이 영화나 만화, 애니메이션으로 만들어지며 생명력을 유지하고 있단다.

◀ 대안탑
중국 시안에 있는 높이 64미터의 불탑. 현장 스님이 인도에서 가져온 불경과 불상을 보관하기 위해 당 고종이 세웠어.

↑ 《대당서역기》 현장 스님이 구법 여행을 기록한 여행기로 당시 중앙아시아와 인도의 모습을 알려 주는 소중한 자료야.

↑ 애니메이션 〈드래곤볼〉의 한 장면 〈드래곤볼〉은 《서유기》를 바탕으로 만든 일본의 인기 만화이자 애니메이션이야.

일본의 탄생

동아시아의 동쪽 끝에 자리한 섬나라 일본에서는
비교적 뒤늦게 문명이 시작되었어.
하지만 중국과 우리나라를 통해 앞선 문물을 받아들이며
독자적인 문화를 발전시켜 나갔지.
오늘은 이웃 나라 일본에서 문명이 시작되고
나라가 만들어지는 과정을 알아보기로 하자.

기원전 1만 년 무렵	기원전 300년 무렵	기원후 250년 무렵	500년 무렵	645년	710년	794년
조몬 시대 시작	도래인 등장, 야요이 시대 시작	전방후원분 건설 시작, 고분 시대	아스카 시대 시작	다이카 개신	헤이조쿄로 천도, 나라 시대 시작	헤이안쿄로 천도, 헤이안 시대 시작

사사야마
조몬 시대의 대표적인 유적지. 불꽃 모양의 토기가 발견됐어.

헤이조쿄
나라 시대 일본의 수도. 당나라 장안성을 모방해서 지었대.

야요이
일본에서 처음으로 야요이 토기가 발견된 곳이야.

나라 분지
일본 중부에 자리 잡은 넓은 분지. 고대 일본의 정치 중심지였어.

홋카이도
삿포로
사사야마
이와주쿠
야요이
도쿄
혼슈
교토
나고야
오사카
헤이조쿄
나라 분지

태 평 양

역사의 현장 지금은?

가깝고도 먼 나라 일본의 이모저모

▲ 인구 천만이 넘는 대도시 도쿄

 일본은 유라시아 대륙의 동쪽 끝, 우리나라와는 동해를 사이에 두고 이웃해 있는 나라야. 산이 많고 평야가 적은 지형과 빈약한 지하자원, 세계 최고 수준의 인구 밀도, 큰 연교차와 여름철에 집중된 강수량, 풍부한 인적 자원 등 우리나라와 매우 비슷한 특징을 가진 나라이기도 하지.

일본의 수도 도쿄

일본의 수도 도쿄는 세계적으로 손꼽히는 대도시야. 도쿄 도 인구만 약 1,400만 명, 수도권 전체로는 4,500만 명에 이르지. 전후 일본의 번영을 이끈 정치, 행정의 중심지이자 수많은 다국적 기업이 몰려 있는 경제의 중심지이기도 해.

세계적인 경제 대국

일본은 미국과 중국 등에 이어 세계 5위 안에 드는 경제 대국이야. 1980년대 전성기에는 미국과 세계 1위 자리를 다투기도 했어. 특히 자동차와 전자 제품 등 정밀 과학 기술에서는 한때 누구도 따라오지 못할 만큼 뛰어난 경쟁력을 자랑했단다.

↑ 요코하마의 컨테이너 선착장

→ 오스트레일리아 시드니 공항에 있는 소니 매장
소니와 도시바 같은 일본 기업에서 생산한 전자 제품은 세계적으로 높은 품질을 인정받고 있어.

세계적인 문화 강국

일본은 만화, 애니메이션, 비디오 게임 등 문화 콘텐츠 산업에서 끊임없이 세계적인 히트 상품을 개발해 왔어. 우리가 너무나 잘 아는 〈드래곤볼〉, 〈포켓몬스터〉, 〈도라에몽〉 등이 모두 일본 작품들이지.

➡ 일본 고베에 있는 높이 15미터의 철인 28호 모형

🔺 **도쿄의 아키하바라**
다양한 전자 제품과 캐릭터 상품을 살 수 있어.

◀ **기모노**
우리나라의 한복에 해당하는 일본의 전통 의상. 지금도 명절이나 축제 때는 기모노 입은 여성을 쉽게 볼 수 있어.

🔻 **일본식 나막신 게다**
나무로 만든 일본 전통 신발이야. 나무 판에 구멍을 뚫고 V자 형의 고정 끈을 끼우고, 거기에 발가락을 넣어서 신어.

세계적인 고령화 국가

일본은 세계 최고 수준의 초고령화 사회로 노인 인구 비율이 매우 높아. 1990년대에 이미 65세 이상 노인 인구가 전체 인구의 10%를 넘어섰고, 2014년에는 전체 인구의 25%를 넘었지. 그런데도 신생아 출생이 계속 줄어들면서 고령화 현상이 더욱 심각해지고 있대.

↑ 반려견과 노후를 보내는 일본 할아버지

세계적인 학문과 기술 선진국

일본이 다양한 분야에서 큰 성공을 거둘 수 있었던 건 우리나라 못지않은 높은 교육열과 훌륭한 교육 제도 덕분이야. 일본은 자타 공인 아시아 최고의 학문과 기술 선진국으로, 일본 최고의 대학인 도쿄 대학교와 교토 대학교는 세계적으로도 뛰어난 인재들을 많이 배출하고 있단다.

← 아시모 일본의 자동차 기업 혼다에서 개발한 세계 최초의 직립 보행 로봇이야.

↑ 2010년 노벨 화학상 수상자인 네기시 에이이치, 스즈키 아키라 교수

일본은 2025년까지 총 29명의 노벨상 수상자를 배출했고, 그 가운데 24명이 과학 분야 수상자들이야. 또 최근 연속해서 과학 분야 노벨상 수상자를 배출하고 있지.

↓ 도쿄 대학교

↑ 한신·아와지 대지진으로 종잇장처럼 구겨진 고가도로

화산과 지진의 나라

환태평양 조산대에 자리 잡고 있는 일본은 화산이 많고 지진이 잦은 나라야. 1995년 1월에 발생한 한신·아와지 대지진은 6,300명의 사망자와 약 156조 원에 달하는 재산 피해를 냈어. 2011년 3월에 발생한 진도 9.0의 동일본 대지진은 2만 명의 인명 피해와 후쿠시마 원전 사고를 초래했지.

↑ 쓰나미로 파괴당한 어촌

↑ 노천 온천을 즐기는 야생 일본 원숭이들 일본은 활발한 화산 활동 때문에 온천도 많아.

↑ 후쿠시마 원전 사고 지진의 여파로 발생한 쓰나미로 인해 체르노빌 원전 사고 이후 최대의 원전 사고가 발생했어. 원전 인근의 주민 1만 명은 고향을 떠나야 했고, 반경 20킬로미터 이내는 출입 금지 구역으로 지정되었어.

일본은 알고 보면 꽤 큰 나라

"자~, 오늘은 일본에 대해서 공부할 시간이야. 아무래도 우리랑 가장 가까운 곳에 있는 나라니까 일본에 대해 조금씩은 알고 있겠지? 본격적으로 수업에 들어가기 전에 일본 하면 제일 먼저 뭐가 떠오르는지 한 가지씩만 이야기해 볼까?"

"전 일제 강점기가 제일 먼저 생각나요. 위안부 할머니들, 강제로 끌려가 고초를 겪은 분들, 독립을 위해 싸우다 돌아가신 순국선열들 얘기는 들을 때마다 분통이 터지거든요!"

나선애가 먼저 씩씩대며 말문을 열었다.

"전 임진왜란이에요. 이순신 장군 아니었으면 일본한테 멸망당할 뻔했죠."

곽두기의 국어 사전

고초 쓸 고(苦) 회초리 초(楚). 괴롭고 어려운 일을 뜻해.

↑ 나가사키현 사세보 시의 '99섬 국립 공원'

"전 우리나라가 일본에 문화를 전해 줬다는 걸 알고 놀랐어요. 불교랑 한자도 우리나라를 통해서 건너갔고, 고구려의 담징 스님이 그림도 그려 줬어요."

허영심과 왕수재가 질세라 한마디씩 보태자 눈치를 보던 장하다가 쭈뼛거리며 말했다.

"전 일본 하면 만화가 먼저 떠오르는데. 텔레비전에서 우리나라 만화인 줄 알고 봤는데 나중에 알고 보니 일본 만화였던 게 있었거든요."

"하하. 그래. 모두 다 잘 말해 줬어. 너희들이 이야기한 것처럼 일본은 역사적으로 우리나라와 아주 밀접한 관계를 맺어 왔지. 또 현재도 활발한 교류를 이어 가고 있지. 따라서 일본의 역사에 대해서도 잘 알아 둘 필요가 있다, 이 말씀. 자, 그럼 본격적으로 일본 역사를 공

일본의 탄생

부하기 전에 일본의 자연환경부터 알아보자. 일본이 섬나라라는 건 다들 알고 있지?"

"에이, 그 정도야 기본이죠."

두기가 생글거리며 대답했다.

"좋아. 그럼 좀 더 자세히 들어가자. 지도에 보이는 것처럼 일본은 4개의 큰 섬과 거기에 딸린 수많은 작은 섬들로 이루어져 있어. 그중 제일 북쪽에 있는 큰 섬이 홋카이도이고, 그 아래 있는 게 혼슈야. 혼슈는 일본 열도에서 가장 크고 중심이 되는 섬이지. 그리고 제일 남쪽에 있는 큰 섬이 규슈야. 우리나라에서 가장 가까운 섬이기도

왕수재의 지리 사전

열도 크고 작은 섬들이 줄을 지어 있는 모양을 열도라고 불러.

➜ 일본 전도

▶ 혼슈의 등뼈를 이루는 일본 알프스
혼슈에는 남북으로 여러 개의 산맥들이 뻗어 있어. 해발 2,000미터에서 3,000미터의 높은 봉우리들이 즐비한 이 산맥들을 아울러 일본 알프스라고 부르기도 하지.

하지. 마지막으로 혼슈와 규슈 사이에 시코쿠라는 섬이 있어. 이 4개 섬과 자잘한 섬들을 모두 합친 일본의 총 면적은 한반도의 1.5배가 넘는단다."

"우아, 진짜요? 전 일본이 섬나라여서 작은 줄 알았는데, 생각보다 큰 나라였네요."

눈대중으로 지도를 살피며 우리나라와 크기를 비교해 본 장하다가 놀란 듯 말했다.

"좀 놀랐지? 하지만 국토의 대부분이 험준한 산지여서 면적에 비해 쓸 만한 땅은 많지 않아. 해안의 좁은 평지를 제외하면 높이 3,000미터가 넘는 높은 산들이 즐비하거든."

"산이 많고 평야가 적은 것도 우리나라랑 비슷한 것 같네요?"

"그런 셈이지. 일본의 또 한 가지 특징은 산세가 험해 일본 땅 전체를 꿰뚫고 흐르는 큰 강이 별로 없다는 거야. 섬 중앙을 따라 등줄기

일본의 탄생 **073**

처럼 길게 뻗어 있는 높은 산에서 흘러내린 계곡물이 쏟아지듯이 빠르게 바다로 흘러든단다. 그래서 사람들은 급류가 흐르는 산골짜기나 해안가 평야 지대에 옹기종기 모여 작은 마을을 이루어 살았단다. 또 화산과 지진이 잦아서 사람들은 늘 가슴을 졸여야 했지."

"휴, 이제 보니 일본도 아주 살기 좋은 곳은 아니로군요. 그런데 선생님 한 가지 궁금한 게 있어요. 일본은 섬인데, 어떻게 사람들이 들어가서 살게 된 거죠?"

용선생의 핵심 정리

일본은 홋카이도, 혼슈, 규슈, 시코쿠, 이 4개의 큰 섬과 수많은 작은 섬으로 이루어진 커다란 섬나라. 산세가 험하고 큰 강이 별로 없으며 사람들은 해안 평야 지대에 모여 삶.

한반도에서 건너온 사람들이 벼농사와 철기를 퍼트리다

↑ 이와주쿠 석기
혼슈 중부에서 발견된 구석기. 일본이 아직 섬이 아니었을 때 사람들이 살았던 흔적이야.

두기의 물음에 용선생이 손가락을 탁 튕겼다.

"오, 아주 좋은 질문이다. 결론부터 말하자면 사람들은 일본으로 손쉽게 들어갈 수 있었단다."

"에이, 선생님도. 바다인데 어떻게 쉽게 들어가요?"

"하하. 당시에는 그렇게 어렵지 않았어. 얘들아, 먼저 지도를 한번 볼까?"

용선생은 얼른 모니터에 지도 한 장을 띄웠다.

"이건 지금으로부터 약 1만 5천 년 전, 그러니까 지구가 빙하기였을 때의 모습을 보여 주는 지도야. 빙하기 때는 해수면이 지금보다 100미터 이상 낮았기 때문에 얕은 바다는 아직 물에 잠기지 않아 육지 상태였어. 일본도 남쪽과 북쪽이 대륙과 거의 붙어 있었고, 동해는 거대한 호수와 다를 바 없었지. 그래서 사람들은 일본으로 들어갈 수 있었단다."

"아하, 아메리카로 건너간 거랑 비슷하군요."

▲ 빙하기의 동아시아 해안선

"그렇단다. 일본이 완전히 섬으로 변한 건 빙하기가 끝나고 신석기 시대가 시작된 1만 년 전이야. 이때 일본에 자리를 잡고 살던 사람들이 바로 오늘날 일본인들의 직접적인 조상이야. 그런데 이렇게 대륙과 단절되어 섬이 되어 버리는 바람에 일본에서는 흔히 조몬 문화라고 부르는, 중국이나 우리나라와는 다른 독특한 모습의 신석기 문화가 발달했어."

나선애의 세계사 사전

조몬 문화 기원전 1만 년에서 기원전 300년. 새끼줄 무늬를 새겨 넣은 토기를 조몬 토기라고 하고, 조몬 토기를 만들던 시대를 조몬 시대, 그 문화를 조몬 문화라고 해.

"조몬? 조몬이 뭔데요?"

"조몬은 '새끼줄 무늬'라는 뜻이야. 신석기 시대에 일본 사람들은 진흙으로 빚은 토기에 새끼줄을 꾹꾹 찍어서 무늬를 만들었거든. 이렇게 만든 토기를 조몬 토기라고 하고, 조몬 토기가 만들어진 시대를 조몬 시대라고 하지. 조몬 시대 사람들은 물고기와 조개를 잡거나 도토리 같은 열매를 채집해 살았단다. 이런 생활이 1만 년 가까이나 계속됐지."

▲ **조몬 토기** 조몬 시대 후기에는 소용돌이나 불꽃 모양의 복잡한 장식이나 특이한 형태의 토기를 만들기도 했지.

↑ 토우 조몬 시대 후기에 제작된 흙 인형. 제사나 주술에 쓰였을 것으로 추정돼.

나선애의 세계사 사전

도래인 건널 도(渡) 올 래(來) 사람 인(人). '바다를 건너온 사람'이라는 뜻이야.

"선생님, 그런데 신석기 시대면 농사를 짓기 시작한 거 아니에요?"

"아무래도 대륙과 단절되다 보니 변화가 더뎠어. 기원전 300년쯤이 돼서야 농사를 짓기 시작하거든. 근데 여기에는 다른 이유도 있어. 그건 농사를 지을 필요가 없을 만큼 먹을 것이 풍부했기 때문이야. 일본은 대체로 기온이 따뜻하고 강수량도 많은 편이어서 나무 열매가 풍부하고 사방이 바다여서 조개나 물고기도 쉽게 잡을 수 있었거든. 그래서 조몬 시대 사람들은 농사를 짓지 않았지만 점차 한곳에 정착해 살았고, 채집한 열매들을 보관하거나 조리하기 위해 토기도 만들었어."

아이들이 서로를 바라보며 고개를 끄덕였다.

"만약 도래인이 건너오지 않았다면 일본 사람들은 계속 이렇게 살았을지도 몰라. 그런데 기원전 300년 이후 벼농사법과 청동기, 철제 농기구와 무기를 가진 사람들이 바다를 건너 일본 땅으로 들어오면

◆ 야요이 시대의 마을
외부의 침략을 막기 위해 나무 울타리를 세우고 집들을 한곳에 모아 지었어.

서 일본에서 농경이 시작되고 사회가 급변하게 되지."

"엥? 바다를 건너오다니요? 바다 건너 어디서요?"

아이들의 눈이 휘둥그레졌다.

"바로 우리나라야. 많은 도래인들이 한반도에서 배를 타고 일본으로 건너갔어. 이들은 한반도에서 가까운 규슈 지역에 정착해 벼농사를 짓기 시작했고, 이들이 가져온 벼농사법과 청동기, 그리고 철제 도구들은 머지않아 일본 전역으로 퍼져 나갔단다. 이렇게 벼농사법이 전파되고 철기가 널리 사용되기 시작한 시기를 야요이 시대라고 해. 농업은 일본 사회에 큰 변화를 불러왔어. 사람들은 평야 지대의 농사짓기 쉬운 곳에 모여 살기 시작했고, 인구가 늘어나면서 마을이 생기고, 마을의 규모도 점점 커졌지."

용선생은 잠시 말을 쉬었다가 이어 나갔다.

"마을이 커지자 자연스럽게 마을 사람들 중에 존경받는 어른이나

▲ 조몬 시대 두개골
위아래로 치아를 뽑은 흔적이 보이니? 조몬 시대에는 가까운 사람의 죽음을 애도하거나 성인식을 치를 때 이를 뽑는 풍습이 있었대.

 나선애의 세계사 사전

야요이 시대 기원전 300년에서 기원후 300년. 일본에 벼농사법이 퍼지고 농업과 관련된 신앙, 풍습, 의례가 확립된 시기야.

나선애의 세계사 사전

구니 한자로는 나라 국(國) 자를 쓰고 구니라고 읽어. 고대 그리스의 폴리스나 고대 중국의 작은 제후국과 비슷하다고 보면 돼.

종교 지도자가 등장해서 마을을 이끌기 시작했어. 그리고 마을들끼리 땅과 곡식, 노예를 얻기 위해 격렬한 전쟁을 벌였지. 그 결과 강한 마을이 약한 마을들을 힘으로 제압하거나, 혹은 여러 마을이 자발적으로 손을 잡으면서 옛날과는 비교할 수 없는 큰 사회 조직이 나타났어. 야요이 시대에 등장한 이런 큰 규모의 사회 조직을 구니라고 부른단다."

"구니? 구니가 뭐예요?"

"고대 그리스의 폴리스쯤 되는 작은 국가들이야. 기원 전후 무렵이 되면 이런 작은 나라가 100여 개 생기지."

↑ **야요이 시대 토기** 조몬 토기의 줄무늬가 사라졌어.

용선생의 핵심 정리

기원전 1만 년 무렵부터 조몬 문화 시작. 기원전 300년 무렵, 도래인에 의해 벼농사가 도입되며 야요이 시대 시작. 인구가 증가하며 곳곳에 구니가 탄생.

치열한 경쟁을 거쳐 강력한 왕이 등장하다

"그럼 결국 일본도 다른 문명들이랑 비슷한 과정을 밟은 거네요? 사람들이 모여서 마을이 만들어지고, 전쟁이 시작되고……."

"그야 그렇지. 그런데 이웃한 중국이나 우리나라에 비해 시기는 꽤 많이 늦었어. 이때 바다 건너 중국에서는 이미 한나라가 전성기를 누리고 있었거든."

"얼레, 그렇게나 차이가 나요?"

"그렇단다. 이때 동아시아 일대에서는 중국이 제일 발전한 나라이고 강국이었어. 그래서 일본에서도 중국에 사신을 보내 조공을 바치고 신하가 되겠노라고 자청하는 구니가 나타났어. 조공을 받은 중국 황제는 답례로 '중국 황제가 이 사람을 일본의 왕으로 임명한다.'는 내용을 새긴 도장을 내려 주기도 했지."

▲ **중국에서 온 황금 도장** 기원후 57년, 중국 후한의 광무제가 일본의 지배자를 '한위노국왕'으로 임명한다는 글이 새겨진 황금 도장이야.

"중국 황제가 왜 일본 왕을 임명해요? 별꼴이야."

허영심이 어이없다는 듯 중얼거리자 용선생은 싱긋 웃음을 지어 보였다.

"오늘날의 시각으로 보면 이해가 안 될지 몰라도 고대 동아시아에서는 중국 황제의 인정을 받는 것이 세력을 키우는 데 매우 유용했어. 선생님한테 반장으로 임명되는 것과 비슷하지. 기원후 239년에는 야마타이 구니의 히미코 여왕이 중국 황제로부터 일본의 왕으로 인정을 받아 세력을 과시했지."

용선생의 세계사 돋보기

동아시아 각 나라의 지배자들이 중국 황제에게 조공을 바치며 충성을 맹세하면, 황제는 답례품을 내려 주며 그 사람을 그곳 지배자로 인정해 주었어. 이러한 체제를 조공-책봉 체제라고 해.

"야마타이 구니는 어디에 있었는데요?"

곽두기가 눈을 동그랗게 뜨고 물었지만 용선생은 어깨를 으쓱해 보였다.

"그건 사실 정확하지 않아. 도래인들이 많이 사는 규슈에 있었다고 주장하는 사람들도 있고, 훗날 일본의 중심지가 되는 나라 분지에 있었다고 주장하는 사람들도 있거든."

장하다의 인물 사전

히미코 여왕 (?~248년) 야마타이 구니의 여왕이야. 히미코 여왕은 제사장 역할을 하고 남동생이 정치와 군사를 맡았대.

"나라 분지? 그건 또 어딘데요?"

"바로 여기!"

용선생은 새로운 지도를 띄웠다.

왕수재의 지리 사전

나라 분지 현재 일본 나라 현 지역을 말해. '분지'는 평지 주위가 산으로 둘러싸인 지형을 의미하지.

일본의 탄생 **079**

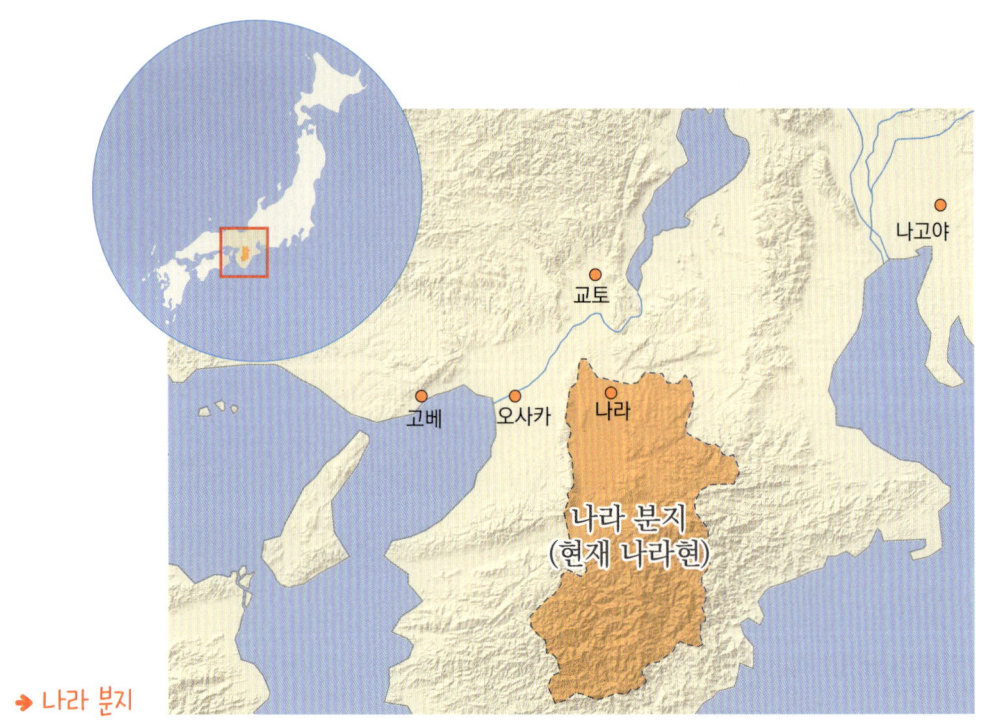

→ 나라 분지

"나라 분지는 산이 많은 일본에서 드물게 들이 꽤 넓은 곳이란다. 그래서 이곳의 구니들은 비교적 세력이 컸지. 그 구니들의 세력이 어느 정도였는지는 이 사진을 보면 대략 짐작할 수 있어."

용선생은 스크린에 묘하게 생긴 사진 한 장을 띄웠다.

"저게 뭐예요? 꼭 종처럼 생겼는데요?"

"종? 내가 보기엔 열쇠 구멍 같은데?"

아이들이 사진을 들여다보며 한마디씩 했다.

"흐흐, 이건 하늘에서 본 거대한 무덤이란다. 앞은 네모나고 뒤는 둥글다고 해서 전방후원분이라고 부르지. 이 무덤은 전방후원분 중에서도 덩치가 가장 큰 것인데, 길이가 자그마치 486미터, 너비는 350미터, 높이는 35미터나 되지. 또 이런 종류의 무덤 안에는 옥

↑ 다이센 고분 오사카에 있는 대표적인 전방후원분인 다이센 고분이야. 인근에 다닥다닥 지어진 집들과 크기를 비교해 보렴.

장식품과 청동 거울 이외에도 철제 무기, 말 장식품 등 화려한 부장품들이 묻혀 있기도 했대."

"와, 으리으리하네요."

"이렇게 거대하고 으리으리한 전방후원분들은 기원후 250년 무렵, 그러니까 야마타이 구니의 히미코 여왕이 죽고 난 이후부터 나라 분지를 비롯한 기나이 지역에서 유행하기 시작했단다. 각지의 지배자들이 서로 세력을 과시하려고 무덤 크게 짓기 경쟁을 벌이다 보니 이렇게나 큰 무덤이 만들어진 거지. 이 유행은 곧 일본 전역으로 번져 나갔고, 200년이 넘도록 큰 인기를 끌게 된단다. 그래서 이 시기를 고분 시대라고 해."

"무덤 크게 짓기 경쟁이라니…… 참 나."

아이들은 고개를 절레절레 저었다.

"무덤 크게 짓기 경쟁은 여러 구니들 사이의 경쟁이 어느 정도 마무리되고 지배자들 사이에 서열 관계가 명확해지면서 차츰 사라지게 돼. 누가 윗사람이고 아랫사람인지 명확해지고 나니까 서로 세력을 과시할 필요가 없어진 거지. 기원후 300년 무렵에 나라 분지에 자리 잡은 야마토 구니가 일본에서 가장 강력한 세력으로 떠올랐어. 그리고 507년, 게이타이의 즉위 이후 다른 구니들을 누르고 전 일본에서 가장 강력한 세력으로 확실히 자리 잡게 되었지."

"그럼 이제 일본에도 강력한 왕이 등장한 건가요?"

"그런 셈이지. 게이타이는 아스카라는 곳에 왕궁을 짓고, 자신을 왕으로 칭해 다른 구니의 지배자들과 차별화했어. 이렇게 아스카를 도읍으로 삼았던 시대를 아스카 시대라고 부른단다. 그렇다고 해서 지

왕수재의 지리 사전

기나이 한자로 기내(畿內)라고 써. 기(畿)는 왕이 사는 수도를 둘러싼 땅을 가리키는 글자야. 그래서 서울을 둘러싸고 있는 곳을 경기도라고 하지. 기나이는 기의 안이라는 뜻으로, 오랫동안 일본의 수도였던 교토와 그 인근 지역을 가리키는 말로 쓰였어.

곽두기의 국어 사전

서열 차례 서(序) 벌일 열(列). 순서대로 늘어선 줄이라는 뜻이야.

장하다의 인물 사전

게이타이 (465년?~531년) 오진 천황의 5대손으로, 전임 천황이 자식 없이 죽자 대신 천황의 자리에 올랐어. 현재 일본 천황 가문의 직계 선조야.

왕수재의 지리 사전

아스카 나라 분지 남쪽의 지명이야.

방의 다른 지배자들이 모든 권력을 잃게 된 건 아니야. 게이타이는 일본 각 지방의 지배자들이 그대로 자신의 땅을 다스리도록 해 주는 대신, 그 자식들을 왕궁으로 불러들여서 일을 맡겼어. 함부로 반란을 일으키지 못하도록 인질을 잡아 둔 셈이지. 이렇게 해서 한때 왕과 경쟁 관계에 있었던 여러 구니의 지배자들은 야마토의 왕에게 충성을 바치면서 자기 땅을 다스리는 호족 세력으로 자리를 잡게 되었지."

"그러니까 야마토의 지배자는 일본의 왕이 되고, 다른 구니의 지배자들은 호족이 된 거네요?"

나선애의 정리에 용선생은 미소를 지으며 고개를 끄덕였다.

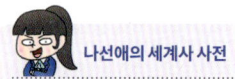

나선애의 세계사 사전

호족 지방에서 큰 재산과 권력을 갖고 영향력을 행사하는 사람들을 말해.

▼ **오늘날의 아스카**
일본 최초의 중앙 집권적 국가였던 야마토 정권의 왕궁이 있었던 아스카. 현재 아스카는 약 6,000명의 주민들이 살아가는 한적한 시골 마을로 변해 있어. 마을 앞의 넓은 들녘은 야마토 정권이 나라 분지를 평정하고 고대 국가를 건설하는 기반이 되었어.

용선생의 핵심 정리

기원후 239년, 야마타이 구니가 부상하고 뒤이어 전방후원분이 만들어짐. 500년 무렵, 야마토 구니의 지배자 게이타이가 아스카를 도읍으로 삼으며 아스카 시대 개막.

쇼토쿠 태자, 불교를 도입하고 왕권을 강화하다

"선애가 잘 정리해 줬어. 그런데 아스카 시대가 어느 정도 자리를 잡은 후에도 왕의 권력이 호족들을 완전히 제압할 정도로 막강하지는 못했어. 그래서 왕도 힘센 호족 가문을 자기편으로 끌어들여야 왕 노릇을 할 수 있었단다. 그러다 보니 나중에는 왕보다도 왕과 친한 몇몇 호족 가문들이 권세를 누리면서 나라를 좌우하게 되었지. 특히 게이타이가 죽은 후로는 왕가의 외척인 소가 가문이 떠오르기 시작했단다. 소가 가문은 바다 건너 백제에서 온 도래인들과 관계가 깊은 신흥 호족 가문이었어."

"백제요? 삼국 시대의 백제를 말씀하시는 거예요?"

"그래. 바로 그 백제야. 이 무렵 일본은 삼국 중에서 특히 백제와 가깝게 지냈어. 중국으로 가는 사신도 꼭 백제에 들렀다 갈 정도로 친했지. 게다가 백제에서 온 도래인들은 한반도에서 들여온 각종 앞선 기술과 지식을 가지고 있었고, 한반도와의 교역에서도 큰 역할을 했지. 소가 가문은 바로 이 백제계 도래인들과 손을 잡은 덕분에 강한 세력으로 성장할 수 있었을 거야."

"헤헤. 일본 역사를 공부하면서 백제 얘기를 들으니까 신기해요."

"호호. 그렇지? 이렇게 도래인들을 등에 업은 소가 가문의 라이벌은 역시 왕의 오랜 측근이었던 모노노베 가문이었어. 500년대 중반 들어 두 가문은 불교 도입을 놓고 찬반으로 갈려 큰 갈등을 겪게 된단다."

"불교요? 불교가 왜요?"

용선생의 세계사 돋보기

소가 가문이 사실은 일본으로 건너온 백제계 가문이라고 생각하는 사람들도 있어.

"원래 일본에서는 각자 자기 가문의 조상신이나 지역 수호신을 믿었어. 그러다 보니 지역마다 믿는 신이 달랐고, 신에게 제사를 지내는 제사장도 따로따로 있었지. 이러니 하나의 나라로 통합되기가 어려웠단다. 소가 가문은 삼국 시대의 한반도나 위진 남북조 시대의 중국에서 그랬던 것처럼 불교를 이용해 왕권을 강화하고, 지역마다 다른 신과 신앙을 하나로 통합하려고 했어. 그런데 여기에 모노노베 가문을 비롯한 전통 호족 세력들이 반대하고 나선 거야. 하지만 백제에서 온 도래인들이 세력 기반이었던 소가 가문은 쇼토쿠 태자를 앞세워 불교 도입을 강력하게 밀어붙였단다."

"쇼토쿠 태자? 어, 왠지 들어 본 이름인데……?"

장하다가 기억을 떠올리려는 듯이 이맛살을 찌푸렸다.

"한국사에도 등장하는 이름이니까 아마 들어 봤을 거야. 백제를

장하다의 인물 사전

쇼토쿠 태자 (574년~ 622년) 쇼토쿠 태자는 소가 가문이 권력을 장악하고 난 뒤 왕의 섭정이 되어 불교를 도입하고 왕권을 강화하는 데 힘썼지.

통해서 불교를 받아들이는 데 앞장선 사람으로 말이야. 쇼토쿠 태자는 아버지와 어머니가 모두 왕족이지만, 족보를 따지고 들면 할머니와 외할머니가 모두 소가 가문 출신으로 소가 가문과 매우 가까웠어."

"흠~, 그러니까 소가 가문이 왕가를 완전히 장악했던 거네요."

"그런 셈이지. 결국 쇼토쿠 태자를 앞세운 소가 가문은 모노노베 가문을 몰아내고 정권을 완전히 장악하게 된단다. 쇼토쿠 태자는 왕의 섭정이 되어서 약 30년 동안 나라를 다스렸는데, 17개 조항으로 된 정치 이념을 공포하고, 관직을 12개 등급으로 정리해 통치 체제를 정비하는 등 많은 업적을 쌓았어. 또 호류지와 시텐노지 등 사찰을 지어 불교 전파에도 힘썼지. 또 가문에 상관없이 능력 있는 사람들을 과감히 발탁하고, 뛰어난 젊은이들을 중국으로 유학 보내 학문과 기술을 배워 오도록 했어. 한마디로 일본 고대 국가의 틀을 마련한 사람이 바로 쇼토쿠 태자지. 그래서 오늘날까지도 일본인들은 쇼토쿠 태자를 존경한단다. 지폐에 쇼토쿠 태자의 초상화를 실은 적도 있어."

"잠깐만요, 일본에서 중국으로 유학을 보냈다고요?"

"응. 사실 일본은 이때까지도 한반도의 삼

← **쇼토쿠 태자** 가운데 있는 사람이 바로 쇼토쿠 태자야. 쇼토쿠 태자는 왕의 섭정을 맡아 정치, 외교, 건축 등 다방면에 걸쳐 많은 업적을 남겼지.

곽두기의 국어 사전

섭정 왕을 대신해서 나라를 다스리는 사람을 가리켜.

용선생의 세계사 돋보기

시텐노지는 사천왕사를 일본어로 읽은 이름이야. 일본의 오래된 사찰로 쇼토쿠 태자가 593년에 오사카에 지었어.

↑ **옛 1만 엔짜리 지폐에 그려진 쇼토쿠 태자**
쇼토쿠 태자는 무려 일곱 번이나 지폐 도안으로 쓰였대. 그만큼 일본 사람들의 존경을 받는 인물이지.

↑ **호류지의 금당 벽화** 고구려 승려 담징이 그렸다고 전해 오는 호류지의 금당 벽화를 복원한 그림. 아쉽게도 원래의 금당벽화는 불타 버렸어.

↑ **호류지** 현재까지 남아 있는 세계에서 가장 오래된 목조 건물로 왼쪽 건물이 벽화가 그려져 있던 금당이야.

국이나 중국에 비해 문화적으로 많이 뒤처져 있었어. 그래서 쇼토쿠 태자는 대륙의 앞선 문화를 받아들이는 데 매우 적극적이었단다. 중국을 통일한 수나라에 사신을 파견했고, 삼국의 학자들을 초대했지. 고구려 승려 담징이 일본으로 건너와 종이와 먹, 맷돌 제조법을 전하고 불경을 가르친 것도 바로 이때였어. 이 과정에서 일본의 예술과 기술 수준이 한 단계 성장하고, 불교가 빠르게 퍼져 나가면서 불교 사원 건축과 예술이 발전했대."

"태자일 때도 그렇게 일을 많이 했는데, 왕이 되어서는 더 엄청났겠네요?"

허영심의 말에 용선생은 고개를 가로저었다.

← **우리나라와 일본의 반가사유상**
왼쪽은 일본의 국보 제1호인 목조반가사유상, 오른쪽은 우리나라의 국보 금동미륵반가사유상이야. 재료는 다르지만 쌍둥이처럼 닮았지?

"쇼토쿠 태자가 조금 더 오래 살았다면 그랬을지도 모르겠구나. 그런데 쇼토쿠 태자는 갑작스레 세상을 떠나는 바람에 왕 자리에 오르지 못했어. 쇼토쿠 태자가 세상을 떠난 뒤에도 소가 가문은 계속 권력을 휘두르다가 20여 년 만에 권력을 잃고 밀려나게 되지. 소가 가문을 밀어낸 주역은 나카노오에 왕자였어. 나카노오에 왕자가 소가 가문에 반대하는 호족들과 손을 잡고 왕궁 안에서 소가 가문 사람들을 기습해 몰살시켜 버렸거든. 나카노오에 왕자는 강력한 개혁 정책으로 호족 세력을 약화시키고 왕권을 강화하려 했는데, 이 개혁 정책을 다이카 개신이라고 불러."

나선애의 세계사 사전
다이카 개신 '다이카'는 왕의 연호, '개신'은 낡은 것을 버리고 새롭게 고친다는 뜻이야.

용선생의 핵심 정리

500년대 중반, 쇼토쿠 태자를 중심으로 한 소가 가문이 불교를 도입하며 정치 제도를 정비하고 대륙의 앞선 문화를 받아들임.

다이카 개신과 일본의 탄생

"근데 선생님, 나카노오에 왕자가 갑자기 호족들을 어떻게 약화시킬 수 있었던 거죠?"

"다 방법이 있지. 다이카 개신의 핵심은 '모든 땅과 백성은 대왕의 것'임을 선언한 거야. 이걸 공지공민제라고 하지."

"호족들은 땅도 백성도 못 가진다는 거예요? 호족들이 가만있지 않을 텐데요?"

"당연하지. 사실 말은 그렇게 했지만 왕도 당장 자길 도와줬던 호

나선애의 세계사 사전
공지공민제 일본에서 공(公)은 왕이나 천황을 뜻해. 공지공민은 땅도 백성도 공, 즉 왕의 것이라는 뜻이야. 나라의 땅이 모두 임금의 것이라는 우리나라의 왕토사상과 비슷한 생각이지.

족들의 땅을 빼앗겠다는 건 아니었어. 그럴 힘도 없었고. 실제로는 호족들이 왕에게 충성을 바치겠다고 하면 그 대가로 호족에게 관직을 주고, 그 관직에 맞게 땅과 백성을 나누어 주겠다는 거였지. 사실상 큰 변화는 없었던 거야. 하지만 그런 원칙을 정해 둠으로써 호족들이 제멋대로 세력을 키우는 걸 막아 왕권을 강화하려고 했던 거지. 물론 호족들 입장에서도 불만은 있지만 당장 크게 달라지는 건 없었으니 대부분 받아들였지."

"누구 생각인지 몰라도 괜찮은 아이디어 같은데요."

왕수재가 팔짱을 낀 채 중얼거리자 용선생이 어깨를 으쓱했다.

"사실 이런 생각은 중국에서는 지극히 일반적인 생각이었어. 천명을 받은 황제가 나라의 모든 땅과 백성을 다스리는 걸 당연하게 여겼으니까 말이지."

"이제 보니 일본 사람들 중국에서 진짜 이것저것 다 배워 가네요."

"그래. 하지만 사실 여전히 호족 세력이 기세등등한 일본에서 공지공민제가 제대로 시행되기는 어려웠어. 전국의 땅이 다 왕 거니까 관직을 받아 가라, 관직을 받아 가지 않으면 불법적인 땅이니까 빼앗겠다고 해 봐야…… 그저 비웃음이나 살 뿐이었지. 게다가 왕은 일본 전국의 땅이 얼마나 넓고 백성이 몇 명이나 되는지도 제대로 파악도 못하고 있었단다. 다이카 개신에서 선언된 공지공민제가 실제로 실시되기까지는 30년 가까운 세월이 더 필요했지."

"그럼 30년 후에는 왕한테 힘도 생기고 능력도 생겼던 모양이죠?"

"응. 여러 상황들이 왕에게 유리해졌거든. 첫 번째는 한반도에서 신라가 당나라와 손잡고 삼국 통일에 나선 거였어. 나당 연합군이 백제를 공격해 멸망시키자 전통적으로 백제와 친했던 일본은 심각한 위기감을 느꼈어. 그러자 나카노오에 왕자는 나당 연합군의 침략에 대비한다는 명목으로 직접 왕의 자리에 올랐지. 이 사람이 바로 덴지왕이야."

"신라가 삼국을 통일하고 나서 일본까지 공격할 거라고 생각했단 말이에요?"

"그렇단다. 백제가 멸망한 뒤 백제 귀족들이 무더기로 일본으로 도망쳤고, 일본은 백제 유민들의 요청으로 한반도로 대군을 보내서 백제 부흥 운동을 돕기도 했거든. 그러니 일본은 백제 부흥 운동을 도왔다고 신라가 공격하지 않을까 걱정했던 거야. 일본은 백제에서 도망쳐 온 기술자와 지식인들을 동원해 전쟁에 대비했지. 요충지마다 성을 쌓아 군사를 주둔시켰고, 호적도 새로 만들었어."

"호적이랑 전쟁이 무슨 관계인데요?"

장하다가 멀뚱멀뚱한 표정으로 물었다.

"전쟁을 준비하려면 내가 전쟁에 동원할 수 있는 백성은 몇 명이나 되는지, 또 백성들이 가지고 있는 땅은 얼마나 되는지, 이 백성들한테 거둘 수 있는 세금은 얼마나 되는지 세세히 알아야 하거든. 호적을 만들면 그런 사항들을 모두 파악할 수 있지. 덴지왕은 백제에서 건너온 귀족들의 도움을 받아서 나라의 각종 제도들을 정비해 나갔다고 해. 신라의 침략에 대비하는 과정에서 왕의 힘은 점점 강해졌단다. 그러니까 백제의 멸망이 결과적으로는 왕에게 힘을 실어 주었던 셈이야."

▼ **일본의 호적**
호(戶)를 단위로 백성들의 이름과 나이, 소유하고 있는 땅을 기록한 문서야.

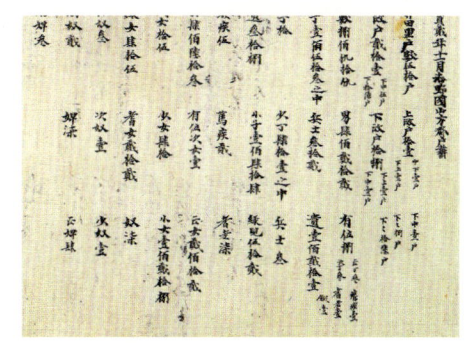

"이제 보니 일본은 정말 우리나라랑 관계가 깊었네요."

"흐흐. 여기에 일본 내부에서도 큰 사건이 터졌어. 덴지의 뒤를 이을 다음 자리를 놓고 덴지의 동생인 오아마 왕자와 아들인 오토모 왕자 사이에 내전이 벌어진 거야. 내전에서 이긴 쪽은 덴지의 동생인 오아마 왕자야. 오아마는 나중에 덴무 천황이 되었어. 그런데 약 한 달간에 걸친 내전에서 호족들은 죄다 어느 한 편에 가담해 싸웠기 때문에 이긴 쪽이나 진 쪽이나 큰 피해를 입었어. 이 기회를 이용해 덴무 천황은 호족 세력을 쉽게 제압하고 왕권을 강화시킬 수 있었지."

"근데 갑자기 웬 천황이에요?"

장하다가 물었다.

"이 무렵부터 일본에서는 왕을 천황이라고 부르게 된단다. '하늘의

용선생의 세계사 돋보기

역사적으로 천황이라는 용어가 사용된 건 덴무 천황부터지만, 그 이전의 왕들도 편의상 천황으로 부르기도 해.

황제'라는 뜻이니 말뜻만 놓고 보면 중국의 황제나 천자보다 훨씬 더 거창해 보이지만 사실상 왕과 별 차이는 없지. 암튼 이때부터 천황의 권력이 대폭 강화되면서 호족이나 백성들이 감히 넘볼 수 없는 지위를 가지게 된단다. 한 발 더 나아가 아예 천황을 신으로 여기기도 하지."

"사람이 아니라 신이라고요? 여기가 무슨 이집트도 아니고……."

"진짜라니까. 천황 가문은 가문의 신인 아마테라스를 일본의 최고 신이자 태양신으로 격상시키고, 나라 이름도 태양이 떠오르는 곳이라는 의미로 일본으로 바꿨어."

▲ **덴무 천황** 천황의 권력을 강화하고 율령을 정착시키는 등 통치 제도를 확립하는 데 힘썼어.

용선생의 핵심 정리

나카노오에 왕자는 공지공민제가 핵심인 다이카 개신으로 왕권 강화를 꾀함. 왕위 계승을 둘러싼 내전으로 호족 세력이 약해지자 강력한 왕권을 지닌 덴무 천황이 등장함.

◀ **이세 신궁**
일본 전통 신을 모신 사원을 신사라 하고, 신사 중에서 천황 가문과 관련된 신을 모신 신사를 신궁이라고 해. 이세 신궁은 최고신 아마테라스를 모신 신사로 일본 최대 규모를 자랑하지.

율령을 공포하고 수도를 옮기다

"그런데 또 말만 거창하고 실제로는 힘도 능력도 없는 거 아닌가요?"

나선애가 미심쩍은 표정을 짓자 용선생은 고개를 절레절레 저었다.

"이번엔 진짜야. 덴무 천황은 강력한 왕권을 바탕으로 차근차근 나라의 기틀을 다져 나갔어. 이번에 모델이 된 건 역시 한창 전성기를 달리고 있는 중국의 당나라였지. 덴무 천황은 당나라를 본받아 율령을 공포했어. 당나라처럼 나라의 법을 확실히 세우고, 천황을 보좌할 관료 체제를 정비하기 위해서였지."

"아하, 그러고 보니 당나라의 율령을 동아시아 여러 나라들이 따라 했다고 하셨죠?"

"그래. 기억나지? 물론 일본의 상황에 맞게 약간 바꾸었어. 예를 들면 당나라의 관료 제도는 3성 6부제였지만 일본에서는 2관 8성제라는 독특한 관료 체제를 만들었거든."

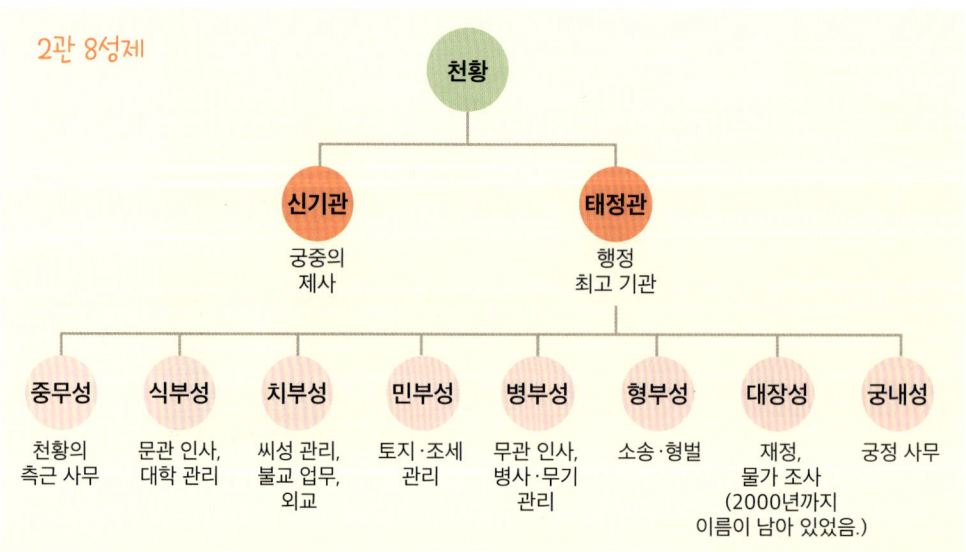

"뭐가 다른 거죠?"

"일본에서는 제사를 전담하는 신기관이라는 기관이 있다는 점이 독특해. 또 당나라에서는 중서성, 문하성, 상서성이 역할을 나누어 맡도록 한 데 비해 일본에서는 태정관이 나라의 모든 일을 관장하고, 그 밑에 있는 8성에서 분야별로 나누어 정책을 집행하도록 했지."

"3성 6부제보다는 체계적이지 않은 것 같아요."

"중국에서는 진시황 때부터 절대적인 권력을 가진 황제를 중심으로 체계적인 통치 체계를 만들 수가 있었지. 하지만 일본에서는 호족 세력이 막강한 힘을 가지고 있었고, 이제 겨우 천황 중심의 국가가 만들어지고 있는 단계였지."

"그럼 율령을 공포했다고 해도 천황은 계속 호족들 눈치만 보는 건가요?"

"그랬던 셈이지. 일본 천황은 중국처럼 과거 제도를 실시하지도 못했어. 그래서 관리를 뽑을 때에는 힘센 호족의 자식들을 우선적으로 선발했고, 때로는 아버지의 관직을 아들이 고스란히 세습하는 경우도 있었단다. 그러니까 일본은 여전히 호족들의 입김이 강한 나라였던 거야."

"이래서야 어디 천황 노릇 하겠어요?"

"그래도 이 정도면 많이 강해진 거야. 특히 다이카 개신 때 선언됐던 공지공민제는 율령이 공포되면서 비로소 실행에 옮겨질 수 있었어. 율령에 따라 농민들에게 농사지을 땅을 주고 그 대가로 세금을 거두다가, 농민이 나이가 들거나 죽으면 나라에서 땅을 다시 가져가는 제도가 실시됐거든. 중국처럼 나라에서 법에 따라 백성들에게 땅

용선생의 세계사 돋보기
궁(宮)은 천황이 살던 곳으로 원래는 천황이 바뀔 때마다 이전하는 것이 관습이었지.

나선애의 세계사 사전
나라 시대 (710년~794년) 헤이조쿄로 수도를 옮긴 때부터 헤이안쿄로 수도를 옮길 때까지 84년 동안을 나라 시대라고 해.

을 주고, 법에 따라 다시 거두어 가는 제도를 시행한 거야."

"중국에서는 당연했던 것이 일본에서는 굉장히 어려운 거였구나."

곽두기가 조용히 중얼거렸다.

"율령 체제가 안정되고 천황의 권력이 강해질수록 아스카 일대는 점점 북적거렸지. 그래서 694년에는 후지와라쿄라는 궁을 지어 수도를 옮겼고, 710년에는 나라 분지 북쪽에 헤이조쿄라는 궁을 지어서 또다시 수도를 옮겼어. 이때부터 약 170여 년에 걸친 아스카 시대는 끝나고, 나라 시대가 시작된다고 이야기한단다."

용선생의 핵심 정리
덴무 천황이 당나라를 본받아 율령을 공포하고 관료 체제를 정비. 710년 수도를 헤이조쿄로 옮기며 나라 시대 개막.

당나라의 영향을 듬뿍 받은 나라 시대

"선생님, 그거 장안성 그림 아닌가요?"

용선생이 스크린에 띄운 평면도를 보던 장하다가 고개를 갸우뚱하며 말했다.

"비슷하지? 이건 나라 시대 수도였던 헤이조쿄의 평면도란다. 당나라의 장안성을 고스란히 본떠서 지었지. 지금은 터만 남아 있지만

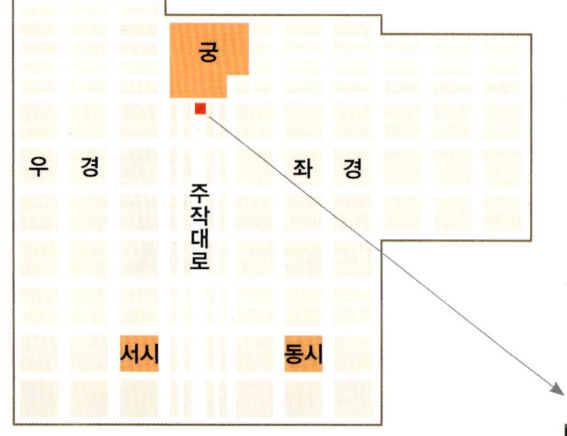
◆ **헤이조쿄 평면도** 당나라 장안성을 본떠 건설된 계획도시였어.

↑ 헤이조쿄 주작문

도시 한가운데로 곧게 쭉 뻗은 주작대로를 중심으로 천황이 사는 궁과 사원, 귀족들의 저택이 바둑판처럼 반듯반듯하게 배치된 모습이 장안성을 쏙 빼닮았지."

"수도를 짓는 데도 당나라 영향을 받은 거예요? 정말 당나라 배우기에 진심이었네요."

"그럼. 이때는 일본이 수나라와 당나라에 대략 20년에 한 번꼴로 250명에서 많을 땐 500명이나 되는 대규모 조공 사절을 보내 중국 문물을 가장 적극적으로 받아들이던 시기였는걸."

"500명이나요?"

"견수사와 견당사의 가장 큰 목적은 중국의 앞선 문물을 배워 와 일본에 전파하는 것이었어. 그래서 500명의 인원 중에는 유학생과 스님들도 많았단다. 견당사는 800년대 후반에 이르러 당나라가 혼란

 용선생의 세계사 돋보기

수나라로 가는 조공 사절을 견수사, 당나라로 가는 조공 사절을 견당사라고 해. 보통 4척의 배에 250명에서 500명 정도의 인원을 파견했대.

➜ **쇼소인** 헤이조쿄에서 가장 큰 절인 도다이지의 보물 창고야. 견당사가 가져온 대륙의 진귀한 보물들이 이곳에 보관되어 있어.

일본의 보물창고, 도다이지 쇼소인

▼ 쇼소인에 보관된 보물들

상아로 장식한 나무 발받침

인도 목재와 동남아 조개로 장식한 오현 비파

은으로 만든 구형 향로

에 빠지면서 폐지되었는데, 그때까지 약 260년 동안 일본이 당나라의 앞선 문물을 들여오는 주된 통로였어."

"그렇게 많은 걸 배워 왔으면 도시 모양 말고도 중국 영향을 받은 게 더 있겠네요."

"응. 나라 시대는 특히 당나라의 영향을 받아서 불교가 가장 크게 융성했던 시기이기도 해. 왕권을 강화하고 싶었던 천황은 전국 각지에 커다란 절들을 세워 가면서 불교를 팍팍 밀어 줬지. 그중에서도 대표적인 게 단연 헤이조쿄에 있는 도다이지야. 천황은 청동 380톤을 쏟아부어 높이 15미터에 이르는 거대한 불상을 만들고, 불상을 모시기 위해서 대불전을 지었어. 현재의 대불전은 1700년대에 재건된 것으로 원래 크기보다 꽤 줄어들었는데도 여전히 세계 최대의 목조 건축물로 알려져 있어."

"그렇게 큰 건물을 지었다는 건 그만큼 일본이 살기가 좋아졌다는 뜻이겠죠?"

▲ **도다이지 대불전** 1700년대에 재건된 것으로 높이 49미터, 가로 57미터, 세로 50미터에 이르는 세계 최대의 목조 건축물이래.

▲ **도다이지 대불** 대불전 안에 있는 15미터 높이의 거대한 대불이야.

왕수재가 잘난 척하며 중얼거리자 용선생이 고개를 저었다.

"오히려 반대란다. 워낙 여러 가지로 나라가 어려워졌기 때문이었어. 700년대 중반에 접어들어 흉년과 전염병 그리고 지진과 같은 자연재해가 반복되자 천황은 부처님의 힘을 빌려 어려움을 극복하려고 이런 거대한 불전과 불상을 건설했단다."

"쳇, 어렵다면서 절 짓고 불상 만드느라 백성들만 더 고달팠겠다."

"맞아, 불교는 융성했지만 절 짓는 데 모든 자원을 쏟아붓다 보니 나라의 창고가 바닥나고, 백성들은 고된 노동을 견디다 못해 땅을 버리고 도망쳤지. 백성들 사이에서는 궁의 터를 잘못 잡은 탓이라는 흉흉한 소문도 돌았단다. 결국 794년, 천황은 흉흉해진 민심을 달래기 위해 나라 분지 북쪽에 헤이안쿄라는 궁을 새로 짓고 수도를 옮기기로 결정했어. 이렇게 해서 나라 시대가 막을 내리고, 헤이안 시대가

>
> **나선애의 세계사 사전**
>
> **헤이안쿄** 교토의 옛 이름이야. 헤이안쿄는 천황이 수도를 이곳으로 이전한 794년부터 1868년까지 1,000년 넘게 일본의 수도 역할을 했어. 그 가운데 가마쿠라 막부가 들어서는 1185년 이전까지 약 400년 동안을 헤이안 시대라 불러.

일본의 탄생 **097**

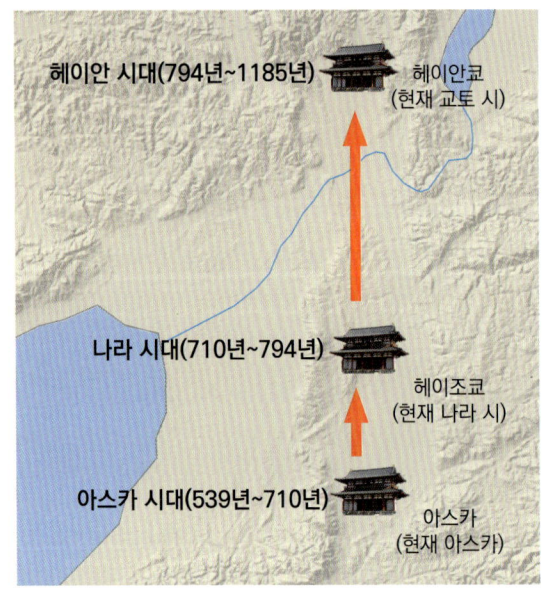

▲ 일본의 천도

열린단다."

"또 수도를 옮겨요? 무슨 수도를 그렇게 자주 옮겨요?"

"흐흐. 이걸로 마지막이야. 헤이안쿄는 지금의 교토인데, 앞으로 약 1,000년 동안 일본의 수도 역할을 하거든."

"헤이안쿄로 이사 가서는 좀 사정이 나아졌어요?"

"초기에는 흐트러졌던 율령 제도를 다시 정비하고, 동북 지역을 정벌하는 등 의욕적으로 정책을 펼쳤어. 하지만 오래지 않아 천황은 허수아비 신세로 전락하게 된단다."

용선생의 핵심 정리

나라 시대에는 조공 사절단을 통해 중국의 앞선 문물을 수용하고 불교가 크게 융성함. 794년, 민심을 달래기 위해 수도를 옮기며 헤이안 시대 개막.

후지와라 가문이 일본의 실권을 장악하다

용선생의 세계사 돋보기

유력한 호족 중 일부가 중앙 정치 기구의 주요 구성원이 되어 귀족으로 변신했어.

"천황이 허수아비로 전락한다고요? 어쩌다가요?"

"왜긴 왜야. 강한 귀족이 나타났기 때문이지. 저 옛날 덴지 천황을 도와서 소가 가문을 몰아내는 데 큰 공을 세웠던 호족 가문 중 하나가 천황을 휘어잡았어. 후지와라라는 가문이었는데, 사실 이 후지와라라는 가문의 이름도 덴지 천황이 직접 내려 준 것이었어. 그러니까 천황의 측근 중 측근이었던 거야."

"어쩌다가 측근한테 힘을 뺏겼나요?"

"천황이 후지와라 가문의 여자들과 대대손손 결혼했거든. 한마디로 후지와라 가문이 대대로 외척이 된 거지. 그런데 후지와라 가문이 외척 자리를 독점했다는 게 문제였어. 때로는 후지와라 가문의 자매가 같은 천황의 황후와 후궁으로 들어가기도 하고, 자매가 천황과 황자에게 각각 시집가서 시어머니와 며느리가 되는 경우도 드물지 않았지. 후지와라 가문과 천황 가문의 이런 특수한 관계는 백여 년 동안 계속되었단다. 백여 년 동안 천황의 외할아버지가 죄다 후지와라 가문이었으니, 자연스럽게 후지와라 가문에 모든 권력이 집중되었던 거야."

"그럼 다른 귀족들은 보고만 있었어요?"

"후지와라 가문은 800년대 초반부터 대대적인 음모를 꾸미며 자신들을 견제할 만한 귀족들을 모조리 제거해 버렸단다. 그러고는 일부러 어린 천황을 즉위시켜서 섭정을 시작했지. 원래 섭정은 황족이 맡는 게 관례였는데, 후지와라 가문은 이 관례를 무시해 버린 거야. 이때부터 천황은 사실상 허수아비로 전락하고, 모든 실권을 후지와라 가문이 차지하게 되었지."

"그럼 천황이 어른이 되면요? 직접 나라를 다스릴 테니까 섭정은 필요 없잖아요?"

▲ **후지와라 가문의 연회** 후지와라 가문 사람들이 천황을 초대해 연회를 벌인 모습을 그린 그림이야. 오른쪽 위엔 검은 정장을 차려입은 귀족들이 앉아 있고, 연못의 배 위에서 악사들이 연주를 하고 있어.

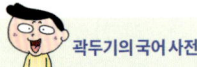

곽두기의 국어사전

종가 마루 종(宗) 집 가(家). 한 가문에서 맏이로만 이어 온 큰집.

"좋은 질문이다. 그래서 후지와라 가문은 관백이라는 자리를 만들었단다. 관백은 성인이 된 천황을 옆에서 돕는 관직이야. 말이 돕는 거지, 사실상 권력을 놓치지 않겠다는 거지. 후지와라 가문의 종가는 대대로 섭정과 관백 자리를 번갈아 맡으며 권력을 독점했어. 그래서 이 집안을 섭정의 섭, 관백의 관 자를 따서 섭관가라고 불렀단다."

"나라 꼴 완전 엉망이네요."

왕수재가 혀를 쯧쯧 찼다.

"이렇게 천황이 허수아비로 전락해 버리자, 일본의 모든 땅과 백성이 천황의 것이라는 공지공민제는 휴지 조각이 되어 버렸어. 지방의 관리나 호족들은 백성들의 땅을 가로채기도 하고, 백성들을 동원해 농지를 개간해서 가로채는 등 다양한 방법으로 사유지를 넓

◀ **후지와라노 미치나가** 후지와라노 미치나가는 섭정과 관백의 자리를 번갈아 맡아 권력을 휘두르며 후지와라 가문의 최전성기를 이끌었어.

혀 갔지. 그런 뒤 세금을 피해 이 사유지
들을 중앙의 힘센 귀족에게 바쳤지."

"애써 자기 땅으로 만들었는데 왜 남
을 줘요?"

"그렇게 하면 나라에 세금을 안 내도
되었거든. 중앙 귀족에게 바치는 대신
해마다 귀족에게 세금보다 적은 돈을 바
치고 계속해서 그 땅에서 농사를 지을
수 있었기 때문이지. 이렇게 귀족들이
가지고 있던 사유지를 장원이라고 부르
는데, 결국 장원들은 몇몇 힘센 중앙 귀

▲ 천황을 맞이하는 관백 오른쪽 검은 관복을 입은 관백이 자리에 그대로 앉은 채 가마를 타고 오는 천황을 맞이하고 있어. 관백의 지위를 고스란히 보여 주는 그림이지.

족의 소유가 됐어. 그리고 후지와라 가문은 권력을 이용해 천황 가문
보다 더 많은 장원을 거느린 일본 최대의 영주가 됐단다."

"천황은 꽤 언짢았겠어요. 권력도 땅도 죄다 후지와라 가문이 가지
고 있으니……."

"솔직히 천황은 별로 개의치 않았어. 한편으로 보면 후지와라 가문
은 천황의 보호자이자 천황과 한 가족이기도 했거든. 천황은 후지와
라 가문에 정치를 맡기고 측근들과 함께 시와 노래를 지어 부르거나,
재미있는 이야기를 읽으며 놀았어. 이 과정에서 '가나'라고 부르는
일본의 문자가 만들어지고, 국풍 문화라고 부르는 일본 고유의 문화
가 발전하게 돼. 당나라나 한반도에서 전래된 문화를 그대로 모방하
던 데서 벗어나 일본 고유의 문화가 발달한 거지."

"결국 골치 아픈 나랏일은 후지와라 가문이 맡고 천황은 먹고 놀

용선생의 세계사 돋보기

국풍 문화가 발전하는 데에
는 견당사 파견을 중지한 것
도 중요한 원인이었어. 당나
라의 혼란으로 견당사를 중
지하면서, 다른 나라를 배
우는 것보다 자신들의 고유
문화를 발전시키는 방향으
로 나아가게 된 것이지.

았다는 거네요?"

"이야기를 듣고 보니까 그것도 괜찮은 것 같기도 하고."

아이들이 서로를 바라보며 중얼거렸다.

"하하. 조금 독특하지? 일본 천황의 이런 독특한 성격은 나중에도 반복된단다. 이건 앞으로 일본사를 공부하다 보면 차츰 알게 될 거야. 그럼 오늘은 여기까지! 수고 많았어. 안녕~."

용선생의 핵심 정리

천황의 외척인 후지와라 가문이 섭정과 관백 자리를 독차지하면서 천황은 허수아비로 전락함.

나선애의 정리노트

1. 조몬 문화와 야요이 시대

- **조몬 문화**: 기원전 약 1만 년 무렵에 등장한 **신석기 문화**
  → 농사를 짓지 않았지만, 토기를 제작하며 생활함.
- **야요이 시대**: 벼농사법, 철제 농기구, 철제 무기를 가진 **도래인**의 등장으로 시작
  → 구니라는 사회 조직이 나타남.
  * 야마타이 구니: **히미코 여왕**이 이끄는 구니. 중국 황제에게 '왜왕'으로 임명받음.
- **고분 시대**: 권력자들이 세력을 과시하기 위해 거대한 전방후원분을 건설

2. 아스카 시대

- **야마토 정권**의 게이타이왕이 아스카에 왕궁을 지음. → **아스카 시대**
- **불교** 도입에 앞장선 쇼토쿠 태자와 소가 가문이 정권을 장악함.
  * **쇼토쿠 태자**: 법과 제도 정비, 인재 발탁, 중국과 한반도 문화를 적극 수용

3. 다이카 개신과 일본의 탄생

- **다이카 개신**: 중국 황제처럼 강력한 왕권을 세우기 위한 개혁 정책
  → **공지공민제** 공포. 실제 실행되기까지 30여 년 소요
- **덴무 천황**: 율령 공포, 3성 6부제를 본뜬 **2관 8성제** 구성
  * '하늘의 황제'라는 뜻의 **천황** 칭호와 '**일본**'이라는 국호 사용

4. 나라 시대와 헤이안 시대

- **나라 시대**: 당의 장안을 모방한 **헤이조쿄**(나라)를 세워 수도를 옮김.
  → **견수사·견당사**를 파견해 중국 문화 도입. 불교가 크게 융성함(**도다이지** 건립).
- **헤이안 시대**: 수도를 **헤이안쿄**(교토)로 옮김. → 외척 후지와라 가문이 섭관가로 권력을 장악함.
- 일본 고유의 문화인 **국풍 문화** 발전(**가나** 문자 사용)

세계사 퀴즈 달인을 찾아라!

1 빈칸에 공통으로 들어갈 알맞은 말을 써 보자.

섬이 되어서 대륙과 단절되어 버린 일본에서는 중국이나 우리나라와는 조금 다른 모습의 신석기 문화가 발달하기 시작했어. 이 문화를 ○○문화라고 부르고, 이 시대에 만들어진 복잡한 장식이나 과장된 형태이 토기를 ○○ 토기라고 해.

(   )

2 빈칸에 들어갈 알맞은 말을 써 보자.

○○○은 벼농사법과 청동기, 철제 농기구와 무기와 같은 앞선 문물들을 가지고 바다를 건너온 사람들이야. 이들이 가져온 벼농사법과 철제 도구들은 일본 전역으로 빠르게 퍼져 나갔어.

(   )

3 다음 설명을 읽고 밑줄 친 '나'의 이름으로 알맞은 것은? (   )

<u>나</u>는 불교 도입에 앞장 선 소가 가문과 손을 잡아 모노노베 가문을 몰아내고 정권을 장악했어. 그리고 법과 제도를 정비해 국가의 뼈대를 세우고, 능력 있는 젊은이들을 과감하게 발탁했지. 덕분에 먼 훗날에도 일본인에게 사랑받고 있단다.

① 덴무 천황
② 히미코 여왕
③ 쇼토쿠 태자
④ 후지와라노 미치나가

4 아래 설명에 해당하는 개혁 정책의 이름은?

> 이 개혁 정책은 '앞으로 일본의 모든 땅은 왕의 소유로 한다. 지방 호족들이 사적으로 땅을 가지고 백성을 거느리는 것을 금지한다.'라는 내용이 핵심이야. 나카노오에 왕자는 이 개혁을 통해 일본에도 중국 황제처럼 강력한 왕권을 세워 보려고 한 것이지.

(   )

5 나라 시대에 대한 설명으로 옳지 <u>않은</u> 것은? (   )

① 불교가 크게 융성했다.
② 견수사·견당사를 파견해 중국 문화를 도입했다.
③ 당의 장안을 모방한 헤이조쿄를 세워 수도를 옮겼다.
④ '하늘의 황제'라는 뜻의 천황 칭호를 사용하기 시작했다.

6 헤이안 시대에 대해 바르게 설명한 친구는? (   )

 ① 한반도에서 불교와 유학을 받아들였어.

 ② 처음으로 '일본'이라는 국호를 사용했어.

 ③ 한반도에서 벼농사와 청동기가 전래되었어.

 ④ 가나 문자를 만드는 등 일본 고유의 문화가 발달했어.

정답은 353쪽에서 확인하세요!

용선생 세계사 카페

천황의 뿌리가 된 일본의 창세 신화

태초에 세상은 혼돈으로 가득했어. 그곳에는 앞으로 세상을 이루게 될 여러 물질들이 둥둥 떠다녔지. 이런 세상을 멀리 하늘에서 내려다보던 세 명의 신령들이 남신 이자나기와 여신 이자나미를 내려보내 세계를 창조하게 했단다. 우선 이자나기가 마법의 창으로 바다를 몇 번 휘젓자 창끝에 매달려 있던 물방울들이 수면 위로 떨어져 굳으며 일본 열도가 탄생했지. 이자나기와 이자나미는 일본 열도에 궁전을 짓고 결혼해서 수많은 신들과 정령, 자연물들을 낳았대.

그런데 불의 신을 낳던 이자나미가 그만 화상을 입어 목숨을 잃고 말았어. 슬픔에 잠긴 이자나기는 이자나미를 살리기 위해 저승으로 찾아갔는데, 흉측하게 불탄 이자나미를 보고는 겁을 먹고 황급히 지상으로 도망치고 말았지. 지상으로 돌아온 이자나기가 얼굴을 씻자 왼쪽 눈에서는 태양신 아마테라스가, 오른쪽 눈에서는 달의 신 쓰쿠요미가, 코에서는 바다의 신 스사노오가 탄생했다고 해. 첫째인 태양신 아마테라스는 여러 신들이 사는 하늘을 다스리게 되었지.

↓ 태양신 아마테라스

세 명의 신들 중에서도 바다를 다스리는 스사노오는 성격이 몹시 드세고 포악했어. 나중에는 자기 영역인 바다를 벗어나 하늘에까지 쳐들어갔지. 화가 난 아마테라스는 깊은 동굴 속에 숨어 버렸단다. 그러자 세상은 어둠으로 가득 찼어. 곡식은 말라 죽어 가고, 모든 생물들이 굶주림 속에 죽어 갔지. 결국 수많은 신들이 동굴 앞에서 제사를 지내 아마테라스를 동굴에서 나오게 했어. 그리고 스사노오는 죄를 물어 지상으로 추방했지.

추방당한 스사노오는 이즈모라는 마을에 도착했어. 때마침 이곳에서는 머리가 여덟 개 달린 거대한 뱀이 처녀들을 잡아먹고 있었지. 스사

↑ **아마테라스가 숨어 있는 동굴을 여는 여러 신들** 신들은 동굴 앞에서 제사를 지내며 시끄럽게 굴어서 동굴 안의 아마테라스를 바깥으로 불러냈다고 해.

노오는 이 괴물을 물리쳐 마을의 평화를 되찾은 뒤 이즈모의 지배자가 되었단다. 스사노오의 후손들은 대대로 이즈모를 다스렸어. 그런데 하늘의 신들은 최고신인 아마테라스의 후손이 땅 위 나라를 다스리는 게 적합하다고 생각했대. 그래서 아마테라스의 손자 니니기를 땅으로 내려보내 이즈모를 물려받도록 했지. 그리하여 이때부터 아마테라스의 후손들이 천황이 되어 대대손손 일본을 다스리게 되었다는 거야.

일본의 창세 신화는 단순한 창세 신화가 아니라 일본을 다스리는 천황의 뿌리를 설명한다는 점이 독특해. 실제로 1940년대까지만 해도 역사 교과서에 실려서 신화가 아닌 역사로 취급됐을 정도이지. 일본의 천황은 오늘날까지도 아마테라스가 내려 줬다는 세 가지 보물을 고이 보관하고 있다고 전해 오고, 일본인들은 천황을 신의 자손이라고 믿고 있단다.

> **천황가에 전해 온다는 세 가지 보물**
> 곡옥과 청동 거울은 동굴에 숨은 아마테라스를 불러내는 제사 때 사용했고, 청동 검은 스사노오가 이즈모의 괴물을 죽일 때 사용했대. 그런데 이 보물들을 실제로 본 사람은 아무도 없어.

용선생 세계사 카페

일본의 문화 독립 선언, 국풍 문화란?

헤이안 시대부터 유행한 국풍 문화는 일본인에게는 '고유 문화'이고, 외부인에게는 '일본풍 문화'를 뜻해. 이제껏 중국이나 한반도로부터 새로운 문물을 받아들이기에 급급했던 일본이 처음으로 자신들의 고유한 문화를 만들어 냈는데, 그것을 국풍 문화라고 불렀거든. 그럼 국풍 문화에는 어떤 것들이 있는지 살펴보도록 할까?

일본의 문자 '가나'

중국 한자는 배우기도 어렵고 읽고 쓰기도 몹시 어려워. 그래서 일본인들은 한자의 모양을 단순하게 변형하고 발음을 살려 일본어를 표기할 수 있는 문자인 가나를 만들었어. 처음에 가나는 한자를 고상하다고 생각하는 지식인들한테서 천대를 받았지만, 지금은 한자와 함께 일본어의 가장 주된 표기 수단으로 쓰이고 있단다.

▲ 가나가 만들어지는 과정

31자로 된 짧은 시 '와카'

가나의 발명과 함께 일본에는 가나로 지은 문학 작품들이 많이 나왔어. 그중에서도 31개의 글자만으로 자신의 생각과 감정을 담은 짧은 시 와카가 헤이안 귀족들 사이에서 크게 유행했어. 예를 들자면 이런 거야.

그대 마음은   人はいさ
글쎄 알 수 없군요   心も知らず

옛 도읍지는	ふるさとは
매화꽃 향기만이	花ぞ昔の
옛날처럼 감도네	香ににほひける

- 기노쓰라유키(紀貫之, ?~945년)

와카는 보통의 한시보다 제한된 글자 수로 생각과 감정을 담아내는 시였기 때문에, 몹시 다양하고 섬세한 문학적 표현 기법들이 개발되는 계기가 되었어. 와카는 오늘날까지도 명맥을 유지하고 있단다.

↑ 와카가 적힌 작은 카드들
일본에는 이런 카드들을 빨리 찾는 사람이 이기는 게임도 있대.

오늘날 소설에 해당하는 '모노가타리'

와카와 더불어 모노가타리라고 부르던 이야기 형식도 유행했어. 오늘날의 소설처럼 긴 줄거리를 담은 이야기들이었지. 가장 대표적인 작품은 세계 최초의 장편 소설로 꼽히는 《겐지모노가타리》야. 《겐지모노가타리》는 천황의 아들인 히카루 겐지를 중심으로 헤이안 시대 궁중 남녀와 귀족들의 사랑을 묘사한 작품이지.

국풍 문화의 주역은 궁궐의 시녀들

천황의 궁녀들은 당시 문학을 이끈 주역들이었어. 궁중 여인들의 무료함을 달래 주기 위해 지식과 교양을 갖추고 이야기꾼의 재능을 가진 여성을 궁녀로 뽑았기 때문이야. 《겐지모노가타리》의 작가인 무라사키 시키부 역시 천황의 후궁을 모시는 궁녀였지.

↑ 무라사키 시키부가 지은 《겐지모노가타리》의 삽화 주인공 겐지와 연인 무라사키노우에가 처음 만나는 장면이야.

3교시

유라시아 초원의 풍운아 튀르크

중국이 위진 남북조 시대를 거치는 동안
북방 대초원에서는 흉노 제국의 뒤를 잇는
강력한 유목민 제국이 모습을 드러냈어.
이름하여 돌궐 제국!
오늘은 튀르크인과 돌궐 제국의 역사를 공부해 보자.

400년 무렵	552년	582년	630년	657년	682년
유연 건국	돌궐 제국, 유연에 이어 초원을 장악	동·서돌궐 분열	동돌궐, 당나라에 멸망	서돌궐, 당나라에 멸망	돌궐 제2제국 건국

역사의 현장 지금은?

중앙아시아에 정착한 유목민의 후예들

카자흐스탄, 우즈베키스탄, 키르기스스탄, 투르크메니스탄 등 중앙아시아 국가들은 모두 옛 소련에 속해 있다가 1990년대 이후 차례로 독립했어. 아직 공산주의 체제에서 벗어난 지 얼마 되지 않아 정치적으로 혼란을 겪고 있지만, 유럽과 아시아를 연결하는 곳에 자리 잡은 지정학적 이점과 풍부한 지하자원 덕분에 세계의 주목을 받고 있어. 오늘은 카자흐스탄, 우즈베키스탄, 키르기스스탄, 이들 세 나라에 대해 알아보자.

▲ **카자흐스탄의 수도 아스타나** 1998년 카자흐스탄의 새로운 수도가 된 아스타나는 현재 인구가 100만 명쯤 돼. 중앙에 보이는 높이 105미터의 탑은 아스타나의 상징물이야.

카자흐스탄

카자흐스탄의 국토 대부분은 초원과 사막이야. 면적은 한반도의 약 12배로 세계 9위이지만 인구는 우리나라의 절반도 안 되는 2,000만 명에 불과하단다. 카자흐스탄 북부 대초원에 위치한 수도 아스타나는 겨울 최저 기온 영하 35도, 여름 최고 기온은 영상 40도에 이르는 무시무시한 연교차를 보이지.

▲ 카자흐 대초원

⬆ **석유 산업** 서부 카스피해 연안에서 채취하는 석유가 카자흐스탄 수출의 대부분을 차지하지.

⬅ **바이크누르 우주 기지** 카자흐스탄에 있는 옛 소련 최초의 우주 기지야. 이곳에서 세계 최초의 유인 우주선 보스토크 1호가 발사되었어.

우즈베키스탄

유라시아 대초원 남부에 자리 잡은 나라야. 국토는 카자흐스탄의 6분의 1이지만, 인구는 그보다 훨씬 많아서 3,500만 명이 넘어. 수도 타슈켄트는 아주 오랜 옛날부터 비단길의 요충지였으며, 1930년대에 사마르칸트를 제치고 중앙아시아 최대 도시로 떠올랐어.

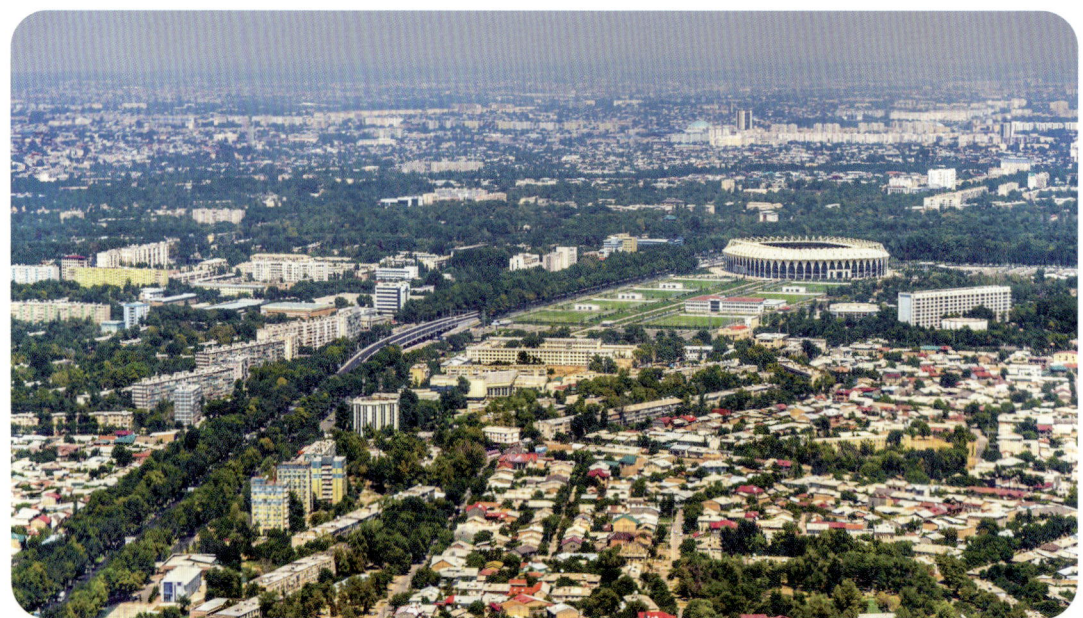

⬆ **우즈베키스탄의 수도 타슈켄트** 인구는 300만 명 정도로, 기계 제조업과 면공업이 발달해 있어.

⬆ **사마르칸트** 비단길의 역사를 고스란히 간직한 유서 깊은 도시야.

⬆ **목화를 수확하는 농민**
목화는 우즈베키스탄의 가장 중요한 수출품이야.

⬆ **타슈켄트 고려인 시장의 고려인 상인**
우즈베키스탄에는 약 20만 명의 고려인이 살고 있어. 일제 강점기에 연해주에서 살다가 스탈린에 의해 강제 이주 당한 사람들의 후손이지.

◀ 한국의 노무현 전 대통령과 우즈베키스탄의 카리모프 전 대통령의 정상 회담
우즈베키스탄은 중앙아시아 나라 중 우리나라와 비교적 교류가 잦은 나라야.

키르기스스탄

톈산산맥 북서쪽 기슭에 자리 잡고 있는 나라야. 면적은 한반도보다 조금 작고, 인구는 700만 명 정도지. 국토의 대부분이 험한 산지라 사막과 초원으로 이루어진 중앙아시아의 다른 나라들과는 사뭇 달라. 해발 고도 6, 7천 미터를 넘나드는 험준한 산이 많아서 중앙아시아의 스위스로도 불리지. 또 톈산산맥에 자리 잡은 이식쿨호는 남아메리카의 티티카카호에 이어 세계에서 두 번째로 높은 곳에 있는 호수야. 100제곱킬로미터에 이르는 넓이와 먼발치에 펼쳐지는 톈산산맥의 장관, 맑은 물 덕분에 중앙아시아 최고의 휴양지로 각광을 받고 있어.

◆ 아담한 수도 비슈케크
인구 100만 명의 비슈케크는 우리나라 중소 도시 크기지만, 키르기스스탄에서는 최대 도시야.

◆ 험준한 톈산산맥

◆ 청정 휴양지 이식쿨호

선비가 세운 초원의 제국
유연

"오늘은 초원에 세워진 제국에 대해 살펴볼 거야."

"유목민들은 5호 16국 시대 때 중국으로 다 들어간 거 아니에요?"

"그러게요. 그런데 누가 초원에 남아서 유목 제국을 세웠다는 거죠?"

아이들의 말에 용선생이 너털웃음을 지었다.

"흐흐, 아무러면 유목민들이 모두 내려왔겠니? 초원에는 중국으로 들어온 것보다 훨씬 더 많은 유목민들이 예전과 똑같이 유목을 하며 살아가고 있었어. 선비 중 일부가 세운 북위가 중국에서 세력을 떨치는 동안 초원에 남은 선비도 몽골 초원을 근거지로 삼아 유연이라는 강력한 유목 제국을 세웠어."

↑ 유연에서 주조한 동전

"유연? 왠지 나라 이름이 아니라 사람 이름 같은데요?"

▲ **고비 사막의 유목민들** 유목민들은 날씨가 추워지면 고비 사막을 건너 남쪽 중국 국경 가까이까지 내려와 겨울을 나고, 봄이 되면 다시 북쪽 초원으로 돌아갔어. 그래서 중국과의 교역은 특히 겨울철에 활발하게 이루어졌지.

"좀 그렇지? 중국인은 유연을 '꿈틀거리는 벌레'라는 뜻으로 연연이라고 부르기도 했어."

"벌레요? 아무리 사이가 나쁘기로서니 못됐어!"

"하지만 유연은 절대로 가볍게 볼 수 있는 나라가 아니었단다. 400년대 초부터 빠르게 주변 유목민들을 정복해 북위가 중국 북부에서 주도권을 쥐는 400년대 중반이면 이미 동서 2,000킬로미터에 이르는 광대한 초원을 지배하는 대제국이 되어 있었거든. 유연은 그때부터 150년 가까이나 유라시아 동부 초원의 지배자로 군림했단다.

용선생의 세계사 돋보기

꿈틀거릴 연(蠕) 자를 두 번 써서 '꿈틀꿈틀'이라는 뜻으로 붙인 이름이야. 중국인은 이처럼 이민족에게 비하하는 뜻을 담은 이름을 붙이곤 했어.

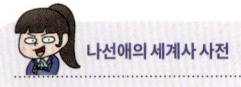

나선애의 세계사 사전

카간 유목민들은 왕을 칸, 황제를 카간이라고 불렀어. 가한, 하칸 등으로 쓰기도 해.

유목민의 왕을 흉노 제국 때부터 써 온 선우 대신 카간이라고 부르기 시작한 것도 유연 때부터였어."

"그럼 400년대에는 중국이랑 초원 지대를 모두 선비가 꽉 잡고 있었던 거네요? 북위도 선비가 세운 나라잖아요."

"그러게! 그럼 같은 선비니까 둘이 사이좋게 지냈겠죠?"

하지만 뜻밖에도 용선생은 단호하게 고개를 저었다.

"전혀, 전혀 그렇지 않았단다. 원래 부족 단위로 초원에 흩어져 살던 유목민들은 '우리는 같은 유목민이니까 서로 도와야지.' 하는 생각 자체가 없었거든. 오히려 같은 유목민끼리 주도권을 놓고 더 지독하게 싸우는 경우도 많았단다. 더구나 같은 유목민이라고 해도 북위는 이미 중국에 자리를 잡아 농경을 주로 하며 살았지만, 유연은 여전히 유목민 국가였어. 살아남으려면 서로 상대를 꺾어야만 하는 운

▶ 유연 제국

명이었지. 북위는 태무제 때 몽골 초원으로 원정군을 파견하는 등 지속적으로 유연을 공격했어. 반면에 유연은 북위를 둘러싸고 있는 주변 나라들과 동맹을 맺어 북위를 포위하는 전략으로 맞섰지. 북위의 등 뒤에 있는 남조는 물론이고, 고구려에도 사신을 보냈대. 또 북위가 동위와 서위로 분열된 이후에는 동위와 손잡고 서위를 고립시키는 전략을 펴기도 했지."

장하다의 인물 사전

태무제 북위의 제3대 황제. 화베이 지방을 통일해 중국 남북조 시대를 연 인물이야.

"진짜 같은 유목민끼리인데도 치열하네요."

허영심이 혀를 쑥 빼물었다.

"북위는 유연의 포위 전략에 맞서 유연과 동맹을 맺은 나라를 집중적으로 공격하거나, 유연의 지배를 받는 유목민들에게 반란을 부추기는 전략을 썼어. 북위의 전략은 효과가 있었지. 400년대 말부터 유연은 여러 부족들의 반란에 시달리게 되거든. 그러다 결국 결정타를 맞고 나가떨어지게 된단다. 바로 오늘의 주인공 튀르크인의 반란이었어."

"튀르크인이라고요?"

용선생의 핵심 정리

400년대 무렵, 몽골 초원의 선비가 세운 유연 제국과 중국의 북위가 서로 대립함.

튀르크인이 유연을 꺾고 초원의 지배자가 되다

"튀르크인은 몽골 초원 남서쪽에 있는 알타이산맥 산자락에서 유목을 하던 부족이야. 그중에서 아사나 씨족이 이끄는 집단을 돌궐이라고 했어. 몽골어를 쓰던 유연과 달리 튀르크어를 쓰던 사람들이었지. 아사나 씨족은 철과 관련된 기술을 가지고 있었던 것 같아. 이들은 추장 튀멘 때가 되면 나라를 세울 만큼 강해졌단다."

"그럼 유연을 무너뜨리게 되나요?"

"돌궐도 처음에는 유연과 사이가 좋았단다. 그런데 둘의 관계에 찬

↑ **튀르크 석인상**
무덤의 주인공을 조각해 무덤 앞에 세운 거야.

물을 끼얹는 일이 벌어졌어. 튀멘이 유연의 카간을 도와 철륵 부족의 반란을 진압한 뒤였어. 큰 공을 세운 튀멘이 유연 카간 아나괴의 딸을 신부로 달라고 했는데, 아나괴가 이 요청을 단칼에 거절하며, 튀멘에게 '대장장이에 불과한 놈'이라고 모욕하기까지 했어."

"어머, 뭐야? 상은 못 줄 망정 심했다."

"결국 이 사건을 계기로 튀멘은 아나괴 카간한테서 등을 돌렸어. 그러고는 중국의 서위에 사람을 보내 혼인 동맹을 청했지. 유연과 대립하고 있던 서위 황제는 유연을 칠 기회라고 판단하고 얼른 제안을 받아들였어. 한편 유연도 동위에 손녀를 시집보내 혼인 동맹을 맺었지. 이렇게 해서 돌궐은 서위와, 유연은 동위와 혼인 동맹을 맺어 대립하게 되었단다."

용선생의 세계사 돋보기

철륵은 튀르크 계열의 유목 부족으로 유연의 지배에 맞서 여러 차례 반란을 일으켰어.

◆ 돌궐 카간의 금관
튀르크인들도 흉노와 마찬가지로 금 세공품을 좋아했단다.

◆ 알타이산맥의 유목민 알타이 산록의 초지에서 유목민이 소 떼를 이동시키고 있어. 튀르크인은 원래 이렇게 알타이산맥 언저리에서 유목을 하며 살았어.

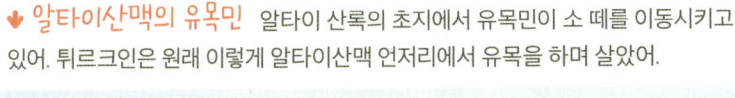

▲ **돌궐의 본거지 중 하나인 오르콘강** 오르콘강은 물이 풍부하고 목초지가 넓어 많은 유목민들의 삶의 터전이 되어 주었어. 유연을 정복한 돌궐 역시 이곳으로 본거지를 옮겼어.

▲ 튀르크의 금 주전자와 술잔

"2 대 2 싸움이네요?"

"그래. 결과는 돌궐의 완승이었어. 튀멘은 545년 돌궐 제국을 세워 카간이 되었고, 552년에는 마침내 유연을 멸망시키고 북아시아 초원의 지배자가 되었지. 이때 중국은 동위의 뒤를 이은 북제와 서위의 뒤를 이은 북주가 서로 으르렁대는 상황이었어. 덕택에 돌궐은 마음 놓고 사방으로 쭉쭉 뻗어 나갈 수 있었단다. 돌궐이 얼마나 거대한 세력을 이루었는지 한번 지도로 살펴볼까?"

스크린에 떠오른 지도를 보자마자 아이들이 일제히 입을 쩍 벌렸다.

"엄청난데요! 옛날 흉노 제국보다 더 대단한 것 같아요."

유라시아 초원의 풍운아 튀르크

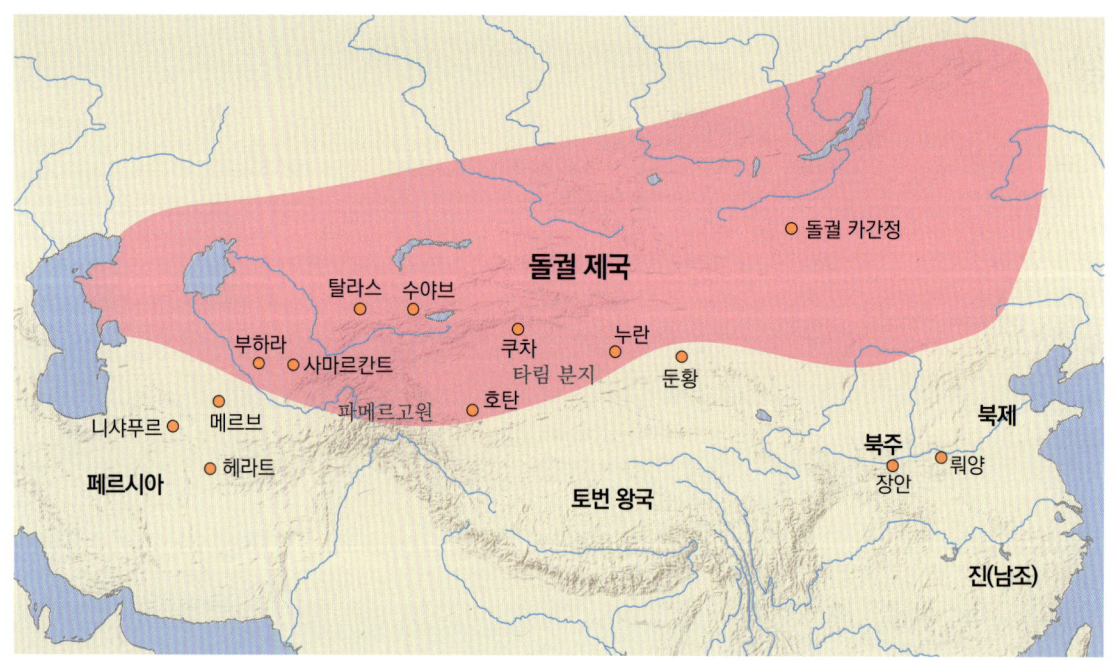

▲ 돌궐 제국의 최대 영토

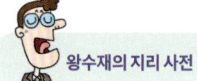

왕수재의 지리 사전

타림 분지 남쪽으로는 쿤룬산맥, 북쪽으로는 톈산산맥으로 둘러싸인 분지야. 내부에 타클라마칸 사막이 자리 잡고 있어.

파미르고원 중앙아시아 타지키스탄을 중심으로 중국, 아프가니스탄에 걸쳐 있는 평균 해발 고도 6,100미터의 고원 지대야. 세계의 지붕으로 불려.

"흐흐. 그렇지? 돌궐 제국의 영향력은 타림 분지와 파미르고원을 넘어 멀리 카스피해 연안에까지 미쳤어. 그야말로 유라시아 초원 전체를 통일한 거지."

"그럼 저렇게 넓은 땅을 카간 한 명이 다스렸어요?"

"음. 그건 아니야. 튀멘은 알타이산맥을 기준으로 동쪽은 아들인 무한에게, 서쪽은 동생인 이스테미에게 물려줬거든."

"그럼 나라가 둘로 쪼개진 거네요?"

"그건 아니야. 이스테미는 서돌궐을 다스리면서도 조카인 무한 카간을 주군으로 깍듯이 모셨거든. 그래서 이때만 해도 동돌궐과 서돌궐은 여전히 한 나라였단다. 이 무렵 중국에서는 수나라와 당나라라는 통일 왕조가 잇달아 등장했지만 당장은 막강한 돌궐 제국의 힘을

↑ **부구트 비석** 570년대 말에 세워졌어. 카간의 일족이었던 마한 테긴의 죽음을 기리는 내용이 소그드인들이 쓰던 문자로 새겨져 있지.

당할 수 없었지."

"우아, 돌궐 제국이 정말 대단했나 봐요?"

"대단했지. 돌궐 제국은 유라시아 대초원은 물론 비단길까지 장악하고 있었거든."

"비단길? 유목민이 비단길은 차지해서 뭐 하게요?"

장하다가 고개를 갸웃했다.

>  **용선생의 핵심 정리**
>
> 552년, 돌궐이 유연을 멸망시키고 제국을 건설한 뒤, 서돌궐과 동돌궐로 나눠 통치.

유라시아 초원의 풍운아 튀르크

돌궐 제국이 비단길을 장악하다

▲ **고창 고성의 유적** 타림 분지의 투르판 근처에 남아 있는 유적이야. 한때는 비단길 교역으로 번성한 도시였지.

"흐흐, 모르는 소리. 비단길을 장악하면 비단길에 있는 도시들과 비단길을 오가는 상품에 세금을 매겨 큰 수입을 올릴 수 있고, 교역에 참여할 수도 있었어. 생필품이 부족한 유목민들에게 교역은 생존에 매우 중요했지."

"그러고 보니 한나라도 비단길을 빼앗아 흉노 제국의 목을 옥죄었다고 하셨어요."

나선애의 말에 용선생은 흐뭇한 표정으로 고개를 끄덕였다.

"그만큼 비단길이 유목 제국에게는 생명줄과 같았다는 뜻이지. 그 중에서도 특히 중요한 지역이 타림 분지의 오아시스 도시들과 서쪽의 소그디아나였어."

"소그디아나가 어딘데요?"

용선생은 새로운 지도를 스크린에 띄우며 설명을 이어 나갔다.

"소그디아나는 파미르고원 서쪽에 있는 평야 지대야. 파미르고원에서 시작된 큰 강들이 이곳을 지나 아랄해로 흘러들기 때문에 물이 풍부하고 땅이 비옥해서 예로부터 살기 좋은 땅으로 손꼽혔단다. 또 중국과 인도, 서아시아로 갈라지는 교차로에 자리를 잡고 있어서 세계 곳곳의 상인들이 모여들었고, 큰 시장과 교역

>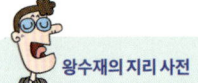
> **왕수재의 지리 사전**
>
> **소그디아나** 지금의 사마르칸트와 부하라 일대의 옛 지명이야. 중앙아시아에서는 드물게 물이 풍부하고 땅도 기름져 비단길을 오가는 상인들도 이곳을 중간 기착지로 삼았기 때문에 예로부터 상업이 발달했어.

▲ **소그디아나 지역과 주요 도시들**

↑ **아무다리야강** 시르다리야강과 함께 소그디아나를 가로질러 아랄해로 흘러들어.

도시들이 생겨났지. 힘 좀 쓴다는 온갖 정복자들이 이곳에 눈독을 들였어. 사실 알렉산드로스 대왕도 소그디아나까지 원정을 온 적이 있거든."

"아! 알렉산드로스 대왕이 중앙아시아까지 왔다더니, 그게 바로 여기였군요!"

장하다가 그제야 생각이 났는지 손가락을 튕겼다.

"호호, 그렇단다. 서돌궐의 이스테미 역시 알렉산드로스 대왕과 마찬가지로 소그디아나를 노렸어. 이때 소그디아나를 차지하고 있는 건 에프탈이었지. 이스테미는 에프탈을 상대하기 위해 동맹을 찾았단다."

"어떤 동맹을 찾았는데요?"

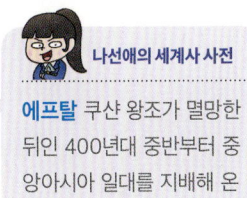

나선애의 세계사 사전

에프탈 쿠샨 왕조가 멸망한 뒤인 400년대 중반부터 중앙아시아 일대를 지배해 온 유목 제국이었어.

나선애의 세계사 사전

사산 왕조 페르시아 226년부터 이란고원을 지배한 페르시아 왕조. 로마 제국과 대등한 싸움을 벌일 정도로 강성했으나 이슬람 세력에 멸망당했어.

"때마침 크게 성장하고 있던 사산 왕조 페르시아 제국이었지! 이스테미는 페르시아와 혼인 동맹을 맺고 에프탈을 협공했어. 강력한 두 세력의 협공을 받은 에프탈은 순식간에 무너졌고, 페르시아와 서돌궐은 에프탈의 영토를 나눠 가졌단다. 이때 소그디아나는 돌궐 제국의 몫이 되었지. 이렇게 해서 서돌궐은 비단길을 완전히 장악했어."

"에구, 상인들만 골치 아프네요. 세금만 엄청 뜯어 갈 텐데."

"흐흐, 그렇지 않단다. 상인들은 오히려 돌궐 제국을 두 팔 벌려 환영했어."

"네? 세금 내고 싶어 안달이 났을 리는 없고. 도대체 뭣 땜에 환영해요?"

"사실 상인들에게 제일 중요한 건 첫째도 안전, 둘째도 안전이었어. 그런데 돌궐 제국처럼 강력한 나라가 비단길을 장악하면 전쟁도 줄어들고 으슥한 길목을 노리는 강도들이 날뛰는 것도 막아 주니 먼 길을 오가기가 훨씬 안전해지지. 더구나 서돌궐은 소그디아나 상인들의 활동을 적극적으로 지원해 줬어. '우리가 비단길을 지켜 줄 테니 너희들은 마음 놓고 장사를 해라. 대신 세금이나 넉넉하게 내라.' 이게 튀르크인 지배자들의 생각이었지. 그러니까 상인들은 돌궐 제국의 보호 아래 어느 때보다 활발하게 비단길을 누빌 수 있었고, 그럴수록 돌궐 제국의 수입도 쑥쑥 늘어 갔던 거야."

"그야말로 전성기네요. 페르시아하고는 동맹이니까 당분간은 싸울 일도 없을 테고……."

"흠, 그건 아니야. 페르시아와 돌궐의 관계는 얼마 가지 않아 험악해지고 말았거든."

비단길 교역의 주역이었던 소그드 상인

소그디아나의 주민들을 소그드인이라고 해. 누가 소그디아나를 지배하든 소그드인들은 언제나 비단길의 주역이었지. 소그드인들은 서아시아에서 보석, 약기, 약재, 향료 등을 사 모아 중국으로 가져다 팔고, 중국의 비단을 들여와 서아시아에 내다 팔며 엄청난 부를 쌓았어. 중국에서 소그드인은 상술이 뛰어나서 이미 후한 때부터 '장사 수완이 뛰어난 오랑캐'로 명성을 날렸어.

소그드인들은 비단길과 중국 내부의 무역 거점을 지키기 위해 자체적인 무장 병력을 갖추기도 했지. 소그드인이 중국사에 큰 영향을 미친 적도 많아. 대표적인 사건이 당나라를 뒤집어엎은 안녹산의 난이지. 안녹산의 양아버지가 소그드인이었기 때문에, 안녹산이 난을 일으켰을 때 소그드 상인들은 안녹산을 조직적으로 밀어 줬대.

↑ **소그드인 두상**

↑ **낙타를 탄 소그드 상인을 묘사한 당삼채**

↑ **사마르칸트의 국제 사신도** 사마르칸트 왕의 즉위를 축하하기 위해 여러 나라에서 찾아온 사신들이야. 맨 오른쪽의 깃털을 꽂은 모자를 쓴 사람은 한반도에서 왔을 것으로 추정하지.

▲ 소그디아나의 은제 접시

"아휴, 변덕쟁이들. 이번엔 또 왜요?"

"비단길 교역을 둘러싸고 이해관계가 틀어진 거야. 당시 세계 제일의 인기 상품은 중국산 비단이었어. 비단길의 서쪽 절반을 차지한 페르시아는 소그드 상인으로부터 비단을 넘겨받아 서아시아와 유럽에 내다 팔아 엄청난 이익을 챙겼지. 서돌궐은 이걸 못마땅하게 여겼어. 만일 페르시아가 중간에 끼어들지 않는다면 더 큰 이익을 볼 수 있을 테니까."

"그래서요?"

"이스테미는 중국산 비단을 잔뜩 실은 소그드 상인을 페르시아로 들여보내 페르시아를 지나갈 수 있게 해 달라고 요청했어. 유럽과 직거래를 하겠다는 뜻이었지. 하지만 페르시아는 소그드 상인이 가지고 온 비단을 모조리 압수해 불살라 버렸단다. '여긴 우리 구역이다. 니희들은 못 지나가니까 우리한테 물건을 넘겨라.' 이렇게 나온 거지."

"동맹한테 너무 매몰차게 구는 거 아니에요?"

"그러게 말이다. 서돌궐은 이를 갈았어. 하지만 당장 군사를 동원하기에 페르시아는 결코 만만한 상대가 아니었지. 서돌궐은 손잡고 페르시아를 협공할 동맹을 찾았는데, 이때 등장한 게 페르시아의 영원한 앙숙 비잔티움 제국이었단다. 여러 차례 사신이 오가면서 돌궐과 비잔티움 제국은 급속도로 가까워졌어. 결국 627년에 비잔티움과 서돌궐이 군사 동맹을 맺고 페르시아 제국을 공격해 큰 승리를 거두기도 했지."

"그때그때 동맹을 잘 찾는 걸 보니 튀르크인은 수완도 좋네요. 큰 제국을 만든 비법을 알겠어요."

나선애가 고개를 끄덕였다.

"흐흐. 그런데 600년대에 접어들며 돌궐의 전성시대도 슬슬 막을 내리기 시작했어. 중국에서 큰 변화가 일어났거든."

"어떤 변화가 일어났는데요?"

"수나라와 당나라라는 통일 왕조가 잇달아 등장해 돌궐을 압박한 거야. 특히 수나라의 집요한 이간책에 돌궐 제국은 크게 흔들리고 말았지."

> **용선생의 핵심 정리**
>
> 서돌궐은 페르시아 제국과 협공하여 에프탈을 무너뜨리고 소그디아나 차지. 그 뒤 곧 비단길 교역을 두고 페르시아 제국과 다툼이 벌어짐.

수나라와 당나라의 이간책으로 돌궐 제국이 붕괴되다

장하다가 손을 들고 조심스럽게 물었다.

"그런데 중국을 통일한 한나라도 처음에는 흉노 제국한테 꼼짝 못했잖아요. 돌궐은 그렇게 쉽게 무너지지 않겠죠?"

"한나라가 들어섰을 때 흉노 제국은 하나로 똘똘 뭉쳐 있었어. 하지만 수나라가 등장했을 때 돌궐 제국은 동돌궐과 서돌궐로 갈라져 서로 으르렁대고 있었단다."

유라시아 초원의 풍운아 튀르크

▲ **장손성** 선비 출신의 외교관으로 동서 돌궐 사이를 바삐 오가며 수나라의 이간책을 실행했던 인물이야.

"엥? 아까는 서돌궐의 이스테미가 동돌궐 카간을 깍듯이 주군으로 모셨다고 했잖아요."

"이스테미는 그랬지. 하지만 후손들은 달랐거든. 이들은 서로 자기가 돌궐 제국의 카간 자리에 오르겠다며 으르렁대기 시작했지. 수나라는 동돌궐과 서돌궐 사이를 은근히 이간질했어. 결국 수나라의 계략에 휘말린 서돌궐이 독립을 선언했고, 수나라의 지원을 받아 동돌궐을 공격했지. 이제 동돌궐과 서돌궐은 돌이킬 수 없이 갈라지고 말았단다."

"휴, 결국 흉노 제국처럼 서로 갈라져서 싸우기 시작한 거네요."

"그래. 중국 사람들은 유목민한테는 무리한 정면 대결보다 이런 식의 이간질이 잘 먹힌다는 걸 훤히 알고 있었단다. 수나라의 이간질은 한나라보다 훨씬 교묘했어. 처음엔 서돌궐을 지원

하다가, 서돌궐이 너무 세지니까 이번에는 재빨리 편을 바꾸어서 동돌궐을 지원했지. 수 문제는 내전에서 패배한 동돌궐 왕족을 수나라로 피신시킨 뒤 돌궐의 새로운 카간으로 임명하기도 했어."

"배신도 모자라서…… 수나라 황제가 뭔데 돌궐 카간을 임명해요?"

장하다가 어이없다는 듯 중얼거리자 용선생은 어깨를 으쓱해 보였다.

"그러게 말이다. 화가 난 서돌궐 카간은 대군을 이끌고 수나라 원정에 나섰어. 그러자 수나라는 서돌궐의 지배를 받고 있던 초원의 다른 유목민들을 부추겨서 반란을 일으키도록 했지. 결국 서돌궐 카간은 공격도 제대로 못 해 보고 반란을 진압하러 서둘러 초원으로 돌아가야 했어. 그런데 문제는 반란으로 나라가 어지러운 틈을 노려 서쪽의 사산조 페르시아가 서돌궐을 공격했다는 거야."

"아이고, 엎친 데 덮친 격이네요."

"결국 안팎으로 공격을 받은 서돌궐은 그대로 폭삭 무너지고 말았어. 그러자 수 문제의 보호를 받고 있던 동돌궐의 카간이 초원으로 돌아가 돌궐 제국의 새로운 카간 자리에 올랐지. 이렇게 해서 돌궐의 카간은 중국 황제의 신하 노릇을 하게 됐어. 수나라는 전쟁 한 번 제대로 하지 않고 돌궐 제국을 복종시킨 거야."

"그렇게 강력했던 돌궐 제국이 이토록 허무하게 무릎을 꿇다니."

곽두기가 혀를 내둘렀지만 용선생은 어깨를 으쓱해 보였다.

"하지만 이런 상황은 오래가지 못했어. 고구려 원정 이후 전국에서 들끓는 반란 때문에 수나라가 정신을 못 차리자 돌궐 제국은 금세

▲ 당 태종 이세민의 동상 이세민은 황제가 되기 이전부터 뛰어난 장수로 이름이 높았어.

전성기의 기력을 회복했거든. 수나라의 뒤를 이은 당나라도 처음에는 돌궐에게 머리를 숙였지만, 당 태종 이세민이 황제 자리에 오르면서 돌궐 제국은 다시 한 번 곤경에 처하게 된단다."

"당 태종이면 당나라의 전성기를 이끈 황제죠?"

"그래. 사실 이세민은 황제가 되기 전부터 북방의 돌궐 제국과 치열한 전쟁을 벌인 경험이 있었지. 한번은 돌궐의 대군을 기습해 승리를 거두었는데, 그때 동돌궐 카간한테 다시는 당나라를 공격하지 않겠다는 약속을 받고 초원으로 돌려보내 주었대."

"에이, 그런 약속을 어떻게 믿어요?"

왕수재가 이죽거리듯이 말했다.

"맞아. 동돌궐 카간은 이세민이 황제 자리에 오른 지 고작 19일 만에 10만 명의 기병을 이끌고 당나라의 수도 장안으로 들이닥쳤어. 이세민의 기를 꺾어 놓을 작정이었던 거지. 하지만 이세민은 주눅이 들기는커녕 얼마 안 되는 군사를 거느리고 성 밖으로 나가 카간을 큰 소리로 꾸짖었어."

어떻게 카간이라는 자가 이렇듯 약속을 어긴단 말이냐. 내 일전에 네놈의 약속을 믿고 무사히 풀어 주었거늘, 이렇듯 머릿수만 믿고 다시 나를 협박한단 말이냐!

"이세민이 카간을 꾸짖는 소리가 어찌나 우렁찼던지 카간을 비롯한 돌궐의 부족장들이 모두 말에서 내려 태종 앞에 무릎을 꿇었대. 결국 돌궐은 당나라와 평화 조약을 맺고 묵묵히 초원으로 돌아갔다는구나."

"우아~, 이세민 대단하네요."

곽두기가 감동 받은 목소리로 말했지만, 다른 아이들은 피식 콧방귀를 뀌었다.

"그 말을 믿니? 10만 명이 한 사람한테 겁을 먹게? 중국 사람들이 뻥친 거겠지."

아이들의 반응에 용선생이 머리를 긁적였다.

"뭐, 완전히 믿을 수는 없지. 하지만 어쨌든 튀르크인에게 당 태종이 얕볼 수 없는 상대였던 것만은 틀림없는 사실이야. 당 태종은 수나라가 그랬던 것처럼 이간질로 돌궐 제국의 내분을 유도했어. 그리고 기회를 노려 630년에 몽골 초원에 있는 동돌궐의 근거지를 공격해 카간을 사로잡고 '천가한'이라는 칭호를 얻었지. 이렇게 해서 동돌궐 제국은 멸망했어. 남은 건 아직 초원의 서쪽을 장악하고 있던 돌궐의 잔당뿐이었지."

"그럼 이제 튀르크인들은 어떻게 되는 거예요?"

나선애의 질문에 용선생은 스크린에 잠자코 글귀를 띄웠다.

"읽어 보렴. 이건 훗날 튀르크인이 남긴 비석에 새겨져 있는 글이야."

튀르크의 귀족이 될 사내아이들은 중국의 남자 종이 되었다.

왕수재의 지리 사전

철문 파미르고원 서쪽에 자리 잡은 협곡이야.

용선생의 세계사 돋보기

실제로 도호부는 현지 당나라 주둔군의 사령부였어. 그 우두머리인 도호는 사령관이었지. 그러니까 도호부는 군사력을 동원해 이민족을 복종시키는 제도에 가까웠단다.

튀르크의 귀부인이 될 여자아이들은 중국의 여자 종이 되었다. 귀족들은 튀르크의 이름을 버리고 중국식 이름을 받아들였고, 당나라를 위해 해가 뜨는 곳에서 서쪽의 철문까지 50년 동안이나 그들을 따라다니며 봉사했다. 그러나 중국의 카간은 우리 튀르크인의 나라와 제도를 없애 버렸다.

"무슨 소린지 잘 모르지만 왠지 불쌍해."

조용히 글을 읽어 내려가던 곽두기가 고개를 갸웃거렸다.

"이상해요. 당나라에 대해 배웠을 때는 부족장들을 그대로 인정해 주고, 자기들 방식대로 살도록 해 줬다고 했는데……."

"물론 그랬어. 당나라는 여러 부족장들이 자기 부족을 다스리는 방식을 그대로 인정하면서, 도호부란 관청을 설치하고 책임자를 파견해 다스리는 방법을 썼지. 그런데 이 도호부의 힘이 막강했거든. 튀르크인들은 당나라의 정복 활동에 동원되기도 했어. 심지어 동족인 서돌궐을 공격할 때에도 동돌궐 사람들이 동원되었단다."

"저런, 나라가 망한 것도 억울한데 동족을 공격하는 데 이용당했던 거네요."

허영심이 입술을 꼭 깨물며 잠자코 고개를 끄덕였다.

"당나라는 이내 서돌궐이 자리 잡고 있던 중국 서쪽 지역까지 장악하고 비단길 정복을 완료했어. 이때 수많은 튀르크인들이 당나라의 지배를 피해 더욱 머나먼 서쪽, 중앙아시아와 서아시아 지역으로 떠밀려 간단다. 이렇게 해서 한때 유라시아 초원을 호령했던 대제국은 100여 년 만에 흔적도 없

← **카간의 비석** 돌궐 제2제국의 4대 카간인 빌게 카간의 업적을 기리는 비석이야. 튀르크인의 후손에게 남기는 경고가 기록되어 있지.

이 사라지고 말았어."

"에구, 이렇게 허무하게 끝나다니!"

장하다가 실망한 듯 중얼거리자 용선생이 눈을 찡긋했다.

"하다야, 너무 실망하지 마. 돌궐 제국의 역사는 아직 끝난 게 아니니까."

"엥? 아직 끝나지 않았다고요?"

용선생의 핵심 정리

돌궐 제국은 중국의 이간질로 서돌궐과 동돌궐이 서로 갈라져 싸우다 당나라에 멸망당함.

튀르크인의 끝나지 않은 역사

용선생은 차분히 말을 이었다.

"고종의 황후였던 무측천이 권력을 잡은 이후로 당나라는 해외 원정을 많이 하지 않았지. 그러자 이 틈을 타서 도호부의 통제를 받던 이민족들이 하나둘씩 반란을 일으켰단다. 당나라의 변경을 지키던 도호부들은 하나씩 하나씩 철수했어. 옛 고구려 땅에는 발해가 들어섰고, 서쪽에서는 티베트고원의 토번 왕국이 강성해져서 비단길을 장악했지."

"그럼, 튀르크인도 그 틈을 타서 다시 일어섰다는 말씀인가요?"

"흐흐, 바로 그거야. 682년에 돌궐 제국 카간의 후손이었던 쿠틀룩이 흩어졌던 튀르크인들을 모아서 돌궐 제국을 부활시켰지. 이게 바

▲ 퀼 테긴의 두상
이 두상의 주인인 퀼 테긴은 빌게 카간의 동생이야. 돌궐 제국 부활에 큰 역할을 했대.

로 돌궐 제2제국이야. 쿠틀룩은 고작 열일곱 명의 부하를 이끌고 시작해서 제국을 부활시켰다고 해. 대단하지?"

"고작 열일곱 명으로 제국을 일으켰다고요?"

"그것도 아까 그 비문에 나오는 기록이야. 사실 이 비문은 돌궐 제2제국의 4대 카간인 빌게 카간이 후손들에게 남긴 유언을 비석에 새긴 거란다. 튀르크인이 다시 중국의 노예가 되지 않으려면 어떻게 해야 하는지에 대해 절절한 경고를 남긴 것이지."

당나라 사람들은 끊임없이 금과 은, 비단을 준다.
그들의 달콤한 말과 부드러운 선물에 속지 말라, 튀르크인들이여.
거기에 속는다면 너희는 다 죽는다.
튀르크의 땅에 머물러라.
그러면 너희는 영원히 나라를 지킬 수 있을 것이다.
튀르크인들이여! 내가 이 비문을 새기는 것은 이 말을 남기기 위해서이다!

글을 차분히 읽어 가던 허영심이 한숨을 폭 내쉬었다.

"세상에, 중국인들한테 얼마나 많이 속고 고생을 했으면 저런 유언을 돌에 새겼을까요?"

"내가 튀르크인의 왕이라도 저렇게 말할 거 같아. 중국 사람들 완전 치사해!"

입에 바람을 잔뜩 불어넣은 장하다가 씩씩대며 말했다.

"저렇게 처절하게 유언을 남겼으니 후손들이 명심했겠죠?"

허영심의 말에 용선생은 가만히 고개를 저었다.

"안타깝지만 그렇지 못했어. 돌궐 제국이 부활하자 당나라는 앞에서는 재빨리 고개를 숙이는 척하면서, 뒤로는 늘 그래 왔던 것처럼 이간책을 썼지. 결국 돌궐 제2제국은 여러 부족들의 반란에 시달린 끝에 744년에 위구르인의 반란을 막지 못하고 그만 무너지고 말았지. 대략 50년쯤 되는 짧은 부활이었던 거야."

"그럼 이제 위구르가 제국을 세우나요?"

"응. 그런데 위구르 제국은 100여 년 후에 북쪽에서 나타난 키르기스라는 유목민에게 무너졌고, 키르기스는 또 100여 년 후 동쪽의 만주 지방에서 나타난 거란인에게 무너졌지. 그 후로도 유목민들은 계속 나라를 세우고 무너지기를 반복했지만, 한동안 돌궐 제국에 견줄 만한 강력한 국가는 나타나지 못했단다."

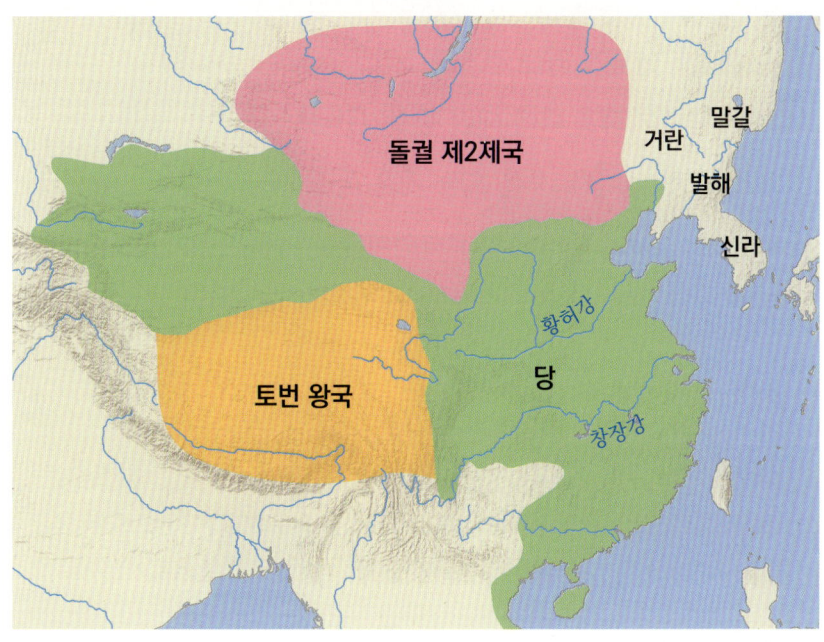

◀ 700년 무렵의 동아시아

"금방 망하는 데다 너무 복잡한데 왜 이렇게 열심히 배우는 거예요?"

용선생의 이야기를 멍하니 듣고 있던 장하다가 미간을 찌푸렸다.

"유목민, 그중에서도 특히 튀르크인이 세계 역사에 미친 영향이 아주 크기 때문이야. 일단 돌궐 제국의 후예들이 세운 나라들이 아직도 튀르크인의 역사를 이어 가고 있거든."

"그럼, 또다시 부활했단 말이에요?"

"그런 셈이지. 바로 지금의 튀르키예가 당나라에 쫓겨 서쪽으로 이주한 튀르크인들이 세운 나라야. 또 우즈베키스탄, 카자흐스탄, 투르크메니스탄 같은 중앙아시아 국가들도 모두 튀르크인의 후예를 자처하고 있어. 오늘날 서아시아와 중앙아시아에서는 튀르크인의 영향을 받지 않은 나라가 거의 없을 정도지."

"흠, 그러니까 돌궐 제국은 망했는지 몰라도 튀르크인의 역사는 끝나지 않았다, 이렇게 되는 건가요?"

나선애가 손가락을 턱에 대며 중얼거렸다.

"흐흐. 그런 셈이지. 사실 오늘 배운 돌궐 제국의 역사는 튀르크인의 역사 중 일부에 불과해. 튀르크인이라는 이름은 앞으로도 여러 차례 등장할 테니 잘 기억해 두렴. 그럼 오늘은 여기까지 할까?"

> **용선생의 핵심 정리**
>
> 682년, 튀르크인이 돌궐 제국을 부활시키지만 곧 위구르인의 반란으로 무너짐. 돌궐 제국의 역사는 오늘날 튀르키예로 이어짐.

나선애의 **정리노트**

1. ### 돌궐 제국의 등장
   - 선비의 유목 제국 유연을 꺾으며 대초원을 장악
     → 튀르크인은 원래 알타이산맥 인근에서 유목을 주로 하던 사람들
   - 서쪽으로 카스피해에 이르는 광활한 지역을 지배함.
     → 알타이산맥을 기준으로 동돌궐과 서돌궐로 분할됨.

2. ### 비단길 장악과 소그디아나
   - 소그디아나: 파미르고원 서쪽의 평야 지대. 비단길의 요충지.
     수많은 정복자들의 목표가 됨!
   - 서돌궐은 페르시아, 비잔티움 제국과 손을 잡거나 대립하며 소그디아나를 지배!

3. ### 돌궐 제국의 붕괴와 부활
   - 수나라의 이간책: 동·서돌궐의 분열을 교묘하게 조장함.
   - 당나라가 동돌궐에 이어 소그디아나까지 정복하고 도호부를 설치해 다스림.
     → 부활에 성공하기도 함(돌궐 제2제국)
     → 위구르인의 반란으로 50여 년 만에 멸망함.
   - 돌궐 제국의 역사는 오늘날 튀르키예로 이어짐.

세계사 퀴즈 달인을 찾아라!

1 유연 제국에 대해 바르게 설명한 친구는? ( )

 ① 흉노가 세운 유목 제국이야.

 ② 중국의 북위와 관계가 매우 좋았어.

 ③ 튀르크인의 반란으로 멸망하고 말았어.

 ④ 페르시아와 손을 잡고 소그디아나를 지배했어.

2 튀르크인과 돌궐 제국에 대한 설명으로 알맞은 것에 ○표, 알맞지 않은 것에 X표 해 보자.

○ 돌궐 제국은 멸망 전까지 분열된 적이 없었다. ( )

○ 튀르크인은 원래는 알타이산맥에서 주로 유목을 하던 사람들이었다. ( )

○ 소그디아나를 장악하고 비단길에서 많은 수입을 올렸다. ( )

○ 돌궐 제국이 멸망한 이후 튀르크인은 흔적도 없이 사라졌다. ( )

3 다음 중 설명에 해당하는 유목 민족의 이름으로 알맞은 것은?
( )

 비단길의 주역으로 활발히 활동하는 상인들이었어. 서아시아의 약재와 보석, 중국의 비단을 거래하며 뛰어난 장사 수완으로 명성을 날렸지.

① 도래인
② 소그드인
③ 튀르크인
④ 위구르인

5 돌궐 제2제국에 대한 설명으로 알맞지 <u>않은</u> 것은? ( )

① 선비가 세운 유목 제국으로, 북위와 대립하였다.
② 여러 부족들의 반란을 막지 못하고 50여 년 만에 멸망했다.
③ 당나라가 해외 원정을 중단하고 위축되던 틈을 타서 등장했다.
④ 튀르크인들에게 중국인을 경계하라며 절절한 경고를 남기기도 했다.

 정답은 353쪽에서 확인하세요!

4 다음 나라들의 공통점으로 알맞은 것은? ( )

알렉산드로스 제국, 당나라, 돌궐 제국

 ① 소그디아나를 정복했다.

 ② 유목민이 세운 제국이다.

 ③ 헬레니즘 문화가 전파되었다.

 ④ 위구르인의 공격으로 멸망했다.

149

> 용선생 세계사 카페

독립군 대장에서 카간까지
튀르크 독립 영웅 쿠틀룩 이야기

돌궐 제국이 중국의 이간질로 멸망한 이후, 튀르크인은 당나라에 대항해 꾸준히 독립 운동을 벌였어. 하지만 두 차례에 걸친 반란이 실패로 돌아가자 오히려 더 심한 탄압에 시달렸지. 682년, 동돌궐 카간의 후예 쿠틀룩은 겨우 17명의 부하를 이끌고 독립 투쟁에 나섰어. 누가 봐도 보잘것없는 세력이었지. 쿠틀룩은 초원 곳곳에 흩어져 살던 튀르크인을 찾아다니며 한때 당나라마저 벌벌 떨게 만들었던 돌궐 제국을 다시 세우자며 단결을 호소했어.

이때 그에게 다가온 사람이 있었으니 바로 용기와 지략을 겸비한 명참모 톤유쿠크였지. 톤유쿠크는 당나라에서 교육받고, 당의 선우도호부에서 일하던 튀르크인이었어. 이미 두 번의 반란으로 인해 튀르크인이 차별받고 억울하게 감옥에 갇히는 데 분개해 쿠틀룩의 군부대에 가담해 온 거였지. 톤유쿠크는 쿠틀룩을 카간으로 만들어 주겠다고 약속했단다.

쿠틀룩은 실전 경험이 풍부한 톤유쿠크를 믿고 의지했어. 톤유쿠크가 합류한 뒤부터 튀르크 독립군은 신출귀몰하게 당나라 군대를 농락했어. 당나라군이 몰려오면 흩어졌다가 물러가면 뒤통수를 치고, 관청을 공격해 재빠르게 물자를 약탈하다가 군대가 오면 후다닥 도망가는 게릴라 전술을 펼쳤지. 그뿐만 아니라 쿠틀룩 군대는 거란인들도 공격하며 세력을 넓혔고, 오구즈 부족을 몰아내고 옛 돌궐의 중심부인 외튀켄 지역을 차지했어.

쿠틀룩의 연전연승 소식이 초원으로 빠르게 퍼져 나가자 합류하길 망설였던 여러 유목민 부족들이 쿠틀룩의 독립군 밑으로 몰려들었어. 쿠틀룩과 톤유쿠크는 유목민 군대를 이끌고 몽골 초원으로 들어갔고, 거기서 흩어진 유목민들을 모아 돌궐 제국을 재건했어. 그리고 자신은 일테리시 카간으로 즉위했단다.

630년 당나라에 멸망당했던 동돌궐 제국은 이렇게 50여 년 만에 부활했어. 이렇게 건국된 돌궐 제2제국은 위구르인의 반란으로 멸망할 때까지 대초원을 지배했지.

◀ 톤유쿠크 비석
톤유쿠크가 죽은 뒤 세워진 비석으로, 유목민의 역사를 연구하는 데 아주 중요한 자료란다.

4교시

아리아인이 인도의 주인 자리를 되찾다

320년, 쿠샨 왕조가 약화되자
아리아인들은 본거지인 마가다 지역을 중심으로 굽타 왕조를 세웠어.
그러자 흔들리던 아리아인들의 종교와 문화도 되살아났지.
이번 시간에는 굽타 왕조 시기에
인도의 종교와 문화에 어떤 변화가 일어났는지,
또 그것들이 어떻게 동남아시아로 퍼져 나갔는지
알아보기로 하자.

320년	420년	500년 무렵	800년 무렵
굽타 왕조, 인도 통일	날란다 대학 설립	굽타 왕조 쇠퇴, 라지푸트 등장	박티 신앙 유행

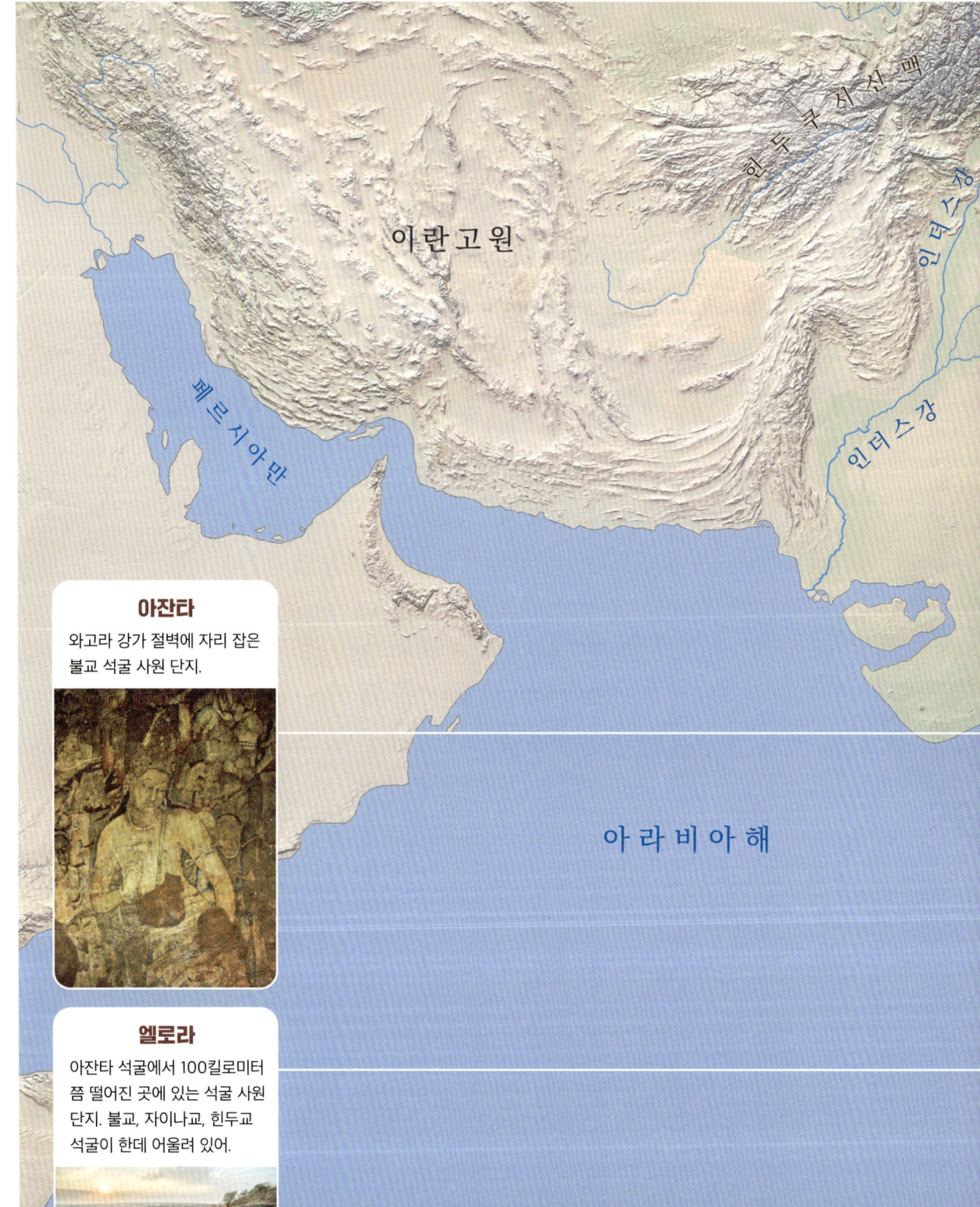

아잔타
와고라 강가 절벽에 자리 잡은 불교 석굴 사원 단지.

엘로라
아잔타 석굴에서 100킬로미터쯤 떨어진 곳에 있는 석굴 사원 단지. 불교, 자이나교, 힌두교 석굴이 한데 어울려 있어.

시짱고원
(티베트고원)

파탈리푸트라
지금의 파트나. 아리아인의 오랜 본거지로 굽타 왕조의 수도.

히말라야산맥

갠지스강

브라마푸트라강

파탈리푸트라

바라나시

날란다

날란다 대학
400년대 초 지금의 파트나 인근에 있었던 불교 대학. 당나라 현장 스님도 여기서 공부했어.

굽타 왕조

아잔타

바카타카

데칸고원

벵골만

바라나시
갠지스강 중류의 도시. 많은 사원들이 몰려 있는 대표적인 힌두교 성지야.

마두라이
남인도의 중심 도시들 가운데 하나로 판디아 왕국의 수도였어.

체라

촐라

우라이유르

마두라이

판디아

'라자'들의 땅 라자스탄주

옛날 수많은 라자('왕'을 뜻하는 산스크리트어)들이 자리 잡고 있던 라자스탄은 인도의 28개 주 가운데 가장 면적이 넓은 주로, 한반도의 1.5배에 달해. 북서부의 타르 사막이 전체 면적의 절반 정도를 차지하지만, 동남쪽에는 예로부터 오아시스들을 중심으로 교역 도시들이 발달해 왔어. 라자스탄의 인구는 8,000만 명 가까이 되고, 주도는 자이푸르야. 오늘날 라자스탄은 황량한 사막과 도시의 강렬한 색채가 어우러진 인도 특유의 전통미를 잘 간직한 지역이지.

▲ 자이푸르의 중심가

▼ 인도 전통 의상을 입은 라자스탄의 여성들
라자스탄은 빠르게 변하고 있는 인도에서 옛 모습을 가장 잘 간직하고 있는 지역이야.

핑크빛 도시 자이푸르

라자스탄주의 주도로, 라자스탄주 주민의 절대 다수가 자이푸르와 그 외곽에 살고 있어. 자이푸르는 '핑크 시티'란 별명을 갖고 있어. 1876년 영국 왕자의 방문을 환영하기 위해 도시의 건물 외벽을 전부 핑크색으로 칠했거든. 별명에 걸맞게 지금도 자이푸르에는 핑크색으로 칠해진 건물들이 많아. 또 자이푸르는 도시 전체가 시장이라고 해도 지나치지 않을 만큼 수많은 상점들로 북적거리는 도시야.

↑ 자이푸르의 시장
각종 보석류와 옷감, 가죽 제품 등을 파는 가게가 많대.

↑ '바람의 궁전'이라는 별명을 지닌 옛 왕궁
궁녀들은 벽면의 작은 창문으로 바깥세상을 구경했대.

타르 사막과 다채로운 도시들

타르 사막은 한반도보다 훨씬 큰 사막으로 '인도 사막'으로 불리기도 해. 예로부터 수많은 상인들은 타르 사막을 가로질러 중앙아시아와 서아시아의 교역로를 오갔어. 타르 사막의 강수량은 연평균 250밀리미터 정도로 사막치고는 꽤 많은 편이야. 그래서 비가 많이 내릴 때는 사막 곳곳에 키 작은 풀들이 자라는 반건조 초원 지대로 변신하기도 한단다. 타르 사막은 전 세계 사막 가운데 인구 밀도가 가장 높은 사막이기도 해. 사막 주민들은 대개 유목 생활을 하지만 점차 옥수수, 땅콩, 참깨 등을 키우는 관개 농업의 비중이 늘고 있지.

◀ 타르 사막의 관개 농업 지대

▶ '골든 시티' 자이살메르 타르 사막의 한복판에 자리 잡은 도시. 자이푸르에서 사막을 건너 인더스강으로 향하는 무역상들의 거점이었어. 황금빛 모래가 가득한 풍경 때문에 '골든 시티'라는 별명을 갖게 되었대.

◀ 란탐보르 국립 공원의 야생 호랑이
라자스탄은 사슴과 곰, 원숭이와 벵골 호랑이 등 수많은 야생 동물이 살고 있는 야생 동물의 천국이기도 해. 네 개의 국립 공원과 야생 동물 보호 구역이 지정되어 있어.

▶ '블루 시티' 조드푸르
타르 사막으로 들어가는 길목에 자리를 잡은 도시. 이 도시의 브라만들이 자신들의 집을 잘 보이도록 하기 위해서 외벽을 파란색으로 칠했대.

⬇ 타르 사막

굽타 왕조가 브라만교를 부활시키다

"너희들 마우리아 왕조와 쿠샨 왕조 기억하니?"
"네, 마우리아 왕조는 인도를 최초로 통일했었죠."
"쿠샨 왕조는 중앙아시아의 유목민이 들어와서 세운 왕조였죠."
아이들의 똑 부러진 대답에 용선생이 흐뭇한 미소를 지었다.
"그래, 잘 기억하고 있구나. 그런데 200년대 중반 사산 왕조 페르시아가 중앙아시아를 정복하면서 쿠샨 왕조는 비단길 교역에서 밀려나 힘을 잃었어. 그러자 그동안 억눌려 있던 아리아인들이 차츰 세력을 회복했고, 마침내 굽타 왕조가 탄생했지."
용선생은 지도를 화면에 띄우며 설명을 이어 나갔다.
"굽타 왕조는 제3대 왕인 찬드라굽타 2세 때 동쪽으로는 벵골 지

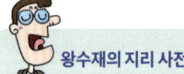

왕수재의 지리 사전

벵골 갠지스강이 바다로 흘러드는 인도의 북동부를 가리키는 말이야. 평야가 넓고 물이 풍부해서 농사짓기 좋은 곳이었지.

방에서 서쪽으로는 인더스강 하류, 북쪽으로는 인더스강 상류의 펀자브 지방에 이르는 광대한 영토를 지배하게 되었어. 지도를 한번 보렴. 갠지스강 유역에서 출발해 인도 북부를 통일하는 모습이 옛날 마우리아 왕조랑 똑 닮았지?"

"하지만 마우리아 왕조는 저~ 남쪽 끝까지 정복했잖아요."

영심이가 손가락으로 인도의 남쪽 끄트머리를 가리켰다.

"하하, 굽타 왕조도 곧 그렇게 한단다. 전쟁도 하지 않고 아주 평화적인 방법으로."

"엥? 어떻게 전쟁도 하지 않고 땅을 넓혀요?"

"굽타 왕조가 들어서던 300년 무렵 인도 중부 데칸고원에는 바카타카 왕국이 있었어. 굽타 왕조는 바카타카를 힘으로 제압하는 대신 공주를 바카타카왕에게 시집보내 평화를 유지했어. 그런데 웬걸, 바카타카의 왕이 갑자기 죽어 버리는 바람에 다섯 살밖에 안 된 왕자가 왕위에 오른 거야. 자연히 왕자의 어머니였던 굽타 왕조의 공주가 어린 왕자 대신 나라를 다스리게 되었지. 그러다 보니 자연스럽게 바카타카가 지배하던 남인도 일대가 굽타 왕조의 영향력 안으로 들어오게 되었어."

"와, 그럼 결국 굽타 왕조도 마우리아 왕조 못지않게 큰 나라가 된 거네요?"

"맞아. 하지만 이렇게 넓은 영토를 한 명의 왕이 직접 통치하는 데에는 아무래도 어려움

↑ 400년 무렵의 인도

▲ 아잔타 26석굴의 와불 바카타카 왕조에서 만든 작품이야. 열반에 든 부처님이 누워 있고, 그 아래에 슬픔에 빠진 제자들의 모습이 묘사되어 있어.

이 있었단다. 그래서 굽타의 왕이 직접 다스리는 지역은 왕조의 중심지인 갠지스강 유역 일부 지역이고, 나머지는 지방 영주에게 맡기는 대신 왕에게 세금과 공물을 바치도록 했어. 중국처럼 황제 한 사람이 전국을 휘어잡는 중앙 집권적인 국가를 이루지는 못했던 거야."

"흠, 그런 식으로도 나라가 잘 다스려져요?"

왕수재가 고개를 갸웃하며 물었다.

"굽타 왕조가 평화를 누린 기간은 320년부터 420년 무렵까지 대략 100년쯤 돼. 짧다면 짧은 시간이지만 사실 이 기간 동안 굽타 왕조가 인도에 미친 영향은 매우 크단다. 그 중심에 있는 게 바로 아리아인의 전통 종교인 브라만교였단다. 굽타 왕조의 왕들은 브라만교를 적극적으로 지원하고, 브라만교의 법전이라고 할 수 있는 《마누 법전》에 따라 나라를 다스렸어. 또 굽타 왕조 때 불교의 유행과 이민족의

> **용선생의 세계사 돋보기**
> 《마누 법전》은 기원전 200년에서 기원후 200년 사이에 집대성된 종교 법전으로, 인도인이 지켜야 할 법, 종교, 관습, 사상 등을 정해 놓았어.

▼ 굽타 왕조의 금화
왕가의 사람들과 함께 인도의 여러 신들의 모습이 새겨져 있어.

지배로 흔들리고 있던 카스트 제도도 다시 강화되었지."

"헉! 불교 덕분에 이제 신분 제도에서 벗어나나 했더니……."

아이들의 불평에 용선생은 눈을 찡긋했다.

"하지만 브라만교는 이전과 많이 달라졌어. 너희들도 알다시피 원래 브라만교는 제사에 바치는 엄청난 공물과 사례금 때문에 원성이 자자했지. 불교와 자이나교가 성행한 것도 거기에 대한 반발이었고.

그래서 그동안 브라만교에서도 이런 잘못을 없애려고 노력했어. 이 과정에서 브라만교가 힌두교로 발전하게 된단다."

용선생의 핵심 정리

320년 무렵, 굽타 왕조가 인도를 통일하고 브라만교의 《마누 법전》에 따라 인도를 다스림.

브라만교가 힌두교로 탈바꿈하다

"힌두교가 뭔데요? 누가 만들었는데요?"

곽두기가 눈을 반짝이며 물었다.

"힌두교는 누가 만들어서 퍼뜨린 종교가 아니라 굽타 왕조 때 브라만교가 탈바꿈한 종교야. 굳이 따지자면 브라만교에 뿌리를 두고 있는 인도 사람들의 전통 종교라고 할 수 있겠지. 사실 힌두라는 말은 인도라는 뜻이거든."

"에이, 달라 봐야 얼마나 다르다고 이름을 새로 붙인담?"

장하다가 고개를 까딱거리며 말하자 용선생은 기다렸다는 듯 설명을 시작했다.

"많이 다르지. 가장 중요한 건 그동안 비판받아 온 브라만교의 나쁜 점들을 없애려고 노력했다는 거야. 돈이 많이 들어가던 거창한 제사 의식을 줄이고, 살아 있는 동물을 죽여서 제물로 바치는 일도 없애 버렸지. 아

↑ 오늘날 인도의 종교 분포

불교 0.7%
자이나교 0.4%
기타 0.9%
시크교 1.7%
크리스트교 2.3%
이슬람교 14.2%
힌두교 79.8%

교역으로 번성하는 남인도와 타밀 문화

인도의 남쪽 끄트머리를 타밀 지방이라고 불러. 오늘날 이곳엔 아리아인보다 인도에 먼저 들어와 살았던 드라비다인이 살고 있지. 북부와 남쪽의 타밀 지방 사이에 있는 데칸 고원 곳곳에는 울창한 정글이 형성되어 있어. 그래서 육지로는 사람들이 오가기가 몹시 어려웠고, 자연히 북부의 아리아인 문화와 남부의 타밀 문화는 교류할 기회가 거의 없었어.

타밀 지방은 주로 바다를 통해 외부와 교류했어. 동남아시아, 아라비아 반도, 멀게는 중국이나 유럽에서 상인들이 찾아왔고, 타밀 지방 상인들도 멀리까지 나가 교역 활동을 했지. 해안가에 무역항들이 생겨났고, 도시들은 차츰 국가의 형태를 갖추게 되었지. 그 가운데서 촐라, 체라, 판디아는 타밀 지방을 기반으로 오랫동안 독자적인 세력을 유지하게 돼.

타밀 지방은 드라비다인이 대다수여서 아리아인이 다수인 북부와는 공통점이 드물었어. 하지만 차츰 북부의 영향을 받아 토착 문화와 북부의 영향이 혼합된 독특한 문화가 자리 잡게 되는데, 이것을 타밀 문화라고 해. 오늘날에도 남부 타밀 지방에서는 타밀어를 쓰는 6,000만 명이 넘는 드라비다인들이 고유의 문화를 간직하며 살아가고 있단다.

↑ 인도 남부 지방

↑ 남인도 케랄라 지방의 어촌 풍경

▲ **갠지스강에서 목욕하는 인도 사람들** 힌두교도들은 갠지스강을 성스럽게 여겨서 이 강물로 몸을 씻으면 죄가 사라지고, 화장한 유해를 갠지스강에 떠내려 보내면 극락으로 갈 수 있다고 믿어.

인도 사람들은 왜 갠지스강에서 목욕할까?

에 불교나 사이나교노늘처럼 '생명을 죽여선 안 된다'고 가르치는 브라만도 나타났단다."

"와, 브라만들이 웬일이지?"

곽두기가 놀란 표정을 지었다.

"그뿐 아니라 신들도 한눈에 알기 쉽게 인격을 갖춘 신으로 바뀌었어. 원래 브라만교의 신들은 불의 신이나 하늘의 신, 바람의 신처럼 이렇다 할 인격이 없는 신이었거든. 사람처럼 감정을 드러내거나 성격이 느껴지는 것도 아니고, 눈에 보이지도 않으니 사람들이 이해하기가 어려웠지. 그런데 힌두교의 신들은 원숭이, 뱀, 코끼리 같은 눈에 보이는 동물과 전쟁에서 큰 공을 세운 영웅처럼 사람들이 훨씬 이해하기 쉬운 대상이었단다. 인도 사람들은 이런 신들을 조각 상으로 만들어 제단에 모시고, 신들에게 기도를 할 때도 예전처럼 제물을 바치는 대신 꽃이나 과일을 바쳤어. 힌두교는 제물보다 경건한 마음을 강조했거든. 이쯤 되자 브라만교에 등을 돌렸던 사람들도 브라만을 다시 보기 시작했지."

"잉? 그런데 그렇게 아무 신이나 모셔도 되는 거예요?"

"브라만은 이렇게 설명했어. '당신들이 섬기는 신과 우리의 신은 알고 보면 같은 신이다!' 이게 무슨 뜻이냐 하면 신들의 모습이 항상 똑같은 게 아니라 그때그때 모습을 바꾸어 세상에 나타난다는 거야. 브라만의 설명에 따르면 조화의 신 비슈누는 벌써 아홉 번이나 모습을 바꾸어 세상에 나타나서 사람들을 구했대."

"에이, 말도 안 돼. 그런 말을 어떻게 믿어요?"

허영심이 고개를 갸웃거리며 중얼거렸다.

▲ **힌두교의 3대 신** 왼쪽이 창조의 신 브라흐마, 오른쪽이 파괴의 신 시바, 가운데가 유지의 신 비슈누야.

◀ **육지를 끌어 올리는 멧돼지 신 바라하** 바라하는 비슈누의 세 번째 화신이기도 해.

아리아인이 인도의 주인 자리를 되찾다

허영심의 상식 사전

아바타 원래 힌두교에서 쓰는 말이었던 아바타는 오늘날 게임이나 인터넷 세상에서 자신을 대신하는 캐릭터를 부르는 말로 쓰이고 있어.

"인도인들은 사람이 다음 생에는 다른 모습으로 태어난다는 윤회 사상을 믿었어. 그래서 신들이 다른 모습으로 세상에 나타난다는 생각을 쉽게 받아들인 거야. 이렇게 그때그때 다른 모습으로 세상에 나타난 신을 화신, 즉 인도 말로 아바타라고 해. 브라만은 전사 계급인 크샤트리아와 끈끈한 협조를 유지하며 자신들의 권위를 유지했는데, 굽타 제국 왕 앞에서는 왕을 신의 화신이라고 치켜세우면서 바닥에 납작 엎드리기도 했지."

"브라만이 크샤트리아에게 아부를 다 하고, 쩝."

"흐흐, 하지만 이렇게 애를 쓴 덕택에 힌두교는 굽타 왕조 전역으로 퍼져 나갔어."

"그럼 불교랑 자이나교는 어떻게 돼요?"

"차츰 세력이 약해졌지만 명맥은 유지했어. 사실 힌두교와 불교, 자이나교는 사이가 나쁘지 않았단다. 세 종교의 사제들이 한 곳에 모여 평화롭게 토론도 했지. 굽타의 왕들은 거대한 힌두교 사원을 짓는 한편으로 현명한 스님을 스승으로 모시고 조언을 듣기도 했어."

▼ **코끼리 신 가네샤**
지혜와 재산, 상업의 신으로 지금도 널리 숭배되고 있어.

"와, 신기하다. 서로 엄청 사이가 안 좋았을 것 같은데."

아이들의 말에 용선생은 한 눈을 찡긋했다.

"인도 사람들이 보기에 이제 힌두교나 불교나 별반 차이도 없었어. 힌두교는 불교를 따라서 불필요한 제사 의식을 없앤 데 반해 불교는 거꾸로 힌두교를 따라 거대한 사원을 짓고 제사도 지내기 시작했거든. 오랜 세월이 흐르면서 두 종교가 서로 닮아 간 거지. 암튼, 이렇게 여러 종교가 사이좋게 공존하는 동안 인도 문화 역시 새로운 전성기를 맞이했어. 지금부터 그 인도 문화가 어땠는지 살펴보도록 할까?"

> **용선생의 핵심 정리**
>
> 굽타 왕조 때 브라만교가 거창한 제사 의식 등 이전의 폐단을 고치며, 사람들이 쉽게 이해할 수 있는 신을 숭배하는 힌두교로 발전함.

인도 고전 문화가 황금기를 누리다

"흔히 굽타 왕조는 인도 고전 문화의 황금기라고 부를 만큼 문화가 발달했던 시기였어. 그중에서도 제일 주목할 것은 《마하바라타》, 《라마야나》 같은 서사시들이야. 수백, 수천 년 동안 입에서 입으로 전해 내려오던 신화들이 처음 산스크리트어로 기록된 거지. 이런 서사시에는 아리아인의 역사가 고스란히 담겨 있어."

"산……. 뭐라고요?"

"산스크리트어. 인더스 문명에 대해서 이야기할 때 잠깐 등장한 적 있지? 산스크리트어는 신들에게 드리는 제사에 쓰이는 말이니 만큼 주로 브라만들이 사용했어. 그래서 산스크리트어가 널리 퍼졌다는 건 그만큼 브라만의 지위가 높아졌다는 것을 보여 주지."

"어휴. 또 브라만들이에요? 진짜 끈질기네요."

"브라만을 너무 미워하지 마. 알고 보면 브라만들은 굽타 시대의 문화 발전에 앞장선 지식인들이었거든. 특히 이들이 수학과 천문학

> **용선생의 세계사 돋보기**
>
> 산스크리트어는 아리아인의 고대 언어로 일상 생활에서 쓰이는 말과 달리 제사 의례 등에서 사용된 말이야. 한자로는 범어(梵語)라고 해.

▲ 《라마야나》의 한 장면 머리 열 개 달린 악마 라바나와 원숭이 신 하누만이 이끄는 원숭이 군대가 전투를 벌이고 있어.

에서 이루어 낸 발전은 깜짝 놀랄 정도지."

"엥? 사제들이 수학이랑 천문학을 왜 해요?"

장하다가 눈을 껌벅껌벅했다.

"옛날에는 종교와 과학이 매우 밀접한 관계를 맺고 있었어. 매년 정해진 날짜에 제사를 지내려면 하늘을 관측해 기록해야 했기 때문이지. 또 정해진 양만큼 제물을 바치려면 수를 정확히 계산하는 것이 매우 중요했거든. 특히 인도 수학에서 가장 유명한 건 숫자야."

"숫자요?"

"그래. 우리가 아라비아 숫자라고 부르는 0부터 9까지 열 개의 숫자 말이야. 아라비아 숫자는 인도를 찾아온 아라비아 상인들을 통해 유럽으로 전해졌어. 그래서 아라비아 숫자를 인도·아라비아 숫자라고도 부른

▲ 산스크리트어 경전 《리그베다》
이전까지 입으로만 전해지던 산스크리트어 경전들이 이렇게 문자로 기록되기 시작했어. 위 사진은 데와나가리 문자로 쓴 경전이야.

▲ **사르나트(녹야원)** 부처님이 처음 설법을 한 것으로 전해지는 불교 성지야. 굽타 시대에 가장 번성했다고 해. 특히 사원 한가운데에 있는 높이 42미터의 거대한 벽돌 스투파로 유명하지.

단다. 특히 인도인들은 0이라는 숫자를 발명해 아무리 큰 수라도 손쉽게 표현할 수 있었지!"

"아하, 그러니까 지금 우리가 매일 쓰는 숫자가 인도 사람들의 작품이다, 이거군요."

곽두기가 손가락을 튕기며 말했다.

"그뿐만이 아니야. 아리아바타라는 천문학자는 1,500년 전에 이미 지구는 공처럼 둥글고 하루에 한 바퀴 자전한다고 주장했어."

"우아, 인도의 천문학 수준이 대단한데요?"

"그래, 참으로 놀랍지? 그런데 알고 보면 이런 연구 성과가 하늘에

0의 발명

0은 그 자리에 해당하는 숫자가 비어 있음을 표시하는 숫자 기호야. 예를 들어 2,025에서 100단위의 0은 100단위에 아무것도 없음을 표시하지. 그렇다면 0이 발명되기 전에는 0을 어떻게 표시했을까? 사람들은 아무것도 없음을 기호로 표시할 수 있다는 생각을 미처 하지 못했어. 그래서 적당히 간격을 떼어 놓거나 조그맣게 점을 찍어 그 자리가 비어 있음을 표시했지. 그런데 이렇게 하다 보니 수가 조금만 복잡해져도 헷갈릴 우려가 있었어. 그래서 만들어진 것이 0이라는 숫자란다. 0의 발명으로 우리는 단 10개의 기호만으로 아무리 큰 수라도 헷갈릴 염려 없이 분명하게 표시할 수 있게 되었어. 그래서 전 세계에서 사용하는 문자는 제각각이지만 숫자만큼은 모두 아라비아 숫자를 사용하는 거란다.

⬆ 아리아바타
(476년~550년) 굽타 왕조 시대의 천문학자 겸 수학자야. 지구 자전설을 주장했대.

서 뚝 떨어진 건 아니었어. 알렉산드로스 대왕의 원정 이후 인도는 헬레니즘 문명과 계속 교류를 이어 갔거든. 특히 점성술 분야에서 헬레니즘 문명과의 연관성이 잘 드러나지."

"점성술이라면…… 별자리를 보고 점을 치는 걸 말씀하시는 거죠?"

왕수재가 안경을 고쳐 쓰며 확인하듯 질문을 던졌다.

"그래. 굽타 왕조 시대 인도에서는 점성술도 크게 발달했거든. 이 시기에 우리가 황도 12궁이라고 부르는 12개의 별자리가 인도 책에도 등장하는데, 황도 12궁은 원래 메소포타미아에서 처음 만들어진 별자리래. 말하자면 메소포타미아의 별자리 지식이 헬레니즘 시대에 서아시아를 거쳐 인도에 전해졌다는 것을 알 수 있지."

"그러니까 인도의 과학이 홀로 동떨어져서 발전한 건 아니란 말씀이시네요."

"그렇지. 굽타 시대의 미술도 마찬가지란다. 지난 시간에 헬레니즘의 영향을 받아 인도에서 불상을 만들기 시작했다고 했던 거 기억하지? 굽타 시대에 이르면 인도의 불상 제작 실력이 절정에 이르게 되거든. 자, 지금 앞에 보이는 사진은 바로 인도 불교 미술을 대표하는 아잔타 석굴 사원이란다!"

용선생이 손가락으로 스크린에 띄운 사진을 가리키자 아이들이 고개를 갸웃했다.

"선생님, 절벽에 뚫려 있는 구멍밖에 안 보이는데요?"

"하하, 그 구멍 하나하나가 사람들이 절벽의 암석을 파서 만든 석굴 사원이란다."

"헉~! 진짜요? 저 구멍이 석굴 사원이라고요?"

 허영심의 상식 사전
석굴 사원 바위 절벽에 굴을 파서 만든 사원이야. 굴 안에 법당과 스님이 기도하고 머물 수 있는 공간이 마련되어 있어.

인도 최고의 천연 석굴 사원?! 아잔타 석굴 사원

↓ **아잔타 석굴** 아잔타에는 30여 개의 석굴 사원이 남아 있어.

▲ 아잔타 제1석굴의 벽화 부처님이 왕자이던 시절 아내와 이야기를 나누는 모습을 그린 벽화야.

▲ 아잔타 제2석굴 내부 불상을 모신 본당과 수도자들이 수행하고 머물 수 있는 공간이 마련되어 있어.

"그래. 아잔타 석굴은 저렇게 절벽에 뚫어 놓은 30여 개의 석굴을 모두 합쳐서 부르는 말이야. 원래는 한여름의 더위를 피해 수행하려는 불교 수도자들이 깊은 산중에 만들어 놓은 사원이었는데, 석굴 안에 모셔 놓은 불상과 부처님의 생애를 다룬 그림들 덕분에 오늘날에는 굽타 시대의 대표적인 불교 미술 유적으로 꼽히고 있지. 근데 말이야, 굽타 시대에는 인도 전역에 아잔타 석굴 사원 같은 석굴들이 자그마치 1,000개가 넘었대."

"1,000개? 인도에 불교 신자들이 그렇게 많았어요?"

화들짝 놀란 장하다의 질문에 용선생은 고개를 가로저었다.

"불교뿐 아니라 힌두교나 자이나교 수행자들도 석굴 사원을 만들었단다. 아잔타 석굴에서 90킬로미터 정도 떨어진 곳에 있는 엘로라 석굴에는 불교, 힌두교, 자이나교의 석굴 사원이 100여 개나 한데 어울려 있어. 굽타 왕조가 몰락한 이후에도 인도에서는 이런 거대한 석굴 사원들이 계속해서 만들어졌어. 아래 사진에 보이는 카일라사 사원은 거대한 바위산 하나를 통째로 깎아서 만들었대. 이 사원뿐 아니라 근방의 다른 사원들도 마찬가지라고 하는구나."

"산을 통째로 깎아요? 세상에, 대체 누가 그런 걸 만들 생각을 했어요?"

"보나 마나 아주 힘센 왕이겠지, 뭐. 그런데 굽타 왕조가 몰락했는데 그렇게 힘센 왕이 어디 있지?"

▼ **카일라사 사원** 엘로라의 석굴 사원 중에서 가장 규모가 크고 화려한 카일라사 사원. 매일 7,000명이 넘는 일꾼이 150년에 걸쳐서 이 사원을 건설했대.

장하다와 허영심이 번갈아 가며 말하자 용선생은 말없이 미소를 지었다.

용선생의 핵심 정리

고대 서사시가 산스크리트어로 정리되고, 수학과 천문학이 발전함. 인도 전역에 수많은 석굴 사원이 건설됨.

힌두교가 인도 대표 종교로 자리 잡다

"먼저 굽타 왕조의 몰락 과정부터 알아보자. 굽타 왕조는 북인도를 통일하고 100여 년 남짓 번영을 누렸는데, 대략 400년대 초반부터 중앙아시아 유목민인 에프탈의 공격을 받기 시작했단다."

"아하, 돌궐 제국이랑 페르시아의 협공을 받아 망한 그 에프탈요?"

나선애가 재빠르게 끼어들었다.

"그래. 잘 기억하고 있구나. 소그디아나를 차지하고 빠르게 팽창하던 에프탈은 인도의 굽타 왕조를 맹렬하게 공격하기 시작했고, 500년대 말 굽타 왕조는 견디지 못하고 산산조각 나 버렸지. 그때부터 인도는 오랫동안 이렇다 할 통일 제국이 등장하지 못한 채 고만고만한 여러 나라들로 분열해 어지럽게 경쟁하는 시대로 접어들게 돼."

"혼란이 시작된 거군요."

↑ **하르샤 대왕의 얼굴이 새겨진 동전** 굽타 왕조의 몰락 이후 북인도에서는 하르샤라는 왕이 세운 바르다나 왕국이 50년 남짓 평화를 이룩하기도 했어.

"그렇단다. 그리고 인도 북부에는 '라지푸트'라는 새로운 지배층이 등장하게 됐어."

"라지푸트?"

아이들이 고개를 갸웃거렸다.

"응. 인도에서는 왕을 라자라고 부르는데, 라자의 후예를 라지푸트라고 해. 즉 왕의 후예라는 뜻이야."

"왕의 후예라니, 그건 또 무슨 소리예요?"

장하다가 여전히 이해가 안 가는 듯 되물었다.

"흐흐, 잘 들어 봐. 라지푸트들은 모두 크샤트리아 왕족 출신이 아니라 출신이 매우 다양했어. 어떤 사람은 카스트가 없는 이방인이고, 또 어떤 사람은 브라만 사제 출신이기도 했지. 하지만 이들은 모두

사원 외벽 가득히 온갖 신들과 인간, 동식물들의 부조가 새겨져 있어.

◆ 둘라데오 사원 힌두교 사원 건축의 최고 걸작으로 꼽히는 사원. 라지푸트 왕조 가운데 하나인 찬델라 왕조 시기에 건설됐어.

자신의 먼 조상이 인도의 왕이었다고 주장하며 적당히 족보를 꾸며 냈어. 그래서 이들을 왕의 후예, 즉 라지푸트라고 부르는 거란다."

"에이, 그런 엉터리 족보를 누가 믿어 주기나 하겠어요?"

"물론 그냥 믿어 주지는 않지. 그래서 라지푸트들은 브라만 사제를 동원했어. 브라만 사제들은 라지푸트 왕들의 족보를 보증해 주고, 심지어 라지푸트 왕을 신의 후예로 치켜세우기까지 했어. 브라만은 이처럼 새로운 지배자들의 가려운 곳을 긁어 줌으로써 제1계급의 지위를 유지했지."

"우아. 진짜 끈질기다, 끈질겨."

곽두기가 혀를 내둘렀다.

"그래. 하지만 브라만들이 이렇게 끈질기게 살아남은 덕분에 브라만 계급이 주도하는 힌두교나 카스트 제도 같은 아리아인 고유의 문화도 생명을 이어 갈 수 있었어. 암튼 성공적으로 인도에 뿌리를 내린 라지푸트들은 데칸고원을 넘어 인도 남부까지 영향을 미쳤고, 이 과정에서 힌두교를 중심으로 하는 북부의 문화가 남인도까지 퍼져 나가게 되었지."

▲ **아르주나의 고행** 대서사시 《마하바라타》의 주인공 아르주나의 이야기를 새긴 부조야. 두 개의 거대한 바위 틈까지 온갖 신들과 각종 동식물들이 빼곡히 새겨져 있어.

"굽타 왕조는 몰락했는데 아리아인의 문화는 오히려 널리 퍼졌네요."

왕수재가 팔짱을 낀 채 신기하다는 듯이 고개를 끄덕였다.

"그렇단다. 하지만 인도 남부 사람들이 북부의 문화를 그대로 받아들인 건 아니었어. 종교만 해도 그래. 남부 사람들이 힌두교를 받아들이긴 했지만 북부의 힌두교를 그대로 받아들이지 않고 '박티'라는 새로운 신앙을 만들어 냈거든."

"박티 신앙? 그게 뭔데요?"

"남부에는 산스크리트어를 할 수 있는 사람도 거의 없었고, 거창하게 제사를 지내는 전통도 없었지. 또 카스트 제도도 없었어. 그러니 《베다》를 따를 수도 없고, 그럴 생각도 없었지. 그래서 만들어 낸 게 박티 신앙이야. 박티 신앙에서는 제사보다 신에 대한 사랑과 헌신을 강조해. 신을 믿고 신에게 헌신하면 구원을 받을 수 있다는 거지. 또

어려운 산스크리트어 대신 자기들 말인 타밀어로 기도를 올리고 경전을 썼기 때문에 누구나 쉽게 이해할 수 있었어. 그래서 박티 신앙에서는 브라만과 같은 사제가 필요 없었지."

"브라민이 없어도 된다고요? 그럼 누구나 신께 바로 기도할 수 있겠네요!"

곽두기가 무릎을 탁 치며 말했다.

"그 때문에 남부에서 시작된 박티 신앙은 인도 전역으로 퍼져 나가기 시작했단다. 800년대 초반에는 인도 구석구석에 박티 신앙을 전파하는 포교단이 등장했지. 그리고 박티 신앙에 힘입어 힌두교도 더 많은 인기를 얻게 되었어. 그 결과 힌두교는 강력한 라이벌이었던 불교를 따돌리고

◀ 춤추는 시바 신상 파괴의 신 시바가 춤을 추고 있는 모습이야. 남부에서는 힌두교의 세 주신 중에서 파괴의 신 시바가 가장 인기였어.

부처님의 나라 인도에서는 왜 불교가 시들해졌을까?

오늘날 인도에서 불교를 믿는 사람은 인도 전체 인구의 1퍼센트도 채 되지 않아. 심지어 나중에 전해진 크리스트교 신자가 불교 신자의 2배를 넘을 지경이지. 도대체 왜 불교는 고향인 인도에서 소수 종교로 밀리게 된 걸까?

가장 큰 이유는 불교와 힌두교의 차이점이 사라졌기 때문이야. 불교는 살생금지, 자비, 평등을 내세워 탄생한 종교였지만 세월이 흐르면서 점차 브라만교를 닮아 갔어. 명상과 고행 대신 시주를 하고 소원을 비는 종교가 되었거든. 반면에 브라만교는 힌두교로 탈바꿈하고 박티 신앙이 확산되면서 제사 대신 신에 대한 믿음과 사랑, 헌신을 강조하게 되었지. 이렇게 차이가 사라지자 굳이 불교를 믿어야 할 이유도 사라졌어. 900년대 말에 이르면 불교는 힌두교에 완전히 흡수되고 말아. 부처님은 힌두교 신이 되어 힌두 사원에 모셔졌고, 불교의 대표적인 성지인 부다가야에서조차 불교 사원보다 힌두교 사원이 더 많아졌지.

↑ 부다가야의 마하보디 사원
부처님이 깨달음을 얻은 보리수나무 옆에 건설된 이 사원도 1800년대까지 힌두교 사원으로 사용되었어.

인도의 대표적인 종교로 자리 잡았지."

"흠, 그래 봐야 힌두교는 인도에서나 믿는 종교잖아요? 불교는 중국이나 우리나라에까지 전파됐는데."

"그러게요. 힌두교가 그렇게 인기 있었으면 왜 불교처럼 멀리까지 퍼지지 못한 겁니까?"

나선애와 왕수재가 번갈아 가며 질문을 던지자 용선생은 고개를 절레절레 저었다.

"흐흐, 모르는 소리! 힌두교도 불교 못지않게 먼 곳까지 퍼져 나갔는걸!"

용선생의 핵심 정리

500년대 말, 인도로 들어온 라지푸트의 지원과 800년 무렵, 박티 신앙의 유행으로 힌두교가 인도 대표 종교가 됨.

힌두교와 불교가 아시아 전역으로 퍼져 나가다

용선생은 스크린에 지도를 한 장 띄우고는 설명을 이어 나갔다.

"힌두교가 주로 전파되었던 곳은 여기 보이는 동남아시아 지역이란다. 쿠샨 왕조가 몰락한 이후 중앙아시아로 통하는 길목은 페르시아나 에프탈, 돌궐 제국 같은 강력한 세력들에 의해 막혀 버렸어. 그러다 보니 아무래도 바다를 통한 전파가 더 활발하게 이루어진 거지. 동남아시아 나라들은 굽타 왕조 초기였던 300년대부터 힌두교를 받

▲ 힌두교의 전파 지역과 경로

아들이기 시작했어."

"동남아시아 사람들에게 어떻게 힌두교가 전파된 거죠?"

"계기가 된 건 상인들의 활동이었단다. 굽타 시대에 들어서면서 인도양을 중심으로 한 해상 무역이 더욱 활발해졌거든. 특히 굽타 왕조의 중심지였던 갠지스강 유역에서 출발해서 중국으로 가는 바닷길이 활기를 띠었지. 그런데 인도에서 뱃길을 통해 중국으로 가려면 꼭 거쳐야 하는 곳이 바로 동남아시아였단다. 그러다 보니 동남아시아 곳곳에 인도 상인들이 정착하기 시작한 거야."

"아하, 그럼 그 상인들이 힌두교를 전파한 거네요."

"그래. 처음에는 동남아시아에 정착한 인도 사람들이 그 지역에 힌두고 사원을 짓고 자기들끼리 예배를 드렸지. 그런데 시간이 흐르면서 인도인 정착지 주변에 크고 작은 도시들이 생겨나기 시작한 거야. 자연히 그 도시들을 중심으로 힌두교가 퍼졌지. 동남아시아의 도시들에서는 웅장한 힌두교 사원을 짓고 인도의 브라만 사제들을 초청해 신께 제사를 드리고, 아예 브라만들처럼 산스크리트어를 쓰고 《베다》를 읽으면서 인도 문화를 적극적으로 받아들이기도 했대."

"흠. 그렇게 적극적으로 힌두교를 받아들인 이유가 대체 뭐예요?"

"힌두교와 브라만 사제들은 왕을 신으로 치켜세워 주잖아? 그게 동남아시아의 왕들에게 꽤 매력적이었던 거야. 그런가 하면 불교 역시 동남아시아 전역으로 퍼져 나갔어. 동남아시아 곳곳에 힌두교 사원 못지않은 웅장한 불교 사원이 건설되었고, 때로는 힌두교를 믿던 나라가 수십 년 새에 갑자기 불교를 믿는 나라로 바뀌는 경우도 있었지. 오늘날 동남아시아 국가들은 힌두교보다 주로 불교를 믿고 있

> 캄보디아
> 정글 속 아름다운 유적지?! 앙코르 와트

▼ 앙코르 와트
동남아시아를 대표하는 힌두교 사원으로, 캄보디아에 있어.

단다."

"어째 불교는 인도 바깥에서 더 잘나가는 것 같네요."

"흐흐, 그렇지? 그래도 인도는 불교의 탄생지다 보니 불법을 공부하거나 불경, 불상 등을 구하기 위해 수많은 스님들이 인도를 찾아왔어. 당나라의 현장 스님 기억나니? 현장 스님도 그렇게 인도를 찾은 승려들 가운데 한 분이었지."

"네, 그런 스님들을 구법승이라고 부른다고 하셨습니다!"

▲ 보로부두르 사원 인도네시아 자와섬 한가운데 세워진 보로부두르 사원은 세계 최대의 불교 사원이야. 입구에서 정상까지 시계 방향으로 부처님의 일생과 가르침이 새겨져 있대.

"옳지, 잘 기억하고 있구나. 바로 그 구법승들이 인도를 찾기 시작한 것도 굽타 왕조 때부터였어. 현장 스님이 쓴 《대당서역기》에 따르면, 현장 스님이 공부한 날란다 대학에는 전 세계에서 찾아온 유학생이 1만 명이 넘었대."

"유학생이 1만 명? 어마어마하네요."

아이들이 혀를 내두르자 용선생은 씩 미소를 지었다.

"재밌는 건 이 대학에서 불교만 가르친 게 아니었다는 거야. 날란다 대학에서는 의학이나 논리학처럼 종교와 별로 관계가 없는 학문도 가르쳤고, 힌두교 사제들이 《베다》를 가르치는 수업도 있었대. 심지어 스님들과 힌두교 사제들이 언제든지 자유롭게 토론을 할 수 있는 분위기였다고 해. 그러니까 날란다 대학은 사실상 인도에서 발달한 모든 학문을 자유롭게 보고 듣고 배울 수 있는 학교였던 셈이지. 그리고 상인들뿐 아니라 여기서 공부한 뒤 고국으로 돌아간 유학생들도 힌두교와 불교 문화가 아시아에 널리 퍼지는 데 큰 역할을 했단다."

"선생님, 그럼 동남아시아 사람들은 힌두교와 불교만 계속 믿은 거예요?"

"음~ 그건 아냐. 전혀 다른 종교가 인도를 거쳐 동남아시아로 전파되거든. 그 이야긴 다음 시간에 자세히 알아보자꾸나. 자, 그럼 오늘은 여기까지. 안녕~."

용선생의 핵심 정리

힌두교와 불교가 상인과 구법승, 유학생을 통해 동남아시아로 활발하게 전파됨.

▼ **날란다 대학 터**
날란다 대학은 9층짜리 건물과 500만 권이 넘는 장서, 1만 명 넘는 학생에 교수만 2천 명이 넘는 커다란 대학이었어.

나선애의 **정리노트**

1. 굽타 왕조의 등장
- 굽타 왕조: 북인도를 근거지로 인도 전역에 영향력 행사
  → 중국처럼 중앙 집권 체제를 이루지는 못함.
- 브라만교를 중심으로 아리아인의 전통 문화 형성

2. 힌두교의 등장
- 힌두교: 브라만교에 뿌리를 두고 있는 인도의 전통 종교
  ① 거창한 제사 의식이 없어짐.
  ② 주로 동물이나 사람의 모습을 한 신을 숭배함.
  ③ 윤회 사상을 바탕으로 수많은 신들을 힌두교로 묶음!

3. 인도 문화의 황금기
- 문학: 《마하바라타》, 《라마야나》 등 산스크리트어 서사시가 정리됨.
- 수학과 천문학: 숫자 '0'의 발명과 아라비아 숫자, 아리아바타의 지구 자전설 등
- 미술: 아잔타 석굴 사원과 엘로라 석굴 사원

4. 굽타 왕조의 멸망과 인도 문화의 동남아시아 전파
- 새롭게 등장한 라지푸트들이 브라만과 손을 잡고 권력을 강화
- 남인도에서는 신에 대한 애정과 헌신을 강조하는 박티 신앙이 등장
- 힌두교와 불교는 동남아시아로 활발하게 전파됨.

세계사 퀴즈 달인을 찾아라!

1 굽타 왕조에 대한 설명으로 알맞은 것에 ○표, 알맞지 <u>않은</u> 것에 ✗표 해 보자.

○ 왕을 중심으로 한 강력한 중앙 집권 체제를 이루었어. (   )

○ 인도를 통일하고 《마누 법전》에 따라 나라를 다스렸어. (   )

○ 브라만교를 중심으로 한 아리아인의 문화를 부흥시켰어. (   )

2 빈칸에 들어갈 알맞은 종교의 이름을 써 보자.

○○○는 브라만교에 뿌리를 두고 있지만, 거창한 제사 의식을 줄이고 사람이나 동물의 모습을 한 신들을 섬기기 시작하면서 새롭게 태어나게 되었지.

(   )

3 빈칸에 들어갈 알맞은 말을 써 보자.

이 그림은 인도의 서사시 《라마야나》의 한 장면이야. 《라마야나》는 입에서 입으로 전해 내려오던 신화들을 굽타 왕조 때 처음으로 ○○○○○○로 기록한 서사시야.

(   )

4 <보기>에서 굽타 시대의 인도 수학 및 천문학 발전과 연관 있는 것들을 <u>모두</u> 골라 보자.

<보기>
㉠ 숫자 0   ㉡ 지구의 자전
㉢ 태음력   ㉣ 지레의 원리

(,   )

5 다음 중 사진과 설명에 해당하는 유적지로 알맞은 것은? ( )

이 유적지는 불교 수행자들이 절벽에 뚫어 만든 30여 개의 석굴로 이루어져 있어. 석굴 안에 모셔 놓은 불상과 그림들은 인도의 불교 미술을 대표하지.

① 앙코르 와트　② 날란다 대학 터
③ 보로부두르 사원　④ 아잔타 석굴 사원

6 다음 중 서로 관련 있는 것들을 바르게 연결해 보자.

① 라지푸트　•　　•㉠ 박티 신앙

② 마하바라타 •　　•㉡ 왕의 후예

③ 남인도 지역 •　　•㉢ 산스크리트어

7 힌두교와 불교의 전파에 대해 바르게 설명한 친구는? ( )

 ① 불교는 오직 서아시아로만 전파되었어.

 ② 오늘날 동남아시아에는 자이나교가 널리 퍼져 있어.

 ③ 동남아시아에는 거대한 힌두교 사원이 세워지기도 했어.

 ④ 인도에서 공부를 위해 중국으로 가는 스님들이 1만 명이 넘었대.

정답은 353쪽에서 확인하세요!

용선생 세계사 카페

인도인들이 사랑하는 《라마야나》의 한 장면

힌두교의 대표 서사시 《라마야나》. 《라마야나》는 인도에서 가장 인기 있는 이야기로, 이미 수백 편의 영화와 드라마, 애니메이션으로 만들어졌어. 인도인치고 《라마야나》를 모르는 사람은 아무도 없을 정도래. 우리나라로 치면 주몽이나 혁거세 설화쯤 될 거야. 자, 그럼 《라마야나》가 어떤 이야기인지 알아보자.

계모의 계략으로 궁에서 쫓겨난 라마 왕자

코살라 왕국의 왕자 라마는 현명하고 용감한 데다 형제간에 우애도 깊은 사람이었어. 그런데 라마의 계모가 자기 아들을 후계자로 삼기 위해 음모를 꾸몄지. 라마는 아내 시타, 동생 락슈마나와 함께 궁궐에서 쫓겨나게 되었단다.

▲ 시타의 납치
마왕 라바나가 시타를 보호하려는 독수리 왕과 싸움을 벌이고 있어.

이 틈을 노려 바다 건너 랑카섬에 사는 마왕 라바나가 나타났어. 라마 왕자의 아내 시타의 아름다움에 반한 라바나는 라마가 사냥 나간 틈을 타서 시타를 납치해 랑카섬으로 데려갔어. 라마와 락슈마나는 잡혀간 시타를 찾기 위해 원숭이의 왕 수그리바에게 도움을 요청했고, 수그리바는 자신의 용맹한 원숭이 장군 하누만과 원숭이 군대를 보내 라마를 돕도록 했지.

◀ 원숭이 장군 하누만의 전투
시타를 납치한 악마 라바나와 원숭이 장군 하누만이 이끄는 원숭이 군대가 전투를 벌이는 장면이야.

원숭이 장군 하누만의 도움으로
아내 시타와 왕위를 되찾다

라마와 락슈마나, 하누만이 이끄는 원숭이 군대는 랑카섬에서 라바나와 치열한 전투를 벌인 끝에 시타를 되찾았어. 라마가 마왕을 무찌르고 늠름하게 고향으로 돌아오자, 왕위에 앉아 있던 이복동생 바라타는 라마에게 순순히 왕좌를 양보했단다. 이렇게 해서 라마는 사랑하는 아내와 왕위를 모두 되찾았어.

➔ 랑카섬을 불태우는 하누만
원숭이 장군 하누만은 나중에 《서유기》의 주인공 중 한 명인 손오공의 모델이 됐어.

백성들의 의심을 사 땅속으로 사라진 시타 왕비

하지만 불행은 여기서 끝나지 않았어. 백성들이 마왕에게 납치됐던 시타 왕비의 순결을 의심했거든. 결국 라마는 시타를 궁궐에서 내쫓았고, 시타는 자신의 결백을 증명하겠다며 이렇게 기도했어. '대지의 신이시여, 만일 제가 순결하다면 땅을 열어 응답해 주십시오!' 그러자 땅이 갈라지면서 대지의 신이 나타나 시타를 받아들였지. 백성들과 라마는 땅속으로 사라진 시타를 보며 그제야 깊게 후회했지만 시타는 돌아오지 않았대. 라마는 그 뒤로도 평생 혼자 살면서 코살라 왕국을 훌륭하게 다스렸고, 백성들은 마왕을 물리친 라마와 왕비 시타를 존경했다고 하는구나.

← 2008년에 만들어진 애니메이션 《라마야나》의 한 장면
남편 라마의 냉담한 행동에 슬퍼하는 시타의 모습이야.

비슈누의 화신들

힌두교에서 섬기는 신 비슈누는 화신을 통해 세상이 위기에 처할 때마다 모습을 드러냈대. 비슈누가 어떤 모습으로 나타나 어떻게 세상을 구했는지 알아볼까?

① 물고기 화신 맛스야
물고기의 모습을 한 화신이야. 고대 인도의 왕 마누에게 대홍수가 날 것을 경고했어. 마누는 커다란 배를 만들었고, 홍수가 나자 맛스야가 그 배를 산꼭대기로 밀어 올려 사람들을 구해 냈다고 하는구나.

② 사자 인간 나라심하
히란야크샤의 형제 중에 창조의 신 브라흐마의 축복을 받은 악마가 있었어. 신이나 사람, 짐승조차 그를 죽일 수 없고 어떤 무기로도 상처를 입힐 수 없다는 축복이었지. 그래서 비슈누는 사람도 짐승도 아닌 사자 인간의 모습으로 나타나 그 악마를 죽였대.

③ 라마
서사시 《라마야나》의 주인공이야. 라마는 악마에게 납치된 아내를 구하기 위해 험난한 모험과 전쟁을 겪고, 마침내 아내도 구하고 왕위도 되찾아 세상을 평화롭게 다스렸다고 전해오라. 라마는 힌두교 신자들에게 정의, 도덕, 용기, 지혜의 모범으로 널리 숭배되고 있어.

④ 파라슈라마
파라슈라마는 전사 계급인 크샤트리아들의 폭정으로부터 사람들을 구원하기 위해 나타난 화신이었어. 세상을 지배하던 크샤트리아 전사들을 21번에 걸쳐 모두 죽이고 브라만들에게 그 땅을 나누어 주었다고 하는구나.

⑤ 붓다
우리가 잘 알고 있는 석가모니 부처님이야. 부처님이 비슈누의 화신이라니 신기하지? 오늘날 많은 인도인들은 불교를 힌두교의 한 갈래로 여긴대.

⑥ 미래의 화신 칼키
칼키는 아직 세상에 나타나지 않은 미래의 화신이야. 주로 백마를 탄 모습으로 표현되지. 언젠가 다가올 세상의 마지막 날에 나타나 사악한 인간들을 쳐부수고 정의로운 사람들을 구원할 거라고 하는구나.

⑦ 크리슈나
힌두교 신화에서 가장 중요한 신 중 한 명이야. 서사시 《마하바라타》에도 주인공 아르주나의 친구로 등장하는 등 무수히 많은 모험담과 전설을 가지고 있는 신이지. 힌두교의 다른 신들과는 달리 자유분방하고 매력적인 미소년의 모습으로 표현되기 때문에 굉장히 인기가 좋단다.

⑧ 난쟁이 바마나
바마나는 마하발리라는 마왕이 신들을 이기고 세계를 손에 넣었을 때 나타났어. 난쟁이의 모습으로 마하발리를 찾아간 바마나는 자신이 세 걸음을 걸을 수 있을 만큼의 땅을 달라고 부탁했대. 마하발리가 바마나를 우습게 보고 그 요구를 들어주자, 바마나는 삽시간에 거인의 모습으로 변해서 세 걸음 만에 세상을 덮어 버리고 세상을 구해 냈대.

⑨ 멧돼지 화신 바라하
멧돼지 모습을 한 화신이야. 먼 옛날 악마 히란야크샤가 육지를 바다 밑바닥으로 끌고 내려가는 사건이 있었는데, 이때 바라하가 나타나서 악마 히란야크샤와 천 년간 싸움을 벌인 끝에 세상을 뻐드렁니에 걸고 다시 바다 위로 끌어 올렸대.

⑩ 거북 화신 쿠르마
거북 모습을 한 화신이야. 신들이 영생을 주는 신비한 술을 얻기 위해 커다란 산을 막대기로 삼아 바다를 휘저을 때 쿠르마는 거북으로 변해 산을 떠받치는 역할을 했대.

5교시

이슬람의 시대가 열리다

이슬람교는 크리스트교, 불교와 함께
세계 3대 종교로 꼽히는 종교야.
전 세계적으로 19억 명이 넘는 사람이 이슬람교를 믿고 있으며,
지금도 그 수가 빠르게 늘어나고 있어.
이번 시간에는 이슬람교가 어떤 종교인지,
어떻게 탄생하고 퍼져 나갔는지 알아보도록 하자.

570년	610년	622년	632년	641년	642년
무함마드 탄생	무함마드, 이슬람교 포교 시작	무함마드, 메디나로 탈출 (헤지라)	무함마드 사망, 정통 칼리프 시대 시작	이슬람 세력, 이집트 정복	이슬람 세력, 페르시아 정복

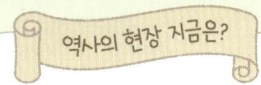

이슬람교의 고향 아라비아반도를 찾아서

아시아와 아프리카 사이에 놓여 있는 아라비아반도. 크기가 한반도의 15배나 되는 큰 반도로 현재 사우디아라비아를 비롯해 7개국 7,800만 명의 사람들이 살아가고 있어. 대부분의 땅이 사막이며, 경작이 가능한 땅은 전체의 1퍼센트에 지나지 않아. 나머지 땅에서는 오아시스를 중심으로 양, 염소 등을 키우며 살아가고 있어. 오만과 예멘이 자리한 반도의 남부 지역은 인도양에서 불어오는 계절풍의 영향을 받아 6~9월에 꽤 많은 비가 내려. 또 메카와 메디나 등이 자리한 사우디아라비아 서해안 역시 지중해성 기후의 영향으로 폭우가 쏟아지기도 해. 현재 아라비아반도 국가들의 수입은 대부분 원유 생산과 석유 정제 산업에서 나와. 또 석유로 번 돈을 이용해 각종 건설 사업을 활발하게 추진하고 있어. 1970년대와 1980년대에 걸쳐 우리나라의 많은 건설 회사들도 이 지역 건설 사업에 뛰어들어 한국이 성장할 발판을 마련했지.

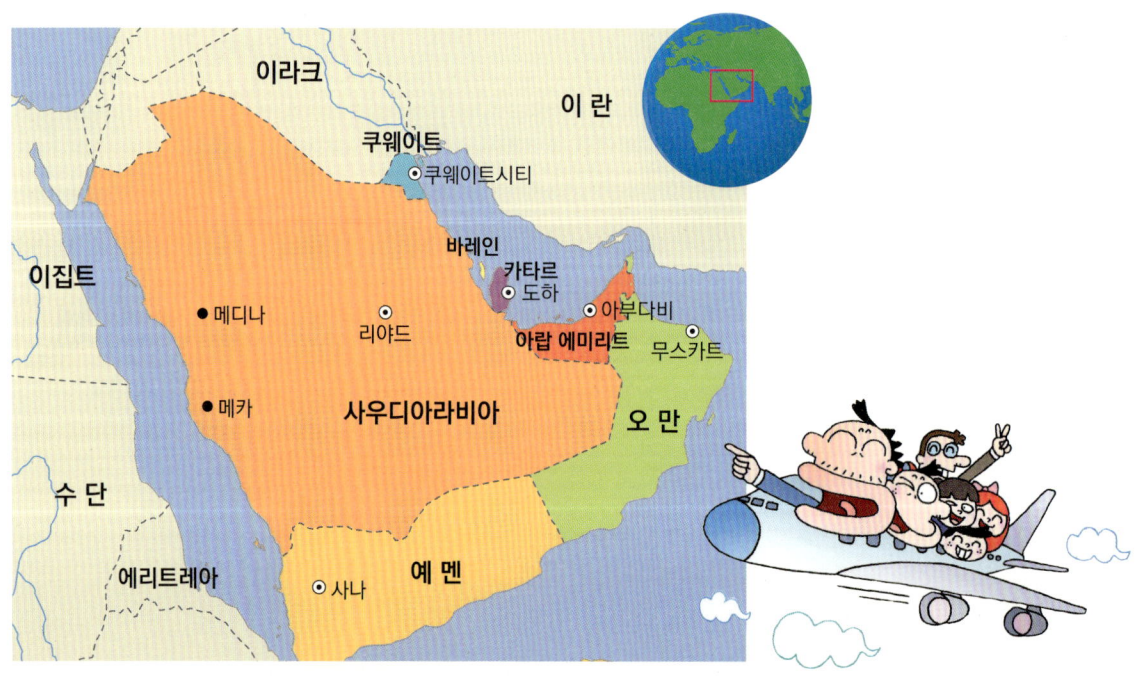

아랍권의 맏형 사우디아라비아

아라비아반도에서 가장 큰 나라. 대표적인 이슬람 국가로 이슬람교의 대표 성지인 메카와 메디나가 사우디아라비아 서부 해안가 근처에 있어. 인구는 3,300만 명.

'알라 이외에는 신이 없으며 무함마드는 신의 사도'라고 쓰여 있어.

▲ **수도 리야드** 사우디아라비아의 수도. 인구 650만 명의 대도시이지만 1800년대까지만 해도 아라비아 사막 한가운데 있는 한적한 소도시에 불과했어. 20세기 이후 석유 개발이 본격화되면서 각종 건설 계획이 줄을 이었고, 오늘날과 같은 대도시로 재탄생했지.

이슬람교의 탄생지 메카

메카의 인구는 200만 명 정도에 불과하지만 해마다 이슬람의 순례 기간인 하지 동안 그 3배에 이르는 사람들이 메카를 찾고 있어. 자발 알누르는 무함마드가 천사로부터 계시를 받은 동굴이 있는 곳이야.

▲ 자발 알누르 산에서 바라본 메카

▲ 하늘에서 내려다본 마지드 알 하람 사원

세계 제일의 산유국

사우디아라비아는 석유 수출국 기구 OPEC에서 가장 강력한 영향력을 행사하는 대표적인 산유국이야. 세계 1, 2위를 다투는 석유 생산과 수출로 많은 돈을 벌어들이지만, 그 이익의 대부분을 왕실이 차지하고 있어. 왕실은 이 돈으로 석유 이외의 산업을 육성할 계획을 세우고 있지.

➡ 강력한 왕권을 가진 사우디아라비아 국왕

사우디아라비아는 독특하게도 아직 왕이 절대적인 권력을 가진 절대 왕권 체제를 유지하고 있어. 그래서 왕가의 부정부패가 엄청나고, 석유 산업에서 생기는 이익도 대부분 왕실이 차지해. 그동안은 복지 혜택을 통해 국민들의 불만을 잠재워 왔지만, 심각한 빈부 격차 등으로 왕실에 대한 반감도 커.

급속히 성장하는 아랍 에미리트 연합국

사우디아라비아 동쪽 페르시아만 연안에 있는 나라로 일곱 개의 조그만 토후국(에미리트)이 연합해 건설한 나라야. 토후국이란 이슬람 세계의 지방 영주 같은 이들이 다스리는 작은 나라를 뜻해. 전체 면적은 우리나라보다 조금 작고 인구는 1천만 명 정도야. 1인당 국민 소득은 4만 달러를 넘고, 최근 들어 급속한 성장으로 주목을 받고 있어.

↑ 사막의 보석 두바이
두바이는 아랍 에미리트 연합국을 이루고 있는 일곱 개 토후국 중 하나야. 원래는 작은 어촌에 불과했지만, 2000년대 들어 으리으리한 고층 건물과 고급 호텔, 대형 국제공항을 짓고 해변을 개발하며 세계적인 휴양지이자 교통 물류 중심지로 성장했어.

← 부르즈 할리파
2024년 기준 세계에서 가장 높은 빌딩으로 높이가 무려 829미터나 돼.

↑ 하늘에서 바라본 두바이 해변
인공 섬 위에 최고급 호텔과 리조트들이 즐비하게 들어서 있단다.

초미니 부자 국가 카타르

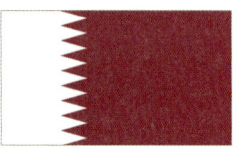

카타르는 페르시아만의 카타르반도에 자리 잡은 작은 나라야. 원래는 아랍 에미리트 연합국의 일원이었지만 탈퇴해서 독립 국가가 되었어. 우리나라의 경기도 정도 되는 땅에 250만 명 정도의 인구가 살고 있는 작은 나라이지만, 풍부한 석유 자원 덕택에 1인당 국민 소득이 7만 달러 가까이로 세계 4위의 부자 나라란다.

카타르의 수도 도하

인구의 약 80퍼센트가 살고 있는 카타르 최대의 도시야. 제2차 세계 대전 이후 석유 자원 개발이 본격화되면서 오늘날과 같은 대도시로 발전했어. 특히 석유와 천연가스 생산이 활발해 카타르의 산업과 경제의 중추이기도 해. 2006년 이곳에서 아시안 게임이 열렸어.

↑ **알자지라 방송국** 카타르에는 이슬람 세계를 대표하는 통신사인 알자지라의 본사가 있어.

↑ **도하 칼리파 국제 경기장** 카타르에서 2022년 월드컵이 개최된 도하 칼리파 국제 경기장의 모습이야.

↓ 도하의 스카이라인

전쟁으로 신음하는 예멘

예멘은 아라비아반도 남부의 고원 지역에 자리 잡고 있어. 그래서 아라비아반도의 다른 지역에 비해 비교적 서늘하고 습도도 높은 편이라 사람이 살기에 쾌적한 기후지. 전체 면적은 한반도의 2배보다 조금 더 커. 예로부터 아랍 지역 중 인구가 많은 편이었고 현재는 3,000만 명으로, 사우디아라비아에 이어 아라비아반도에서 두 번째로 인구가 많은 나라야.

홍해 무역의 거점 아덴

홍해 입구에 위치한 아덴은 《구약성서》에도 이름이 등장할 만큼 유서 깊은 항구로, 오랫동안 인도양에서 홍해로 들어가는 무역 거점 역할을 했어. 예멘이 남북으로 분리되었을 때에는 남예멘의 수도였어.

← 아덴 항의 모습

→ 예멘 내전

1990년대부터 예멘은 남북 간의 지역 갈등, 종파 갈등, 군부 쿠데타, 그리고 외국의 간섭과 이슬람 극단주의 세력의 활동까지 겹쳐 끝을 알 수 없는 내전에 시달리고 있어. 이미 수백만 명의 사람이 죽음의 위기에 내몰리고 있어서 안타까움을 더하고 있단다.

아라비아반도가
새로운 무역의 중심지로 떠오르다

"세계에서 크리스트교 다음으로 신도 수가 많은 종교가 뭔지 아니?"
"불교인가요? 우리나라에 절도 많은데."
곽두기의 대답에 용선생이 빙그레 웃으며 대답했다.
"불교도 물론 세계적인 종교이지. 하지만 신도 수가 19억 명이 넘는 이슬람교에는 한참 못 미친단다."
"이슬람교요? 이슬람교는 걸핏하면 테러나 전쟁 일으키는 위험한 종교 아니에요?"
"하하, 일부 이슬람 신자들의 과격한 행동 때문에 이슬람교에 대한 인식이 안 좋은 면도 있지. 하지만 원래 이슬람교는 가난한 사람들을 돕고 세상을 평화롭게 만드는 걸 무엇보다 중요하게 여기는 종교거든. 지금부터 이슬람교의 역사에 관해 쭉 배우다 보면 알 수 있을 거야. 자, 그럼 먼저 이슬람교가 태어난 곳이 어디인지부터 알아보고 시작할까?"

용선생은 스크린에 커다란 사진을 띄우고는 말을 이어 나갔다.

▲ 우주에서 본 아라비아반도 아라비아반도의 대부분이 사막으로 뒤덮인 모습을 확인할 수 있어.

"이슬람교가 탄생한 곳은 바로 이곳, 아라비아반도야. 아프리카와 아시아 사이에 끼어 있는 거대한 반도로 이집트와 메소포타미아, 지중해처럼 고대 문명 발생지들에서 아주 가깝지. 하지만 메소포타미아의 고대 제국들은 물론 로마와 페르시아, 이집트 같은 이웃 제국들도 아라비아반도에 별 관심이 없었어. 대부분의 땅이 아무 쓸모 없는 뜨겁고 건조한 사막이기 때문이지. 하지만 이 험난한 땅에도 뿌리를 내리고 살아가는 사람들이 있었어."

"그게 누구인데요?"

"바로 오늘의 주인공인 아랍인이란다. 아라비아반도에 사는 사람이라고 해서 붙여진 이름이지. 아랍인은 사막 곳곳에 흩어져 있는 오아시스 인근에서 농사를 짓고, 양과 염소, 낙타 같은 가축을 이끌고 오아시스를 옮겨 다니며 유목 생활을 했어. 또 사막을 오가는 상인을 약탈해 생계를 꾸려 가는 사람들도 있었지."

"아휴, 어느 쪽이든 살기 쉽진 않았겠어요. 그 뜨거운 사막에서 어떻게 산담."

허영심이 고개를 절레절레 젓자 용선생이 빙긋 웃음을 지었다.

용선생의 세계사 돋보기

사막 한가운데에서 맑은 물이 솟아나 풀과 나무가 자라는 지역을 오아시스라고 해. 보통 지하수가 땅 위로 올라와서 만들어지지. 그리고 오아시스를 근거지로 유목 생활을 하는 아랍인을 베두인이라고 해.

이슬람의 시대가 열리다 **205**

▲ **단봉낙타**
아라비아 사막에는 주로 혹이 한 개인 단봉낙타가 서식해.

▲ **터번 쓴 요르단 청년**
터번은 햇볕이 뜨거운 곳에서 일사병을 막아 주는 역할을 해.

▲ **사막의 오아시스** 사막 주민들은 오아시스를 중심으로 살아갔어.

"하지만 우리 인간은 어떤 환경에서도 적응해서 살아가는 법을 배우잖니? 아랍인 역시 사막이라는 혹독한 환경에서 살아남는 법을 익혔어. 오랫동안 물을 먹지 않고도 잘 버틸 수 있는 낙타를 길들여서 수송 수단으로 사용했고, 사막의 뜨거운 태양으로부터 머리를 보호하기 위해 터번이라는 모자를 만들어 쓰기도 했지."

"꼭 찜질방에서 쓰는 수건같이 생겼는데……."

장하다의 말에 다른 아이들도 키득거렸다.

"하지만 아무리 나름대로 살아가는 법을 익혔다고 해도 아라비아 사막은 함부로 발을 붙일 수 있는 곳이 아니었어. 사막에서는 많은 인구가 모여 살 수가 없었어. 그래서 아랍인은 보통 부족 단위로 사막 곳곳에 띄엄띄엄 떨어져서 독자적인 생활을 했단다. 그 와중에 이들만의 독특한 생활 풍습도 자리를 잡게 되었지. 그런데 이 위험천만한 아라비아 사막을 건너려는 사람들이 점차 늘어나기 시작했단다."

"갑자기 왜요? 극기 훈련이라도 하나요?"

"전쟁 때문이었어. 꽤 오랫동안 평화를 유지하던 비잔티움 제국과 페르시아 제국이 500년대 중반부터 치열하게 전쟁을 벌이기 시작했거든. 그 때문에 비잔티움 상인들은 동지중해에서 메소포타미아를 거쳐 페르시아만으로 나가는 교역로를 이용할 수 없게 되어 버렸어. 그 대신 옛날에 이용하던 홍해 바닷길과 아라비아 사막의 오아시스 도시들을 지나가는 육상 교역로를 이용하게 된 거지."

용선생이 지도를 가리키며 말했다.

"아하, 그래서 험난한 사막을 건너가는 사람들이 늘어난 거네요."

"응. 아랍인들은 오아시스에 찾아오는 상인을 상대로 숙박업을 하

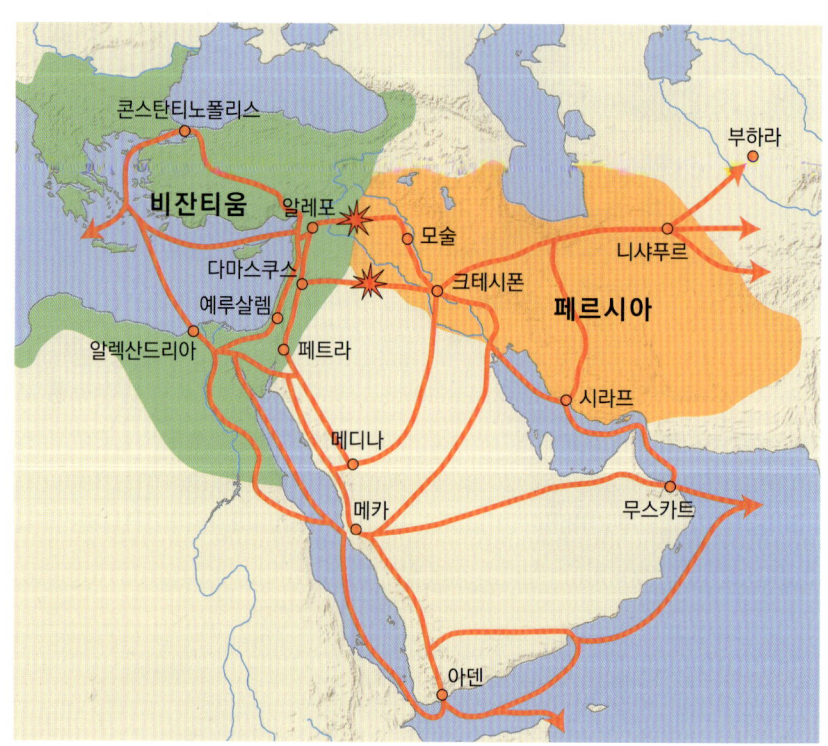

➜ 570년 무렵 교역로
비잔티움 제국과 페르시아의 전쟁으로 말미암아 홍해와 아라비아반도를 지나는 교역로가 활발해졌어.

거나, 사막 길을 안내하는 역할을 하면서 돈을 벌기 시작했지. 나중에는 물건을 운반하고 파는 일에 본격적으로 뛰어든 아랍 상인도 늘어났어. 500년대 후반에 이르면 아랍 상인들은 어느새 지중해와 인도 사이의 교역을 좌우하는 큰손으로 성장하게 된단다."

"아랍인은 사막 길을 잘 아니까 직접 무역을 하면 더 큰 돈을 벌겠군요."

"물론이지. 문제가 있다면 사막 곳곳에 상인을 노리는 도적들이 들끓는다는 점이었어. 그래서 아랍 상인들은 낙타나 말에 짐을 싣고, 여러 사람이 무리를 이루어서 함께 사막을 건넜단다. 혹은 좀 더 안전하고 짐도 많이 나를 수 있는 바닷길을 이용하기도 했어. 나중에는 사막을 건너는 육로보다 홍해와 인도양을 이용한 바닷길 무역이 더 큰 비중을 차지했지."

곽두기의 국어 사전

대상 무리 대(隊) 장사 상(商). 낙타나 말에 짐을 싣고 무리를 지어 먼 길을 다니는 상인들을 대상이라고 불러.

용선생은 지도 위의 한 도시를 짚었다.

"이렇게 상업으로 번영을 누리게 된 대표적인 도시가 바로 메카였어. 메카는 아라비아반도를 가로지르는 육로와 해로의 중심에 있는데다가 오아시스 덕택에 물도 풍부해서 도시가 번성할 수 있었지. 또 메카에는 여러 아랍 부족들의 신들을 모셔 둔 카바 신전이 있었어."

"카바 신전? 그게 뭔데요?"

"아득한 옛날에 하늘에서 떨어진 신성한 돌을 모신 신전이야. 아랍 사람들은 하늘에서 이 돌을 내려 줬다고 믿었기 때문에 그 돌 주변에 제각기 자기 부족의 수호신을 모셨는데, 그 신의 종류가 무려 360여 가지나 됐대."

"무슨 신이 그렇게 많아요?"

▲ 사막을 건너가는 대상 행렬 많을 때는 한 번에 1,000마리가 넘는 낙타 떼를 이끌고 이동했어.

"아랍인은 부족 단위로 생활한다고 했지? 그러다 보니 부족마다 자기들만의 수호신이 있었고, 그 수호신들이 수백 가지나 된 거야. 게다가 하루하루 살아가기가 힘들다 보니 신에게 제물을 바치고 기도하는 게 삶에서 매우 중요한 부분을 차지했지. 그래서 메카는 언제나 카바 신전을 찾는 순례자들로 붐볐어."

"그러니까 메카는 원래 아랍인이 많이 찾는 곳인 데다가 교역을 하기에도 유리한 곳에 있었다, 이 말씀이시네요?"

나선애의 정리에 용선생은 고개를 끄덕였다.

"바로 그거야. 메카에는 도시를 오가는 상인과 순례자를 상대로 숙박업이나 장사를 해서 큰돈을 번 사람이 많았단다. 또 메카를 근거지로 삼아 지중해와 인도양을 오가는 장거리 교역에 나선 상인도 늘어났지. 그래서

◀ 아랍인들이 섬기던 여러 신들

▲ **메카의 하지드 알 하람 모스크와 카바 신전** 하늘에서 떨어진 신성한 돌은 중앙에 있는 검은 카바 신전 안에 들어 있어. 오늘날에도 전 세계에서 해마다 수백만 명의 사람들이 이 신전을 찾아 기도를 올린단다.

500년대 후반의 메카는 아랍인 순례자와 돈 많은 상인, 또 이 상인들이 거느린 하인과 용병들로 정신없이 붐비는 도시가 되었단다."

"와, 사막에 사람들로 북적거리는 도시가 탄생한 거군요."

"그래. 하지만 이렇게 도시가 활기차지고 부자들이 늘어날수록 그림자도 짙어졌어. 많은 사람들이 사막과 바다를 오가다 목숨을 잃곤 했거든. 게다가 부족 사이에서는 걸핏하면 크고 작은 전쟁이 벌어졌지. 그런데 이렇게 여러 가지 이유로 가장이 목숨을 잃으면 가족들은 하루아침에 과부나 고아로 전락해 살아가기가 막막한 가난뱅이가 되곤 했어. 말하자면 부자가 늘어나는 만큼 가난한 사람도 늘어났던 거지."

▲ 전쟁을 벌이는 아랍의 여러 부족

이슬람의 시대가 열리다 **211**

"그러지 말고 부자들이 좀 도와주면 안 돼요? 자기들도 언제든지 그런 처지가 될 수 있는데……."

허영심의 말을 들은 용선생이 고개를 빠르게 끄덕거렸다.

"그래. 이슬람교의 창시자인 무함마드 역시 그렇게 생각했어."

용선생의 핵심 정리

500년대 중반, 전쟁으로 홍해 바닷길과 아라비아 사막 횡단 교역로 이용 증가. 메카를 비롯한 아라비아 사막의 오아시스 도시들이 번영을 누림.

무함마드, 천사의 계시를 받아 이슬람교를 창시하다

"가난한 사람을 돕기 위해서 종교를 만들다니 훌륭한데요."

"그렇지? 자, 그럼 무함마드가 도대체 어떤 사람이기에 그런 생각을 했는지 한번 알아보지. 무함마드는 570년 한창 번성하던 메카에서 태어났어. 하지만 어렸을 때 부모님이 모두 돌아가시는 바람에 삼촌 집에서 자랐지. 무함마드는 어려서부터 상인인 삼촌을 따라 먼 곳을 오가며 장사를 했대. 열두 살에 북쪽으로 1,400킬로미터나 떨어진 시리아의 다마스쿠스까지 갔을 정도였지."

"와, 어린 나이에 정말 먼 곳까지 갔네요."

▲ **시리아의 다마스쿠스** 당시 시리아의 다마스쿠스는 서아시아와 지중해 지역의 상인들이 모여드는 국제 무역의 중심지였어.

"그래. 무함마드는 시리아를 오가면서 비잔티움 제국과 페르시아, 유대 상인들을 자주 만났어. 그런데 이들에게는 한 가지 공통점이 있었는데, 바로 유일신을 믿는다는 거였지. 비잔티움 제국 사람은 크리스트교, 유대인은 유대교, 페르시아 사람은 조로아스터교. 그리고 이들은 같은 종교를 따르는 사람끼리 똘똘 뭉쳐서 서로 도왔을 뿐 아니라 어려운 사람도 잘 돌보아 주었지."

"아랍인이랑 완전 다르네요. 아랍인은 부족마다 다른 신을 믿고, 부족들끼리 맨날 싸웠다면서요."

"그래, 부러웠지만 별 도리가 없었지. 이런 메카의 상황이 걱정되었던 무함마드는 부유한 여자 상인 하디자와 결혼해 경제적 여유가 생기자 틈만 나면 메카 주변의 조용한 동굴을 찾아가 골똘히 생각에 잠기곤 했지. 왜 우리 아랍인들은 여러 부족으로 갈라져 서로 싸우기만 할까, 어떻게 하면 과부와 고아들도 함께 살아갈 수 있을까에 대한 해답을 찾기 위해서였어."

"쩝, 그렇게 명상을 하면 누가 답을 가르쳐 주나요?"

나선애가 눈을 가늘게 뜨며 말하자 용선생은 뜻밖에도 고개를 끄덕였다.

"응. 무함마드의 진실한 모습에 감동했는지 놀랍게도 기적이 일어났단다. 동굴에서 혼자 명상에 잠겨 있던 무함마드 앞에 갑자기 글씨가 적힌 비단천이 휘리릭 펼쳐지더니 눈앞에 가브리엘 천사가 나타난 거야!"

"가브리엘 천사요?"

아이들이 눈을 동그랗게 뜨며 동시에 물었다.

허영심의 상식 사전

가브리엘 천사 크리스트교, 유대교, 이슬람교 경전에서 주로 하느님의 말씀을 전하는 심부름꾼 역할로 등장해.

이슬람의 시대가 열리다 **213**

↑ 가브리엘 천사로부터 계시를 받는 무함마드의 모습

"그렇대. 가브리엘 천사는 무함마드를 껴안고는 이렇게 말했어. '무함마드야, 이것을 읽어라!' 그런데 무함마드는 글자를 모르는 까막눈이라 천사에게 '저는 글을 읽을 줄 모릅니다.' 하고 솔직히 고백했어. 하지만 가브리엘 천사는 다시 한 번 명령했어. '읽어라!' 그러자 거짓말처럼 무함마드의 입이 움직이면서 글자를 읽기 시작했대. '만물의 창조자는 오직 한 분뿐이다. 오직 하나뿐인 알라를 믿고 따라야 한다!' 바로 이슬람교가 탄생하는 순간이었지. 무함마드는 이날 이후 20여 년에 걸쳐 세상 사람들에게 신의 계시를 전했어. 무함마드가 받은 계시를 기록한 책이 바로 이슬람교 경전인 《쿠란》이야."

용선생의 설명에 왕수재가 입꼬리를 말아 올렸다.

용선생의 세계사 돋보기

'알라신'이 아니라 '알라'라고 불러야 해. '알라'는 '신'이라는 뜻의 아랍어거든. 그러니 '알라신'을 우리 말로 옮기면 '신신'이 되어 버린다는 말씀!

↑ 무함마드가 천사로부터 계시를 받았다는 동굴 순례자들이 동굴 안으로 들어가기 위해 차례를 기다리고 있어.

"선생님, 우리더러 그걸 믿으라는 거예요? 천사가 나타나질 않나, 까막눈이 갑자기 글을 읽질 않나……."

"성서에서도 모세가 하느님께 직접 십계명을 받아 왔다고 하잖아. 그와 마찬가지로 이슬람교에서도 무함마드가 신의 계시를 받는 과정을 천사와의 만남으로 표현한 거지."

"선생님, 그럼 무함마드도 모세처럼 엄청 대단한 사람이네요?"

곽두기의 질문에 용선생은 고개를 끄덕였다.

"응. 무함마드는 자신이 신의 말씀을 전하기 위해 세상에 내려온 예언자라고 했단다. 그리고 성서에 나오는 아브라함이나 모세, 예수님 같은 사람들도 모두 자신처럼 신의 말씀을 전하러 온 예언자들이라고 했지. 다만 무함마드는 자신이 신이 세상에 내려보낸 마지막 예언자이며, 따라서 세상 사람들은 반드시 자신의 말을 들어야 한다고 했어."

"모세? 예수님? 이슬람교 이야기를 하는데 성서에 나오는 분들이 왜 나와요?"

아이들이 고개를 갸웃거리자 용선생은 빙긋 미소를 지었다.

"크리스트교와 유대교, 이슬람교에서 믿는 신은 사실 그 뿌리가 같단다. 서로 언어가 다르다 보니 신을 가리키는 단어가 다를 뿐이지. 성서에 나오는 하느님, 즉 야훼가 바로 무함마드가 말하는 알라거든. 그래서 세 종교 모두 《구약성서》에 나오는 천지

나선애의 세계사 사전

예언자 보통은 미래의 일을 미리 예견해 이야기하는 사람. 하지만 종교적으로는 '신의 계시를 받아 이를 다른 사람들에게 전하는 사람'을 뜻해.

↑ 《쿠란》 암송식 이슬람 세계에서는 아주 어렸을 때부터 《쿠란》을 가르쳐. 사진의 아이들은 《쿠란》을 모두 암기했다는 표시로 머리 위에 책을 얹고 있어.

이슬람의 시대가 열리다

창조와 바벨탑 이야기를 믿고, 또 아브라함을 자신들의 조상으로 여기지."

"그러니까 세 종교가 같은 뿌리에서 나온 형제 같은 거라는 말씀이세요? 우아, 신기하다!"

"물론 차이점도 많아. 이슬람교는 크리스트교와 달리 예수님을 신의 아들이 아니라 예언자 가운데 한 명으로 보고, 유대교와 달리 메시아 사상을 믿지 않지."

"어쨌든 얼핏 보면 비슷해 보여요. 별로 새롭지도 않고."

"게다가 동굴에서 갑자기 천사가 나타났다니, 그 말을 누가 믿겠어요?"

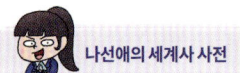

나선애의 세계사 사전

메시아 사상 하느님이 유대인을 구원할 메시아를 보내 줄 것이라는 믿음.

장하다와 허영심이 번갈아 가며 말을 던지자 용선생도 진지한 표정으로 고개를 끄덕였다.

"너희들 말대로 원래 아랍인도 이웃한 유대인이나 비잔티움 제국 사람들이 믿고 있는 유일신 사상을 어느 정도 알고 있었대. 하지만 성경이 헤브라이어와 그리스어로만 쓰여 있다 보니 이해하기가 어려웠지. 그런데 무함마드는 아랍인들이 쉽게 알아들을 수 있는 아랍어로 자신이 받은 신의 계시를 전파했어. 그러다 보니 자연히 무함마드의 말에 귀를 기울이는 아랍인들이 생겨난 거지."

"으흠, 그런 비밀이 있었군요."

↑ 이슬람 세계에서 묘사한 노아의 방주

"무함마드는 아랍인도 비잔티움이나 페르시아 사람들처럼 알라를 중심으로 힘을 합치고 힘들고 가난한 사람, 과부와 고아를 도와야 한다고 설파했어. 그런데 메카를 지배하는 부유한 상인들은 무함마드의 생각을 영 탐탁지 않게 생각했단다."

"아니, 힘을 합치고 서로 도우며 살자는 건데 왜요?"

"생각해 보렴. 부자들 입장에서 가난한 사람를 돕자는 말은 자신들이 가진 걸 내놓으라는 말이잖아. 게다가 또 하나, '알라만이 유일한 신'이라는 믿음도 메카의 부유한 상인들에게는 용납하기 어려웠어."

"그건 또 왜요?"

"그 말은 곧 메카의 카바 신전에 모셔져 있는 수많은 신이 다 가짜라는 뜻이잖아. 지금까지 메카 상인들은 카바 신전을 찾는 순례자들을 상대로 장사를 해서 큰돈을 벌어 왔는데, 무함마드의 사상이 퍼지면 더 이상 순례자들이 메카로 오지 않을 거고, 그럼 상인들에겐 큰

이슬람의 시대가 열리다

▲ 자발 사우르 동굴 메카에서 도망친 무함마드가 사흘간 머물렀다고 전해 오는 동굴이야. 이곳 역시 순례자들이 즐겨 찾는 곳이지.

▲ 신자들 사이에 앉아 있는 무함마드 이슬람교에서는 우상 숭배를 엄격히 금지하고 있어서 무함마드의 얼굴을 가리거나 그리지 않아.

손해잖아."

용선생의 설명에 아이들이 고개를 끄덕였다.

"듣고 보니 이해가 돼요. 그럼 메카의 부유한 상인들이 무함마드를 그대로 두지는 않았겠네요?"

"맞아. 메카 상인들은 갖은 모함으로 무함마드를 메카에서 쫓아내거나 심지어 죽이려고 들었어. 무함마드 집안이 나름 이름 있는 가문인 데다 아내가 큰 부자라서 간신히 위기를 넘길 수 있었지. 하지만 무함마드가 이슬람교를 퍼뜨리기 시작한 지 9년이 지났을 때 방패막이가 되어 주던 삼촌과 아내가 그만 저세상으로 떠나 버렸어. 그때부터 무함마드는 본격적으로 위협을 받기 시작했단다."

"9년이나 지났으면 무함마드를 따르는 사람들도 꽤 늘어났을 것 같은데요."

"그게, 그렇지도 못했단다. 아직 무함마드의 가르침을 따르는 사람은 가족과 가까운 친구, 기댈 곳 없는 가난한 사람들뿐이었거든. 622년, 메카의 상인들이 자신을 죽이려 한다는 소식을 들은 무함마드는 추종자들을 이끌고 한밤중에 메카를 탈출했어. 그리고 북쪽으로 400킬로미터 떨어진 야스리브란 도시에 도착했단다. 이슬람 세계에서는 이 사건을 헤지라라고 불러."

"어이구. 결국에는 쫓겨나고 말았군요."

"그런데 이슬람교는 헤지라를 계기로 오히려 본격적으로 성장하기 시작했단다. 메카에서는 그토록 억압받았던 무함마드가 야스리브에서는 오히려 대환영을 받았거든."

용선생의 세계사 돋보기

헤지라는 이슬람교에서 매우 중요하게 생각하는 사건이야. 그래서 헤지라가 일어난 서기 622년 7월 16일을 이슬람력의 1년 1월 1일로 계산한단다. 예수의 탄생을 기원으로 세는 서기나 고조선 건국을 기원으로 세는 단기처럼 이슬람력에서는 헤지라가 기원이 되는 거야.

용선생의 핵심 정리

상인 출신의 무함마드가 이슬람교를 창시하였으나 메카 사람들로부터 배척당함. 삼촌과 아내가 죽으면서 방패막이가 사라지자 622년에 야스리브로 탈출(헤지라).

이슬람교가 아라비아반도를 뒤덮다

"한밤중에 겨우 도망친 처지에 환영을 받았다고요?"

장하다가 신기하다는 표정을 지었다.

"사실 무함마드는 메카에서 무작정 도망친 게 아니라 실은 이미 야스리브로부터 와 달라는 초대를 받은 상태였어."

"엥? 왜요? 왜 무함마드를 초대해요?"

"야스리브에서는 유대인과 아랍인이 함께 살았는데, 아랍인이 유대인에게 도시의 지배권을 빼앗길 위기에 처해 있었어. 수는 아랍인이 훨씬 많았지만 유대인은 유대교를 중심으로 똘똘 뭉쳐 있는 데 반해 아랍인은 단결이 안 되고 걸핏하면 부족끼리 싸움을 벌이곤 했기 때문이지. 유대인에 맞서려면 아랍 부족들이 단

↑ **메디나의 예언자 모스크** 세계 최초의 이슬람 사원으로 수많은 순례자들이 찾는 곳이야.

이슬람의 시대가 열리다 **219**

용선생의 세계사 돋보기

움마는 이슬람교도의 정치·종교 공동체야. 움마의 구성원은 신의 가르침, 즉 《쿠란》에 따라 살아야 할 뿐 아니라 움마 공동체를 넓히는 데 헌신해야 해. 그래서 이슬람의 정복 활동은 곧 움마 공동체의 확장이기도 했지. 움마는 원래 부족과 국가의 단위를 넘어서서 모든 이슬람교도들을 아우르는 유일한 공동체였어. 하지만 지금은 이슬람 세계도 국가 단위로 나뉘어 있지.

결해야 하는데, 야스리브의 아랍인 지도자들은 무함마드가 아랍 부족들을 단결시킬 적임자라고 생각한 거야. 무함마드는 공평무사한 인물로 알려진 데다, 아랍 지도자들은 유대인들이 유대교를 중심으로 뭉치듯 아랍인들도 무함마드가 믿는 유일신을 중심으로 뭉쳐야 한다고 생각했거든. 그래서 야스리브의 아랍인 지도자들은 무함마드에게 충성 맹세를 하며 야스리브로 와서 자신들의 지도자가 되어 달라고 부탁했던 거야. 야스리브의 지도자가 된 무함마드는 뛰어난 능력을 발휘해 여러 아랍 부족들을 단결시켰고, 마침내 유대인들을 도시 밖으로 내쫓았어. 이때부터 야스리브는 예언자의 도시라는 뜻을 가진 메디나로 불리게 된단다. 메디나의 아랍인들은 모두 이슬람교로 개종하고 무함마드를 따랐어. 무함마드는 움마라는 종교 공동체를 만들어, 움마를 중심으로 메디나를 다스렸지."

"엄마?"

"으이그, 임마가 아니라 움! 마!"

장하다의 엉뚱한 말에 허영심이 핀잔을 줬다.

"무함마드는 과부와 고아, 가난한 사람을 돌볼 것, 움마의 구성원들끼리는 절대로 싸우지 말 것을 강조했단다. 과부와 고아의 증가, 부족들 간의 대립 등 당시 아랍 사회의 고질적인 문제에 대한 해결책을 내놓은 거지."

"그럼 이슬람교를 받아들이기만 하면 이런 문제들은 전부 해

◆ **전투를 지휘하는 무함마드**
무함마드가 자신을 따르는 군사들을 지휘해 전쟁에 나서고 있어. 단상에 올라선 무함마드 앞에는 천사 가브리엘이 나타나 신의 계시를 전하는 중이야.

결되었겠네요."

"그렇단다. 이렇게 이슬람교는 메디나의 움마를 중심으로 세력을 키우기 시작했어. 불과 몇 년 만에 메카에 맞서 싸울 만큼 강해졌지. 그동안 무함마드를 탄압하고 죽이려고 했던 메카는 큰일 난 거야."

"크~. 몇 년 사이에 이렇게 상황이 변하다니!"

"그러게 말이다. 메카와 메디나는 7년 동안 대립하는데, 메카의 지도자들은 어떻게든 움마를 붕괴시키고 이슬람교 열풍을 잠재우려고 애썼어. 하지만 시간이 흐를수록 이슬람교로 개종하는 아랍인들이 점점 더 늘어났어. 결국 나중에는 메카 시민들 중에서도 많은 사람들이 자발적으로 이슬람교를 받아들였지. 결국 메카의 지배자들도 무함마드에게 항복하고 성문을 열 수밖에 없었어. 메카에 입성한 무함마드는 곧장 카바 신전으로 가서 수백 개의 신상을 모조리 파괴해 버린 뒤 알라에게 예배를 드렸지. 630년, 무함마드가 동굴에서 신의 계시를 받은 지 꼬박 20년 만의 일이었단다."

▲ 메디나에서 설교 중인 무함마드

▲ **무함마드의 메카 입성** 메카에 입성한 무함마드가 카바 신전의 모든 신상을 파괴하고 있어.

용선생의 핵심 정리

622년, 메디나로 간 무함마드는 아랍 부족 간의 갈등을 해결하고 지도자가 됨. 움마를 중심으로 이슬람교를 전파. 630년, 드디어 메카 입성.

이슬람의 시대가 열리다 **221**

이슬람교의 이모저모

이슬람교에는 성직자가 없다?

무함마드는 신 앞에 모든 사람이 평등하며, 신에게 구원을 받기 위해서는 스스로 노력하는 것 말고는 아무런 방법이 없다고 했어. 그래서 이슬람교에는 성직자가 없었어. 모든 이슬람교 신자들은 스스로 《쿠란》을 읽고 시간에 맞춰 기도를 올리며 신앙을 지켜 나갔지. 하지만 시간이 흐르면서 이슬람교에도 성직자와 비슷한 역할을 하는 사람이 생겨났어. 여러 사람이 모여서 기도를 올릴 때 앞장서서 《쿠란》을 읽는다거나, 《쿠란》의 여러 대목을 해설해 줄 만큼 지식이 풍부한 사람이 필요했던 거지. 이런 역할을 하는 사람을 '이맘'이라고 부르는데, 덕망이 있고 《쿠란》에 대한 지식도 풍부한 사람이 이맘을 맡는단다.

▲ 예배를 주도하는 이맘의 모습

이슬람의 율법 샤리아

《쿠란》은 단순한 경전이 아니라 신앙 및 개인의 생활부터 사회 활동, 죄의 종류와 형벌에 이르기까지 이슬람 신자들의 거의 모든 생활을 규정하는 일종의 법전이기도 해. 여기에 예언자 무함마드의 말과 행동을 기록한 '하디스', 종교 법학자들의 합의인 '이즈마'라는 기록이 합쳐지면 이슬람의 종교법 샤리아가 만들어지지.

샤리아는 아주 오랫동안 이슬람 세계를 지배하는 신성한 율법이었고, 이슬람 세계의 민주화가 이루어진 오늘날까지도 일상생활에서는 무시할 수 없는 영향력을 행사하고 있어. 대표적인 예가 샤리아에서 인정한 식재료들만 사용해서 만들어 낸 '할랄 푸드'란다. 이슬람교 신자들은 할랄 푸드만 먹거나 할랄 인증이 붙은 식당만을 이용하거든.

▲ 할랄 인증 마크
요즘은 우리 주변에서도 이 인증 마크를 붙인 음식점이나 음식들을 적잖이 찾아볼 수 있어.

무함마드 그림에는 얼굴이 없다?

이슬람교는 우상 숭배를 엄격하게 금지하는 종교야. 그래서 신의 모습을 조각이나 그림으로 그리지 않는 것은 물론이고, 무함마드 같은 예언자의 얼굴을 그리는 것도 금지되어 있지. 굳이 무함마드의 모습을 표현할 필요가 있을 때에는 얼굴 윤곽만 그리고 눈, 코, 입은 그리지 않거나, '무함마드'란 이름을 아랍 글자로 아름답게 장식해서 표현하기도 해. 이렇게 우상 숭배를 엄격하게 금지하는 교리 탓에 이슬람 세계에서는 회화나 조각 같은 미술이 발달하지 못했단다. 그걸 대신한 게 문자, 식물, 기하학적 무늬를 화려하게 배합한 장식이야. 이슬람 세계 특유의 이런 무늬 장식을 '아라베스크'라고 부르지.

◀ **아라베스크와 이슬람식 서예**
아랍 글자로 '무함마드'를 쓰고 화려한 아라베스크 무늬로 장식했어.

▲ **이슬람 사원의 벽면을 장식한 아라베스크 무늬**

이슬람교 신자들의 다섯 가지 의무

신앙고백: 알라 이외에 다른 신은 없으며 무함마드는 알라의 예언자임을 선언해야 해.

기도: 하루에 다섯 번, 정해진 시간에 메카를 향해 기도해야 돼.

자선: 자기가 가진 재산이나 수입의 일부를 가난한 사람들을 위해 내놓아야 돼.

단식: 라마단 기간 동안 해가 뜰 때부터 해가 질 때까지 음식을 삼가야 해.

순례: 경제적, 신체적으로 능력이 있는 이슬람교도라면 일생에 한 번은 성지 메카를 순례해야 해.

▲ **이슬람 신자들의 기도 수첩**
메카 방향을 알려 주는 나침반이 있어.

칼리프들이 이슬람교의 기반을 다지다

↑ 숨을 거두는 무함마드 무함마드는 메디나에서 숨을 거두었어. 위 그림과 달리 부인 아이샤 혼자서 무함마드의 마지막을 지켜봤대.

나선애의 세계사 사전

칼리프 예언자의 대리인이라는 뜻이야. 종교와 정치를 모두 아우르는 움마 공동체의 최고 지도자였어.

용선생의 세계사 돋보기

무함마드와 알리는 사촌 간이라지만 나이 차이가 30세나 나서 사실상 아버지와 아들이나 다름없는 사이였어.

"그런데 갑자기 큰 문제가 생겼단다. 632년에 예언자 무함마드가 그만 세상을 떠나고 만 거야. 다시 예전처럼 수많은 아랍 부족들이 도로 분열될 수도 있는 위기였지."

"흠. 자식이 후계자가 되면 되지 않나요?"

"무함마드가 왕이라면 그럴 수 있었겠지. 그런데 무함마드는 왕이 아니라 신의 말씀을 대신 전하는 예언자잖니? 게다가 무함마드는 자신이 세상에 내려온 마지막 예언자라고 말했기 때문에 새로운 예언자가 나타날 수도 없었어. 결국 움마의 원로들은 회의를 열어서 무함마드의 뒤를 이을 지도자를 뽑기로 했는데, 그 지도자는 예언자의 대리인이란 뜻으로 칼리프라고 부르기로 했지."

"휴, 다행이다. 그럼 이제 다시 싸우지 않아도 되는 건가요?"

곽두기의 말에 용선생은 고개를 가로저었다.

"아니. 이제는 누가 후계자가 되어야 하는지가 문제였어. 유력한 후보는 무함마드가 생전에 매우 아끼던 무함마드의 사촌 동생 알리였어. 초기부터 온갖 고난을 함께 겪었을 뿐 아니라 신앙심도 깊고 신망도 두터웠거든. 다른 유력한 후보는 바로 무함마드의 친구이자 무함마드와 함께 온갖 고난을 겪었던 아부 바크르였어. 움마의 원로들은 두 후보 중 아부 바크르를 첫 번째 칼리프로 선출했단다."

"어, 왜 알리가 칼리프가 되지 못한 거예요? 무함마드의 사촌이기도 하잖아요?"

"몇 가지 이유가 있었는데, 일단 알리의 나이가 아직 30대 중반이라 지도자가 되기에는 너무 젊다는 거야. 아랍인들은 나이가 지긋한 어르신을 지도자로 모시는 전통이 있었거든. 또 알리를 지지하던 사람들은 무함마드의 장례식 때문에 칼리프를 뽑는 회의에 참석할 수 없었어. 그래서 알리를 뽑자고 주장하는 사람들이 드물었지."

"에이, 나이 때문에 안 된다니 별로 납득이 안 가는데요."

왕수재가 팔짱을 낀 채 중얼거리자 용선생은 고개를 끄덕였다.

"결국 움마는 알리를 지지하는 파와, 아부 바크르를 지지하는 파로 나뉘어 으르렁대기 시작했지. 그런데 이 대립은 오래가지 못했어. 아라비아반도 곳곳의 여러 부족들이 '내가 칼리프다!'라고 주장하면서 반란을 일으켰거든. 알리를 지지하던 사람들도 일단 자신들의 주장을 접고 아부 바크르의 지휘 아래 힘을 합쳐서 반란을 일으킨 아랍 부족들을 진압하기로 했단다."

"흐음, 비상 상황이 오히려 힘을 합치게 했군요."

"아부 바크르도 움마에 자신을 싫어하는 사람들이 있다는 걸 잘 알고 있었어. 그래서 더욱 겸손하고 낮은 자세로 누구보다 앞장서서 무함마드의 가르침을 따르고 이슬람교를 전파하려고 애를 썼단다. 덕택에 움마는 여러 부족의 반란을 진압하고 안정을 되찾을 수 있었지. 문제는 제1대 칼리프인 아부 바크르가 고작 2년 만에 세상을 떠났다는 거야."

"그게 뭐가 문제예요? 이번에야말로 알리가 칼리프 자리에 오르면 되잖아요."

장하다가 고개를 갸웃거리며 물었다.

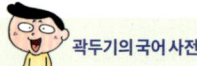

곽두기의 국어사전

추대 밀 추(椎) 머리에 일 대(戴). 누군가를 윗사람으로 떠받들어 모신다는 뜻이야.

"아까 알리가 너무 젊고 지지 세력이 약해서 칼리프가 되지 못했다고 했잖아. 아부 바크르가 세상을 떠났다고 해서 이런 상황이 바뀐 건 아니었지. 결국 움마에서는 무함마드의 또 다른 측근이었던 우마르를 제2대 칼리프로 추대했단다. 문제는 우마르가 아부 바크르보다 평판이 좋지 않은 사람이었다는 거야. 우마르는 무함마드의 심복으로 고난을 같이한 사람이긴 했지만, 성격이 급하고 오만한 사람이었대."

"어, 알리를 따르는 사람들이 가만있었어요?"

"그런데 뜻밖의 일이 일어났어. 알리 본인이 우마르를 지지하고 나선 거야."

"엥? 왜요?"

아이들의 눈이 휘둥그레졌다.

"간신히 안정을 되찾은 이슬람 세계가 자기 때문에 다시 혼란스러워지는 길 원하지 않았던 거지. 게다가 이 무렵에 비잔티움 제국이나 페르시아 같은 강력한 이웃들이 아랍인들을 슬슬 경계하기 시작했거든. 한마디로 언제 큰 전쟁이 일어날지 모르는 급박한 상황이었던 거야."

"쳇, 암만 그래도 그런 사람한테 양보하면 어떡해요?"

"흐흐. 그런데 우마르는 막상 칼리프 자리에 오르자 전혀 다른 사람이 되었어. 신중하고 책임감 있는 행동으로 움마를 훌륭하게 이끌고 여러 업적을 남겼거든.

↑ **칼리프 자리에 오르는 아부 바크르**
아부 바크르는 깊은 신앙심과 겸손한 몸가짐으로 오늘날까지 많은 이슬람 신자들의 존경을 받아.

우마르가 남긴 가장 큰 업적은 입에서 입으로 전해지던 무함마드의 말과 행동에 관한 기록을 샅샅이 수집해서 한 권의 책으로 정리했다는 거야. 그 결과 최초의 《쿠란》이 만들어졌고, 《쿠란》을 연구하는 이슬람 학자들도 등장하게 되었지. 그래서 사실상 이슬람교의 기반을 세운 칼리프는 우마르라고 해도 과언이 아닐 거야."

▲ 《쿠란》 오늘날 《쿠란》은 우마르의 정리를 바탕으로 후대에 만들어진 거야. 이슬람교 신자들은 《쿠란》을 암송하며 하루에 다섯 번 기도를 올려.

"우아, 뜻밖이네요. 그렇게 큰 업적을 남기다니……."

"흐흐. 하지만 정말 놀라운 변화는 그다음이야. 우마르가 칼리프 자리에 오른 뒤 이슬람 세계는 세계 역사상 유래를 찾기 힘들 정도로 빠르게 팽창하게 되거든."

용선생의 핵심 정리

무함마드의 후계자를 칼리프라 함. 움마의 원로들은 무함마드의 친구인 아부 바크르를 제1대 칼리프로 합의 선출함.

이슬람 제국이 탄생하다

용선생이 화면에 띄운 지도를 본 아이들이 입을 딱 벌렸다.
"선생님, 저게 다 이슬람 제국 땅이라고요?"

▶ 이슬람 제국의 팽창

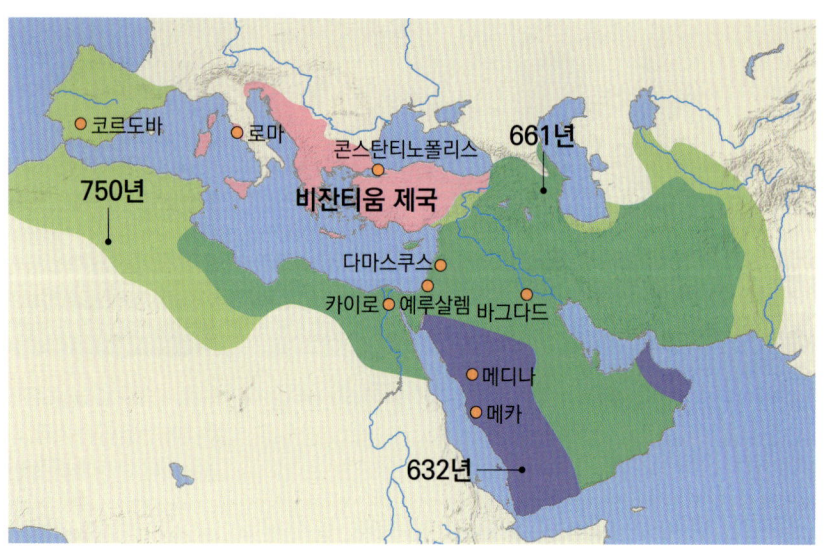

"그래. 우마르가 이끄는 이슬람 군대는 이 당시 서아시아를 주름잡고 있던 페르시아 제국과 비잔티움 제국을 거침없이 박살 내면서 영토를 넓혀 나갔어. 비잔티움 제국은 이집트와 북아프리카 일대, 그리고 시리아를 내어 주며 수노인 콘스탄티노폴리스까지 후퇴했고, 페르시아 제국은 속절없이 멸망했지. 더 놀라운 건 겨우 10년 만에 저 드넓은 땅을 정복했다는 거야."

"우아! 고작 10년 만에요? 정말 신이 도와주기라도 한 것 같아요."

곽두기가 혀를 쑥 빼물었다.

"사실 이 당시 서아시아 정세가 이슬람 세력에게 유리하긴 했어. 양대 강국이라고 할 수 있는 비잔티움 제국과 페르시아 제국은 벌써 수백 년째 서로 싸우느라 힘이 빠져 있는 상태였어. 군대도 백성도 지칠 대로 지쳐서 더 이상 전쟁을 치를 힘이 없었지. 게다가 두 제국의 지배를 받고 있던 민족들도 이슬람 세력의 팽창을 환영했어."

228

"그건 또 왜요?"

"그동안 두 제국이 전쟁 비용을 마련하느라 워낙 세금을 가혹하게 거두어 갔거든. 하지만 이슬람 세력은 이슬람교로 개종해서 움마의 일원이 되기만 하면 세금을 거의 내지 않도록 해 주었단다. 게다가 이슬람교로 개종하기 싫은 사람들도 약간의 세금만 내면 얼마든지 자신들의 문화와 종교를 지

▲ 크테시폰의 아치 페르시아의 수도 크테시폰은 이슬람 세력의 공격으로 폐허가 되었어. 저 아치는 높이가 37미터, 벽 두께가 7미터에 이르는 어마어마한 규모란다.

키며 살아갈 수 있었지. 그러니 두 제국의 지배를 받는 것보다 이슬람의 지배를 받아들이는 게 훨씬 낫다고 생각한 거야."

"빨리 팽창한 비결이 있었네요. 그나저나 이대로 가면 금세 세계 정복이라도 하겠는데요?"

장하다가 침을 삼키며 말하자 용선생은 의미심장한 미소를 지어 보였다.

"글쎄, 문제가 그리 간단하진 않았어. 우마르가 세상을 떠나자 다시 차기 칼리프를 뽑기 위한 회의가 열렸어. 이제는 알리도 40대 후반이 되었으니, 칼리프가 될 자격이 충분했지. 그런데 새 칼리프가 된 사람은 뜻밖에도 알리가 아니라 우스만이라는 사람이었어. 우스만은 메카의 이름난 상인 가문인 우마이야 가문 출신으로, 일찍부터 무함마드를 추종했던 사람이야. 상인 가문 출신답게 경제에 밝고 매우 실용적인 사고를 하는 사람이었어."

"근데 이번엔 또 왜 알리가 칼리프가 되지 못한 거예요?"

▲ **우스만 시대의 주화**
페르시아를 멸망시키고 발행한 은화. '알라의 이름으로'란 문구가 새겨져 있어.

"우마르의 정복 전쟁 이후로 움마의 성격이 달라졌기 때문이야. 이제 움마는 드넓은 땅을 다스리는 거대한 제국이 되었거든. 그러니 움마의 원로들은 지도자도 제국에 걸맞은 사람이어야 한다고 생각했던 거지. 이름 있는 가문 출신에다 사업에 탁월한 능력이 있었던 우스만이 거대해진 움마의 지도자로 안성맞춤으로 보였나 봐."

"음, 듣고 보니 일리 있는 것 같기도 하고……."

허영심이 아리송한 표정을 지었다.

"지금까지의 움마는 나라가 아니라 그냥 자선 단체 같았어. 페르시아나 비잔티움에서 약탈해 온 재물이나 세금들을 몽땅 가난한 사람들을 돕는 데 써 버리곤 했거든. 우스만 같은 상인들이 보기엔 기가 막힐 노릇이었지. 우스만은 움마의 수입과 지출을 철저하게 관리하고, 약탈한 재물과 세금을 모아서 각종 국가 사업에 사용했어. 도로도 닦고, 항구도 짓고, 우물도 파고……. 또 지방마다 총독을 내려보내서 지방도 잘 관리하게끔 했지. 이런 노력 덕택에 상인들도 큰 이득을 보고, 또 국고도 한층 튼튼해질 수 있었지."

"나라가 당연히 할 일들을 하는 거네요. 흐음. 괜찮은데요?"

"하지만 문제가 생겼어. 우스만이 나이가 들면서 자기 가문인 우마이야 가문 사람들을 지방 총독이나 높은 관리로 채용한 거야. 이들은 우스만의 비호 아래 각종 혜택을 받으며 어마어마한 돈을 긁어모았지. 여기에 우스만이 각종 사업을 벌인다는 이유로 세금을 왕창 올리는 바람에 이슬람 세계 전체가 들끓었단다. 사람들 입에선 이런 소리가 저절로 나왔지. '움마는 저런 욕심 많은 장사꾼이 함부로 다스

곽두기의 국어사전

비호 덮을 비(庇) 보호할 호(護). 편들어서 감싸주고 보호한다는 뜻이야.

릴 수 있는 게 아니다! 알리 님이 칼리프셨다면 이러진 않으셨을 텐데……'"

"흐음, 정말로 문제가 간단하지는 않네요."

나선애가 팔짱을 낀 채 고개를 끄덕였다.

"그래. 알리의 지지자들이 우스만을 직접 만나서 칼리프 자리에서 물러날 것을 요구했지만, 우스만은 오히려 화를 내며 그 요구를 무시했어. 결국 화가 난 알리 지지자들은 우스만을 죽여 버리고 말았지. 그리고 알리를 다음 칼리프로 추대했단다."

"쩝, 알리가 간신히 칼리프가 되긴 했는데 왠지 불안한걸요."

"아무래도 그렇지? 호호. 이렇게 제1대 칼리프 아부 바크르부터 제4대 칼리프 알리에 이르기까지 네 명의 칼리프가 다스리던 시기를

이슬람의 시대가 열리다 231

▲ 제4대 칼리프로 선출되는 알리

정통 칼리프 시대라고 불러. 움마의 전통에 따라 합의를 통해 칼리프를 선출했던 시대라는 뜻이야. 정통 칼리프 시대는 약 40년 정도에 불과하지만, 이 40년 동안 이슬람은 신흥 종교 공동체에서 서아시아를 제패하는 제국으로 거듭나는 역사적인 변화를 겪었단다. 그러니 정통 칼리프 시대는 사실 이슬람 역사에서 가장 중요한 순간이라 해도 과언이 아니지."

"그럼, 알리가 칼리프가 된 이후에는 어떻게 되는데요?"

"흠, 어디 보자."

용선생은 그렇게 말하며 벽에 걸린 시계를 슬쩍 쳐다보았다.

"이런, 이야기가 긴네 오늘은 시간이 다 됐군. 얘들아, 그선 나음 시간에 계속 알아보도록 하자. 자, 오늘은 이만 여기까지. 모두 안녕~!"

> **용선생의 핵심 정리**
>
> 이슬람 세력은 제2대 칼리프 우마르, 제3대 칼리프 우스만, 제4대 칼리프 알리까지 정통 칼리프 시대를 거치면서 서아시아 전역으로 팽창함.

나선애의 **정리노트**

1. 이슬람교가 등장하기까지
- **아랍인**: 아라비아 사막의 오아시스를 중심으로 유목과 농업, 상업에 종사
- **비잔티움과 페르시아의 전쟁**이 격화되며 홍해 연안의 도시들이 무역의 중심지로 성장
    - → 500년대 후반부터 **메카** 등 새로운 교역 도시들이 성장
    - * 메카의 **카바 신전**: 아랍 부족들이 자신들의 수호신을 모셔 놓았던 성지!

2. 이슬람교의 등장
- 메카의 상인 **무함마드**가 천사의 계시를 받음.
    - * 이슬람교와 크리스트교, 유대교는 알고 보면 같은 뿌리에서 갈라져 나온 **유일신**을 모시는 종교!
- 박해를 피해 **메디나**로 이주: '**헤지라**'. 이슬람교의 원년!
    - → 이슬람 세력은 10여 년 만에 아라비아반도 전체를 장악함.

3. 정통 칼리프 시대의 이슬람 세계
- **칼리프**: 무함마드의 후계자를 가리키는 말. '예언자의 대리인'
- 제4대까지는 합의를 통해 칼리프를 선출 → '**정통 칼리프 시대**'
- 정통 칼리프 시대 동안 이슬람교의 변화
    - → **신흥 종교 공동체**에서 서아시아를 제패하는 **제국**으로!

세계사 퀴즈 달인을 찾아라!

1 아라비아반도에 대한 설명으로 알맞은 것에 ○표, 알맞지 않은 것에 X표 해 보자.

○ 대부분이 건조하고 척박한 사막으로 뒤덮여 있다. ( )

○ 메소포타미아나 이집트 같은 고대 문명과는 멀리 떨어져 있었다. ( )

○ 비잔티움과 페르시아의 전쟁으로 아라비아반도 교역로가 활발해졌다. ( )

2 빈칸에 들어갈 알맞은 말을 써 보자.

이 사진은 메카에 있는 카바 신전의 풍경이야. 오늘날 전 세계에서 수백만 명의 ○○○○ 신자들이 이곳을 찾아와 기도를 올린단다.

( )

3 다음 설명에 해당하는 인물의 이름으로 알맞은 것은? ( )

원래 메카에서 상인의 아들로 태어났어. 마흔 살에 가브리엘 천사의 계시를 받고 20여 년에 걸쳐서 세상 사람들에게 신의 계시를 전파했지.

① 알리　② 우마르
③ 우스만　④ 무함마드

4 이슬람교에 대한 설명으로 알맞지 않은 것은? ( )

① 여러 신을 섬기는 종교이다.
② 《쿠란》은 이슬람교의 경전이다.
③ 우상 숭배를 엄격하게 금지하는 종교이다.
④ 신 앞에 모두가 평등하기 때문에 성직자를 따로 두지 않는다.

6 빈칸에 들어갈 알맞은 말을 써 보자.

> 제1대 칼리프 아부 바크르부터 제4대 칼리프 알리에 이르기까지, 칼리프가 합의를 통해 선출되었던 시기를 ○○ ○○○ 시대라고 부른다.

( )

5 사건이 일어난 순서대로 나열해 보자.

> ㉠ 무함마드가 천사에게서 계시를 받다.
> ㉡ 움마의 원로원이 제1 칼리프를 선출하다.
> ㉢ 무함마드가 박해를 피해 메디나로 이주하다.
> ㉣ 무함마드가 메카에 입성하여 카바 신전의 신상을 파괴하다.

(- - -)

7 다음 중 서로 관련 있는 것들을 바르게 연결해 보자.

① 움마 ・ ・㉠ 예언자의 대리인

② 칼리프 ・ ・㉡ 이슬람교의 경전

③ 《쿠란》・ ・㉢ 이슬람교의 공동체

정답은 353쪽에서 확인하세요!

| 용선생 세계사 카페

이슬람교도의 평생소원, 메카 순례

"300만 무슬림의 대이동 시작", "메카는 순례자로 인산인해"

이슬람력으로 12월이 되면 이런 제목의 신문 기사를 심심찮게 볼 수 있어. 이슬람교도의 다섯 가지 의무 중 하나인 메카 순례, 즉 하즈가 시작된 거야. 하즈는 모든 이슬람교도의 의무이자 꿈이야. 건강하고 경제적으로 여유가 있는 이슬람교도는 누구나 평생 한 번은 반드시 메카를 순례하도록 정해져 있을 뿐 아니라, 메카에 와서 정해진 의식을 다 치르면 그동안의 죄를 씻고 새롭게 태어날 수 있다고 믿기 때문이지.

지금은 교통의 발달로 쉬워졌지만 옛날에 메카 순례는 목숨을 걸어야 할 만큼 힘든 여정이었어. 사막 한가운데서 길을 잃거나 강도를 만나 목숨을 잃는 경우도 많았거든. 그래서 메카 순례자들은 많게는 수백 명씩 무리를 지어 메카로 향했어. 이렇다 보니 순례 길을 따라 상업

↑ 순례자들 가운데에 있는 카바 신전

이 발달하고, 순례 길이 교역로로 이용되었지. 말하자면 메카 순례는 이슬람 세계를 하나로 잇는 교역망이 만들어지는 데도 크게 기여했던 거야.

많은 사람이 찾는 곳엔 시장이 만들어지는 법. 순례 기간이면 메기에 큰 시장이 서고 전 세계 특산물들이 모여들었지. 또한 메카는 전 세계 이슬람권 사람들이 모이는 만남의 광장이었어. 세계 각지의 문화가 서로 만나 활발히 교류했지.

메카 순례는 보통 5일에 걸쳐 이루어져. 카바 신전 둘레를 7바퀴 돈 다음, 무함마드가 마지막 설교를 했던 메카 인근의 아라파트 산과 메카 시내를 돌아다니며 악마를 쫓아내는 의식을 반복하는 과정이 이어지지. 그럼 순례가 이루어지는 신성한 카바 신전의 모습이 어떤지 자세히 뜯어보도록 할까?

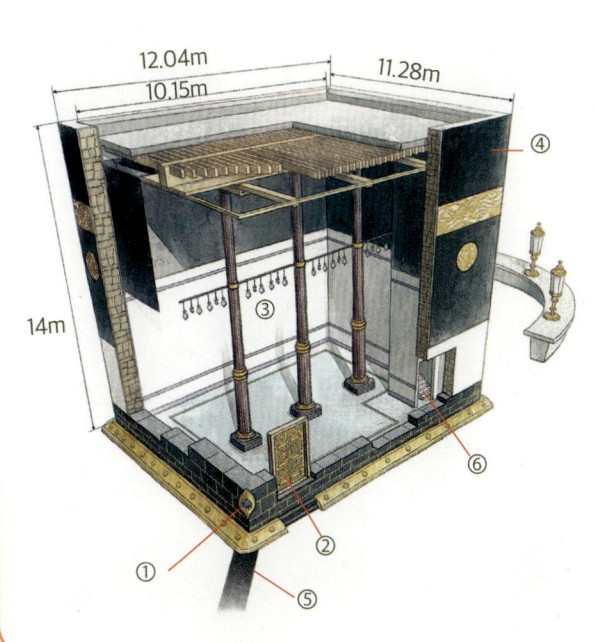

카바 신전 뜯어보기

① 신성한 검은 돌. 천사 가브리엘이 가져다줬다고 해. 이슬람교도가 아니면 만져 볼 수 없다고 하는구나.

② 카바 신전의 출입문. 자그마치 300킬로그램의 황금으로 만들어졌어.

③ 내부에는 특별한 게 없어. 세 개의 나무 기둥이 건물을 떠받치고 있고, 금은 램프들이 매달려 있다고 하는구나.

④ 카바 신전은 검은 천으로 가려져 있어. 사람 눈으로 쳐다볼 수 없을 만큼 알라가 위대하다는 것을 나타낸대.

⑤ 순례자가 한 바퀴를 다 돌았다는 것을 알려 주는 무늬야.

⑥ 가브리엘 천사가 이 계단을 통해서 카바 신전에 다녀 갔대.

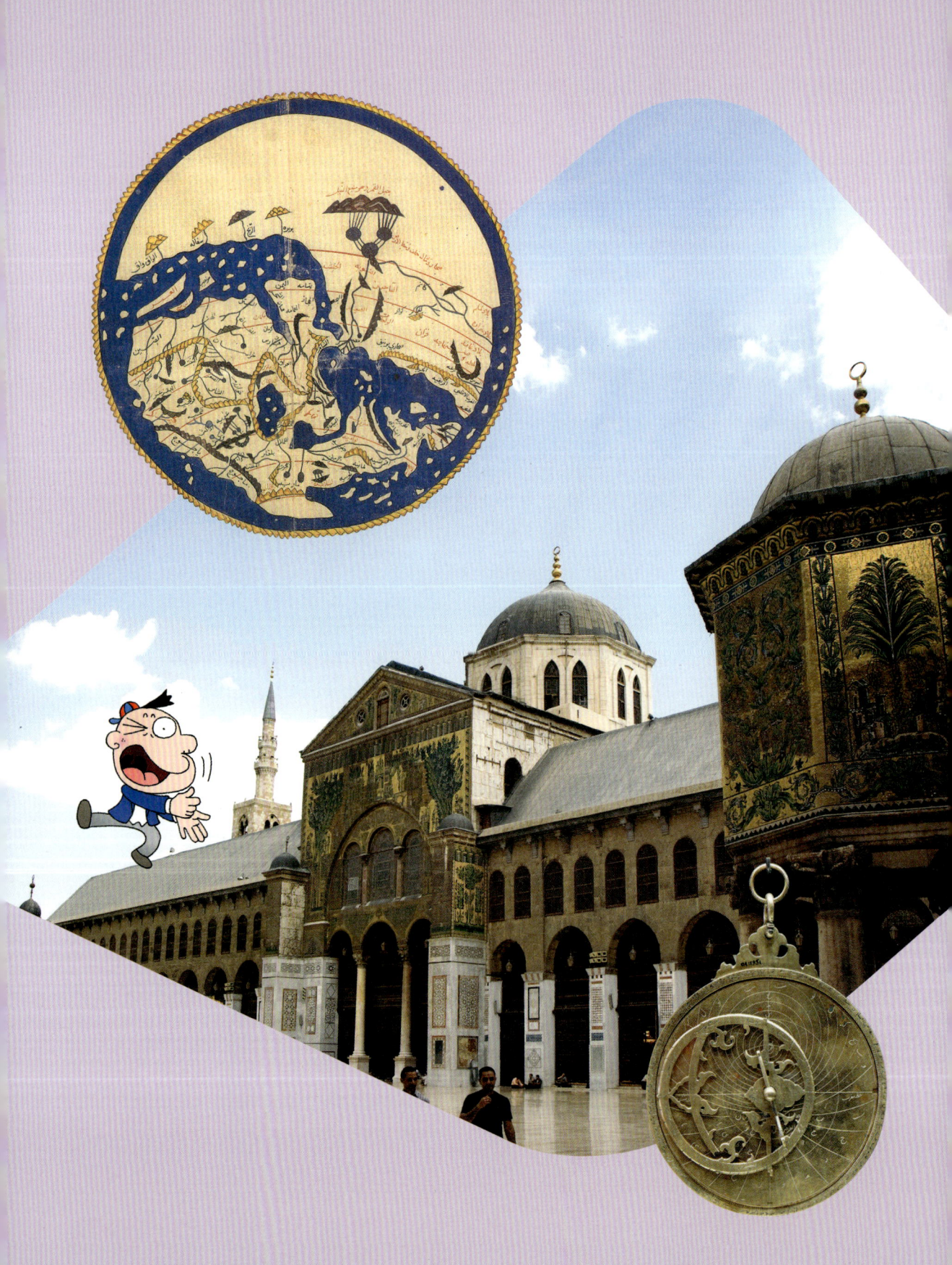

6교시

이슬람 세계가 황금기를 맞이하다

정통 칼리프 시대를 거치며 이슬람 세계는
종교 공동체에서 서아시아 일대를 호령하는
어엿한 제국으로 거듭났어.
이제 이슬람 제국은 명실상부한 세계의 중심이 되어
찬란한 황금기를 맞이하게 되었지.
이번 시간에는 이슬람 세계에 찾아온 황금기와
그 결말에 대해 알아볼까?

661년	717년	750년	756년	762년	836년	969년
우마이야 왕조 탄생	이슬람군 콘스탄티노폴리스 포위	아바스 왕조 탄생	후우마이야 왕조 탄생	바그다드 건설	사마라로 수도 옮김	파티마 왕조, 이집트 정복

프랑크 왕국

비잔티움 제국

로마

콘스탄티노폴리스

후우마이야 왕조

코르도바

튀니스

지 중 해

파티마 왕조

코르도바
후우마이야 왕조의 근거지이자, 이베리아반도 이슬람 세력의 중심지.

콘스탄티노폴리스
비잔티움 제국의 수도. 717년 크리스트교도들은 이곳에서 벌어진 전쟁에서 이슬람 세력의 팽창을 막을 수 있었어.

카이로
969년 파티마 왕조가 이집트를 정복한 뒤 이곳을 수도로 삼았어. 오늘날 이집트의 수도이기도 해.

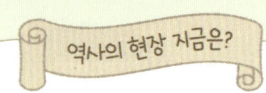

지중해로 뻗어 나간 이슬람 세계, 북아프리카의 오늘날

아프리카 북서쪽 해안을 따라 리비아, 튀니지, 알제리, 모로코 등의 나라가 나란히 자리 잡고 있어. 유럽 열강의 식민 지배를 받다가 제2차 세계 대전 이후 독립한 나라들이지. 주민은 아랍인, 베르베르인이 대다수를 차지해. 네 나라 모두 아랍어를 공용어로 사용하지만, 1,200만 명에 달하는 베르베르인 중에는 여전히 베르베르어를 사용하며 전통적인 유목 생활을 유지하는 사람들이 많아. 사하라 사막이 국토의 대부분을 차지하고 있어서 사막 남쪽의 다른 아프리카 국가들과는 문화적인 차이가 있단다.

▲ 이베리아반도에서 바라본 모로코

북아프리카의 원주민 베르베르인

북아프리카는 페니키아, 카르타고, 로마, 아랍, 오스만 제국의 지배를 차례로 받았어. 현재 인구의 대부분은 아랍인들이지. 하지만 여전히 원주민인 1,200만 명가량의 베르베르인이 사막과 산악 지역을 무대로 자신들의 언어와 전통을 유지하며 살아가고 있어. 이들은 아랍인들의 영향으로 일찌감치 이슬람교를 받아들였는데, 이슬람 제국이 이베리아반도를 점령할 때 큰 역할을 한 무어인들이 바로 베르베르인이야.

▲ 사막에서 염소를 몰고 있는 베르베르인

북아프리카의 자연

북아프리카 지역은 비록 아프리카 대륙에 있지만, 유럽과는 30킬로미터 남짓한 지브롤터 해협을 사이에 두고 손에 잡힐 듯 가까운 곳에 있단다. 그래서 역사적으로 유럽 및 지중해 세계와도 밀접한 관계를 맺어 왔어.

▲ 사하라 사막 세계에서 가장 넓은 불모지. 아프리카 대륙 북부에 자리 잡고 있어.

↑ 동서로 길게 뻗은 아틀라스산맥

북아프리카의 등뼈 아틀라스산맥

모로코, 알제리, 튀니지에 걸쳐 동서로 2,400킬로미터나 뻗어 있는 해발 3,300미터의 험준한 산맥이야. 아틀라스산맥의 최고봉은 4,167미터 높이의 투브칼산으로, 꼭대기는 만년설로 덮여 있어.

↑ 아틀라스산맥 산비탈의 계단식 농장

↑ 만년설을 이고 있는 투브칼산

↑ 모로코 제1의 도시 카사블랑카

북아프리카의 진주 모로코

북아프리카의 북서쪽 끝에 위치한 모로코는 인구가 3천 3백만, 면적은 한반도의 2배쯤 돼. 인구의 대부분은 북서부 해안 지역과 아틀라스산맥 구릉에 살고 있어. 기후는 여름에 고온 건조하고 겨울에 비가 많은 지중해성 기후를 보여. 풍부한 지하자원 덕택에 아프리카 국가들 가운데서는 국민 소득이 높은 편이야. 빼어난 자연 경관과 오랜 역사 덕분에 많은 유럽 인들이 즐겨 찾는 관광지이기도 해. 모로코 제1의 도시는 카사블랑카야. 카사블랑카는 포르투갈어로 '하얀 집'이라는 뜻인데, 예로부터 하얀색으로 집을 색칠하는 풍습이 있어서 붙은 이름이래. 사진 뒤쪽에 보이는 하산 2세 모스크는 카사블랑카의 상징으로 세계에서 세 번째로 큰 이슬람 사원이래.

↑ 모로코의 올리브 농장
모로코는 세계 6위의 올리브 생산국이야.

↑ 아틀라스 영화 스튜디오 모로코는 유럽과 가까우면서도 이국적인 풍광을 가진 덕분에 할리우드 영화의 촬영 장소로 각광받고 있어.

아프리카에서 가장 큰 나라 알제리

알제리는 아프리카에서는 1위, 전 세계에서는 10위의 면적을 가진 나라야. 한반도의 10배가 넘지. 하지만 아틀라스산맥 이남의 국토는 황량한 사하라 사막이어서 인구의 90퍼센트가 북부 지중해 연안에 몰려 살고 있어. 전형적인 지중해성 기후 지역으로 강우량과 토질이 농사를 짓기에 알맞은 곳이지. 인구는 4,500만 명 정도이고 아랍어와 베르베르어가 함께 쓰인단다. 수도 알제는 고대부터 서부 지중해의 요충지로, 북아프리카의 중요한 항구였지. 알제리를 식민 지배한 프랑스가 이곳을 수도로 삼은 이후 발전을 거듭해 오늘날에 이르고 있지.

▲ 알제리의 수도 알제

▼ **알제리의 유정** 알제리는 수출액의 97퍼센트 이상을 석유와 천연가스 생산에 의존해. 그래서 심각한 산업 불균형에 시달리지.

▲ **알제리 독립 기념 행진** 알제리는 프랑스의 식민 지배에 맞서 132년 동안 독립 전쟁을 펼친 끝에 독립을 이루었어. 프랑스어가 널리 쓰이고 프랑스에서 일하는 알제리 사람도 많지만, 두 나라 사이에 감정이 매우 좋지 않은 것은 그 때문이지.

카르타고의 후예 튀니지

시칠리아섬을 사이에 두고 이탈리아와 마주 보고 있는 튀니지는 그 옛날 지중해의 강국 카르타고의 후예를 자처하는 나라야. 이슬람 세계의 다른 국가에 비해 종교 색채도 약하고, 때로는 유럽 쪽에 가까운 자유로운 분위기를 느낄 수도 있지. 아랍어가 공식 언어이지만 한때 프랑스의 식민지여서 프랑스어도 널리 쓰여. 인구는 1,200만 명, 면적은 한반도보다 조금 작아. 튀니지의 수도 튀니스는 고대 로마와 카르타고가 지중해를 지배하던 시기부터 줄곧 중요한 항구였어. 이슬람 세력이 아프리카로 진출한 뒤에도 번영을 누렸으며, 여러 북아프리카 이슬람 왕조의 수도 역할을 했지.

▲ 오랜 역사를 가진 수도 튀니스

▼ **관광 도시 시디 부 사이드의 해변** 지중해를 마주 보고 있는 튀니지는 사시사철 화창한 날씨와 맑은 바다로 유명해. 해변에 늘어서 있는 흰색과 푸른색 지붕의 집들이 지중해 연안 도시들의 특징을 보여 주고 있지.

▲ **튀니지의 혁명 시위대** 튀니지는 2011년 대대적인 민주화 운동을 통해 23년간 독재 정치를 펴 온 대통령을 몰아내고 국민의 지지를 받는 민주 정부를 세웠단다.

우마이야 왕조와 시아파가 탄생하다

용선생이 칠판에 '이슬람 세계가 황금기를 맞이하다'라고 썼다. 왕수재가 칠판을 보며 고개를 갸웃하며 물었다.

"이슬람 세계의 황금기라고요?"

"오늘 공부할 부분을 배우고 나면 왜 이런 표현을 썼는지 알 수 있을 거야. 지난 시간에는 우스만이 알리의 지지 세력에게 살해당한 뒤, 무함마드의 사촌 동생 알리가 네 번째 칼리프로 선출되었다는 이야기까지 했지?"

"네. 그런데 선생님, 이제 알리가 칼리프가 되었으니까 이슬람 세계가 다시 무함마드의 가르침을 충실히 따르게 되겠죠?"

↑ 알리 (601년~661년) 예언자 무함마드의 사촌 동생으로 무함마드의 아내에 이어 두 번째로 이슬람교도가 되었어. 정통 칼리프 시대의 네 번째이자 마지막 칼리프야.

"그러려고 했지. 하지만 알리는 시작부터 어려움에 부딪혔어. 우마이야 가문과 친한 부유한 상인들과 지방 총독들이 알리가 칼리프가 되려고 사람들을 부추겨 우스만을 살해했다는 소문을 퍼뜨렸거든. 이들은 알리에게 정말 결백하다면 우스만을 살해한 사람들을 엄중하게 처벌하라고 요구했지. 말하자면 알리에게 자신을 추대한 사람을 처벌하라고 한 거야. 알리로서는 받아들이기 힘든 조건이었지. 그러자 우마이야 가문 사람들은 알리 반대 운동을 거세게 펼쳤어. 알리는 어쩔 수 없이 반대파 총독들을 모두 해임하고 새로운 사람들을 총독으로 내려보냈지. 하지만 반대파 총독들은 순순히 물러나지 않고 버텼어. 이슬람 세계가 걷잡을 수 없이 분열로 치달았던 거야."

"칼리프 되는 게 쉬운 일이 아니었네요."

"결국 지방 총독 중에서 가장 세력이 강했던 시리아 총독 무아위야가 반란을 일으켰어. 우마이야 가문 출신인 무아위야는 알리가 부정한 방법으로 칼리프 자리에 올랐으니 칼리프 자격이 없다며 자신이 칼리프가 되어야 한다고 주장했어. 움마는 무아위야 편과 알리 편으로 갈라져 내전을 벌이게 되었지."

"무함마드가 같은 이슬람교 신자들끼리는 싸우지 말라고 얘기했는데……."

영심이가 걱정되는 듯 두 손을 모았고, 용선생도 심각한 표정을 지었다.

"알리도 괴로웠어. 어쩔 수 없이 전쟁을 시작하기는 했지만 무아위야의 세력이 만만치 않아서 전쟁이 길어졌고, 그럴수록 같은 이슬람교 신자들끼리 서로를 죽여야 한다는 게 너무나 큰 마음의 짐이 되었거든.

장하다의 인물 사전

무아위야 우마이야 왕조의 첫 번째 칼리프. 제3대 칼리프인 우스만의 6촌 동생이기도 했어.

→ **다마스쿠스**
현재 시리아의 수도로 고대부터 상업 도시로 번성을 누렸어. 무아위야는 칼리프가 된 뒤 수도를 이곳으로 옮겼어.

그래서 알리는 무아위야에게 협상을 제안했어. 서로 싸우지 말고 알리 자신을 칼리프로 인정하되 이슬람 세계를 둘로 나누어서 통치하자는 거였지. 이슬람의 본거지인 아라비아반도와 이란고원은 알리 자신이, 이집트와 시리아 지역은 무아위야가 다스리자고 말이야. 무아위야가 이 협상안을 받아들이면서 내전은 가까스로 끝이 났어."

"휴~. 역시 알리가 착한 칼리프네요. 양보를 해서라도 전쟁을 끝낸 걸 보면."

곽두기가 한숨을 내쉬는 걸 본 용선생이 진지한 표정으로 말을 이어 나갔다.

"그런데 알리의 결정에 불만을 가진 사람도 있었어. 반란군인 무아위야를 응징하지 않고 양보를 한 게 옳지 않다고 생각했거든. 그래서 이들은 알리를 암살했어. 이슬람력으로 40년, 알리가 칼리프 자리에 오른 지 고작 5년 만이었지."

"진짜요? 그럼 이제 누가 칼리프가 되는 거예요?"

"무아위야는 이때다 하고는 냉큼 회의를 열어 자신을 유일한 칼리프로 선출하게 했어. 그러고는 수도도 메디나에서 자신의 근거지인 시리아의 다마스쿠스로 옮겨 버렸지. 이슬람 세계의 수도가 바뀌게 된 거야."

"완전히 자기 멋대로군요."

나선애가 필기를 멈추고 용선생을 쳐다보았다.

"유일한 경쟁자였던 알리가 죽고 움마의 다른 사람들도 무아위야의 눈치만 보는 처지였으니 거칠 게 없었지. 이제 무아위야는 왕처럼 막강한 권력을 장악한 채 이슬람 세계를 하나의 제국처럼 다스리기 시작했어. 그러다 보니 원래는 움마의 회의에서 합의를 통해 선출되던 다음 칼리프 자리도 마치 왕위를 세습하듯이 아들에게 물려주는 것을 당연하게 여기게 되었지. 대대로 우마이야 가문이 왕위를 이어

이슬람 세계가 황금기를 맞이하다

▲ **다마스쿠스의 대사원** 우마이야 왕조가 세운 대사원. 원래는 크리스트교 교회였다고 해.

받던 이 시기를 우마이야 왕조 시대라고 부른단다."

"결국 움마도 왕이 다스리는 보통 나라가 되어 버렸네요. 휴~!"

허영심이 길게 한숨을 내뱉었다.

"선생님, 그럼 알리를 지지하던 사람들은 그냥 가만히 있었나요?"

장하다의 질문에 용선생은 고개를 가로저었다.

"그럴 리가. 알리의 지지자들은 알리의 둘째 아들인 후세인을 중심으로 뭉쳐 무아위야와 대립했단다. 이들은 무아위야가 죽고 그 아들이 움마의 회의를 거치지 않은 채 새로운 칼리프 자리에 오르자, 즉각 반발하면서 반란을 준비했지. 그런데 새로운 칼리프가 이 소식을 듣고는 선수를 쳤어. 미처 반란 준비를 끝내기 전에 진압군을 보내서 후세인과 그 일가친척, 그리고 후세인의 지지자까지 모조리 참혹하

▲ 카르발라 전투를 묘사한 그림

게 죽여 버린 거야. 이 사건을 '카르발라의 참극'이라고 부른단다."

"가족까지 모두 죽이다니…… 그럼 이제 알리 추종자들은 사라졌겠네요."

왕수재가 인상을 찌푸리며 말하자 용선생은 고개를 가로저었다.

"그렇지 않아. 카르발라의 참극 이후에도 알리를 따르는 사람들은 뜻을 굽히지 않았어. 다만 우마이야 가문의 탄압을 피해 암암리에 활동을 계속해 나갔지. 이렇게 탄생한 이슬람의 새로운 종파가 바로 시아파야. 시아파는 무함마드의 혈육인 알리와 그의 후손만이 칼리프가 될 자격이 있다고 생각하며, 1,400년 가까이 흐른 오늘날까지도 그 뜻을 이어 나가고 있단다."

"꺅~! 오늘날까지 이어 나가고 있다고요?"

"응. 하지만 훨씬 더 많은 사람들은 굳이 무함마드의 혈통을 이어받은 알리의 후손이 아니어도 신앙심만 깊다면 이슬람 세계의 지도자가 될 자격이 있다고 생각했는데, 이들을 수니파라고 불러. 수는 수니파가 훨씬 많지. 하지만 오늘날에도 일부 이슬람 국가들은 시아파와 수니파 사이의 대립 때문에 큰 곤란을 겪고 있단다. 서아시아의 대표적 강국 중 하나인 이란은 공식적으로 시아파를 따르고 있어."

"그런데 다들 우마이야 가문을 싫어할 줄 알았는데 수니파가 훨씬 많다니 의외네요."

왕수재의 지리 사전

카르발라 오늘날 이라크 중부에 위치한 도시야. 카르발라의 참극 이후 시아파 이슬람교도의 주요 성지로 떠올랐지.

나선애의 세계사 사전

시아파 시아는 '분파'라는 뜻으로, 알리를 따르며 수니파에 맞서는 이들을 가리켜.

수니파 무함마드의 언행인 '순나'를 따르는 이들로 정통파로 불리기도 해. 오늘날 이슬람교 신자들의 83퍼센트를 차지하지.

이슬람 세계가 황금기를 맞이하다 **253**

수니파	시아파
• 전체 이슬람교도의 약 83% • 이슬람의 통치자는 무함마드 또는 움마가 세운 관습이나 법에 따라 이슬람 세계를 다스려야한다고 믿어. • 시아파가 《쿠란》을 왜곡한다고 주장해. • 대표적인 국가: 사우디아라비아	• 전체 이슬람교도의 약 17% • 모든 이슬람 통치자들은 알리의 후손이어야 한다고 믿어. 그래서 움마가 세운 관습이나 법의 권위는 인정하지 않아. • 수니파가 《쿠란》을 왜곡한다고 주장해. • 대표적인 국가: 이란

나선애가 고개를 갸웃거리자, 용선생이 미소를 지으며 말했다.

"오히려 우마이야 왕조의 지배 아래에서 이슬람 세계는 본격적인 전성기를 맞이하게 된단다."

용선생의 핵심 정리

알리가 암살당한 뒤 우마이야 가문이 칼리프 자리를 차지하고 왕위처럼 세습. 이에 반발하며 무함마드의 혈육인 알리와 그 후손만이 칼리프가 될 자격이 있다고 믿는 시아파가 탄생.

↓ **카르발라의 이맘 후세인 사원** 후세인과 그 가족들이 살해당한 카르발라에 세워진 이슬람 사원. 매년 이슬람력으로 1월이면 수많은 시아파 이슬람교도들이 모여 40일간 그의 죽음을 기리고 있단다.

우마이야 왕조, 이슬람 제국을 전성기로 이끌다

← 우마이야 왕조 영토

스크린에 새로운 지도를 띄운 용선생이 말을 이어 나갔다.

"이게 바로 우마이야 왕조 전성기 때의 영토를 표시한 지도야. 이슬람 세력은 서쪽으로는 북아프리카 해안을 장악하고 여세를 몰아 지브롤터 해협을 건너 유럽의 이베리아반도까지, 동쪽으로는 중앙아시아를 거쳐 인도의 인더스강 유역까지, 북쪽으로는 아나톨리아반도를 휩쓸며 비잔티움의 수도인 콘스탄티노폴리스를 공격하기에 이르렀지."

"지난 시간에 말씀해 주셨죠? 페르시아는 진작에 망했고, 비잔티움 제국은 약해졌다고요."

나선애가 기억난다는 듯 말했다.

"그렇지. 게다가 이슬람의 공격을 받은 각 지방의 주민들은 공격에 맞서기는커녕 오히려 환영했어."

왕수재의 지리 사전

지브롤터 해협 이베리아반도와 아프리카 사이의 좁은 바다. 지중해에서 이 해협을 빠져나가면 대서양이야.

▲ 예루살렘 바위의 돔 우마이야 왕조 시기에 세워진 사원. 이슬람교의 중요한 성지로, 무함마드가 이곳 바위 위에서 천사를 따라 하늘로 올라가서 알라의 계시를 받고 내려왔다고 전해져.

"지난 시간에 말씀하신 것처럼 전쟁과 세금에 질려서 그런 건가요?"

"맞아. 우마이야 왕조는 정복한 지역 주민들이 이슬람으로 개종하면 세금을 거의 면제해 줬어. 자신들의 문화와 관습을 고스란히 지키는 것도 인정했지. 그러니 우마이야 왕조의 지배를 거부할 이유가 없었던 거야. 이렇게 수십 년에 걸친 승리와 정복이 반복될수록 병사들의 사기도 하늘을 찌를 듯 높아졌어. 정말 신이 굽어살피는 나라라는 생각이 절로 들었을 거야."

"이러다가는 정말 이슬람 세력이 세계를 정복해도 이상할 게 없겠는걸요."

왕수재가 중얼거리자 용선생은 고개를 끄덕이며 맞장구를 쳤다

▲ 콘스탄티노폴리스 공방전 비잔티움 제국은 '그리스의 불'을 이용해 이슬람 세력의 공격을 막아 냈어.

"그러게 말이다. 일단 가장 크게 위협을 느낀 것은 서로마 제국이 멸망한 이후 극심한 혼란을 겪고 있던 유럽이었어. 하지만 717년 비잔티움 제국이 이슬람의 공격에 맞서 수도 콘스탄티노폴리스를 지키는 데 성공했단다. 또 732년에는 프랑크 왕국이 프랑스로 진출하려는 이슬람 세력을 막아 내 이슬람 세력의 팽창을 저지했지. 만약 이 두 번의 공격 중 어느 하나라도 성공했다면 오늘날 유럽에 성당보다 이슬람 모스크가 더 많이 남아있을지도 몰라."

"우아, 듣고 보니 이슬람교도들 입장에서는 아깝게 됐네요."

"아깝다니? 천만에. 이 당시 유럽은 게르만족의 극심한 약탈과 전쟁으로 쑥대밭이 된 상태였기 때문에 서아시아에 비하면 가난하고 낙후된 동네에 불과했어. 반면 우마이야 왕조는 서아시아와 동부 지중해, 이집트의 부유한 상업 도시와 교역로를 모조리 차지해서 막대한 돈을 벌어들이며 그야말로 황금기를 누렸지. 우마이야 가문을 몰아내야 한다는 시아파의 목소리가 호응을 얻지 못한 것도 아마 그 때문이었을 거야."

"피~, 역시 돈이 최고다, 이거네요."

허영심이 입술을 내밀며 말하자 용선생은 어깨를 으쓱했다.

"그런데 그렇다고 해서 우마이야 왕조에 문제가 없었던 건 아니란다. 일단 가장 큰 문제는 왕조의 권력을 쥐고 있는 우마이야 가문이나 다른 아랍인들은 거대한 제국을 다스려 본 경험이 전혀 없다는 점이었지. 법을 만들고, 관리를 임명하

나선애의 세계사 사전

프랑크 왕국 게르만족의 한 갈래인 프랑크족이 서유럽에 세운 나라. 오늘날 독일, 프랑스, 이탈리아의 기원이 되는 나라야.

↑ **우마이야 왕조에서 찍어 낸 금화**
칼리프와 이슬람 사원의 모습이 그려져 있어.

고, 군대를 동원해 전쟁에 나서는 모든 게 새롭기만 했던 거야. 그래서 아랍인들은 우선 자신들에게 항복하고 이슬람교로 개종한 현지인들을 관리로 임명해서 나라를 다스렸단다. 때로는 종교나 출신을 따지지 않고 능력만 봐서 관리로 임명하기도 했어."

"아하, 그럼 그 사람들이 말을 고분고분 듣지 않았던 모양이죠?"

"흐흐. 문제는 아랍인들의 태도였단다. 나라를 실제로 다스리는 관리들은 대부분 현지인인데 우마이야 왕조의 아랍인들은 사사건건 아랍인 제일주의를 내세웠거든. 높은 관직을 아랍인이 독점하는 건 기본이고, 아랍어를 공용어로 채택해 모든 공문서에는 아랍어를 사용하도록 했어. 이슬람 경전인 《쿠란》이 아랍어로 쓰여 있으니 제국의 공용어는 당연히 아랍어가 되어야 한다는 이유로 말이야."

"그럼 이슬람 세계에서 살려면 갑자기 외국어를 배워야 돼요? 아이쿠, 머리야."

장하다가 머리를 감싸 쥐며 인상을 찌푸렸다.

"그래. 현지인들로서는 갑자기 새로운 언어를 배운다는 게 결코 쉬운 일이 아니었지. 시간이 흐르면서 아랍어에 서툰 관리들은 자리에서 내쫓기고, 그 자리를 아랍인들이 차지했어. 얼마 뒤에는 현지인 관리들은 모두 사라지고 멀리 떨어진 지방까지 아랍인 총독과 그 부하들이 직접 다스리게 되었지."

"그러면 현지인들이 불만을 가질 텐데."

"응. 현지인들 사이에서는 불만이 뭉게뭉게 피어오르고 있었지. 여기에 기름을 부은 게 바로 세금 문제였어. 원래 우마이야 왕조에서는 이슬람교로 개종하면 세금을 거의 내지 않았다고 이야기했지? 그

용선생의 세계사 돋보기

아랍어는 우마이야 왕조가 공용어로 채택하면서 이슬람 세계 전역으로 퍼져 나갔어. 현재 약 3억 명이 쓰고 있으며 국제 연합(UN)에서 정한 6개 공용어 중 하나야.

런데 모든 민족들이 너도나도 이슬람교로 개종하다 보니 세금이 부족해졌어. 어쩔 수 없이 우마이야 왕조는 이 정책을 취소하고 아랍인이 아닌 다른 민족은 이슬람교로 개종해도 세금을 그대로 내야 한다고 선언했지."

"그건 진짜 짜증 났겠는걸요. 말을 바꾸다니!"

"그래. 그 때문에 순식간에 아랍인 정복자들을 적대시하는 분위기가 이슬람 세계 전체로 퍼져 나갔어. 그런데도 우마이야 왕조는 호화로운 궁전과 사원을 지으며 사치를 누리는 데에 여념이 없었단다. 이제 누군가 앞장서서 반란을 주도하기만 하면 이 불만이 터지는 건 시간문제였지."

"근데 반란을 누가 주도하는데요?"

나선애의 물음에 용선생은 싱긋 미소를 지었다.

"우마이야 가문을 가장 싫어하는 게 누구겠니?"

↑ **쿠세이르 암라 궁전** 700년대 초에 건설되어 우마이야 왕조 칼리프들이 머물렀던 궁전이야.

"혹시 시아파?"

"그렇단다. 바로 시아파지. 하지만 카르발라의 참극 이후로 힘이 빠진 시아파 혼자 힘만으로 강대한 우마이야 왕조를 뒤엎기는 무리였어. 그래서 손을 잡을 만한 세력을 찾았는데, 바로 페르시아인들이었어. 비록 아랍인에게 무릎을 꿇었지만 역사가 깊고 자긍심이 드높은 민족이었지."

> **용선생의 핵심 정리**
>
> 700년대 초반, 우마이야 왕조의 팽창을 비잔티움 제국과 프랑크 왕국이 가까스로 저지함. 우마이야 왕조의 아랍 제일주의 정책으로 현지인들의 불만이 높아짐.

아바스 왕조와 세계의 중심 바그다드

장하다의 인물 사전

아부 알 아바스 아바스 왕조의 제1대 칼리프. 예언자 무함마드의 막내 삼촌의 고손자라고 해.

용선생은 책을 한 장 넘기며 설명을 이어 나갔다.

"750년, 시아파와 페르시아인들은 아부 알 아바스라는 사람을 앞세워 반란을 일으켰어. 그리고 이 반란을 신호탄으로 제국 각지에서 우마이야 왕조에 불만을 품고 있던 여러 민족들이 일제히 아부 알 아바스를 지지하며 반란을 일으켰어. 한때 강대했던 우마이야 왕조는 반란에 밀려 와르르 무너졌지. 아부 알 아바스는 스스로 칼리프 자리에 오른 뒤 우마이야 가문 사람들을 불러 모아 남김없이 죽여 버렸어. 이렇게 해서 우마이야 왕조는 끝나고 아바스 왕조가 시작되었단다."

"크~. 그럼 이제 진짜 시아파의 세상이 온 거네요."

장하다가 고개를 끄덕이며 감탄했지만 용선생은 고개를 가로저었다.

"그건 아니야. 아부 알 아바스는 칼리프가 되자마자 태도를 180도 바꾸어 버렸단다. 자신을 도와주었던 시아파들을 모두 잡아들이거나 제국 바깥으로 내쫓아 버린 거야. 다수파인 수니파의 지지를 얻기 위해 동지였던 시아파를 내친 거지."

"배신자 같으니라고! 그럼 페르시아 사람들도 쫓겨났어요?"

"아니. 오히려 페르시아인들이 아바스 왕조를 이끌어 나갔어. 아바스 왕조의 칼리프들은 궁 밖으로 나가 전쟁을 지휘하기도 했지만 대개는 궁 안에 머물며 학문과 예술 후원에 힘썼지. 그러다 보니 페르시아인 재상이 나랏일을 도맡게 됐어."

"이제 보니 최후의 승자는 페르시아인이었군요."

왕수재의 말에 용선생은 어깨를 으쓱했다.

"정확히 말하자면 아랍인 제일주의에 신음하던 이슬람 세계의 여러 민족들이 모두 이득을 봤지. 페르시아인들은 아랍인 제일주의를 폐기했거든. 그 대신 제국의 모든 사람들에게 똑같이 세금을 거두고,

이슬람 세계가 황금기를 맞이하다 **261**

누구나 능력만 있으면 고위 관리가 될 수 있도록 했단다. 다만 아랍어를 제국의 공용어로 삼는 것만은 어쩔 수가 없었어. 아바스 왕조는 이슬람 국가이고, 이슬람 경전인 《쿠란》이 아랍어로 쓰여 있었기 때문이지."

"그럼, 아랍어는 계속 배워야겠네요, 끙."

"하지만 아바스 왕조는 적어도 이슬람교라는 커다란 울타리 안에서는 민족에 상관없이 모두가 평등하게 살아갈 수 있는 새로운 제국이었지. 새 술은 새 부대에 담아야 하는 법! 아바스 왕조는 티그리스강과 유프라테스강 사이의 작은 어촌에 새로운 도시를 건설해 수도를 옮겼어. 바로 오늘날 이라크의 수도인 바그다드야."

"갑자기 수도는 왜 옮겨요?"

나선애가 고개를 갸우뚱거렸다.

▼ 오늘날의 바그다드 이라크의 수도인 바그다드는 인구 약 800만이 넘는 대도시야.

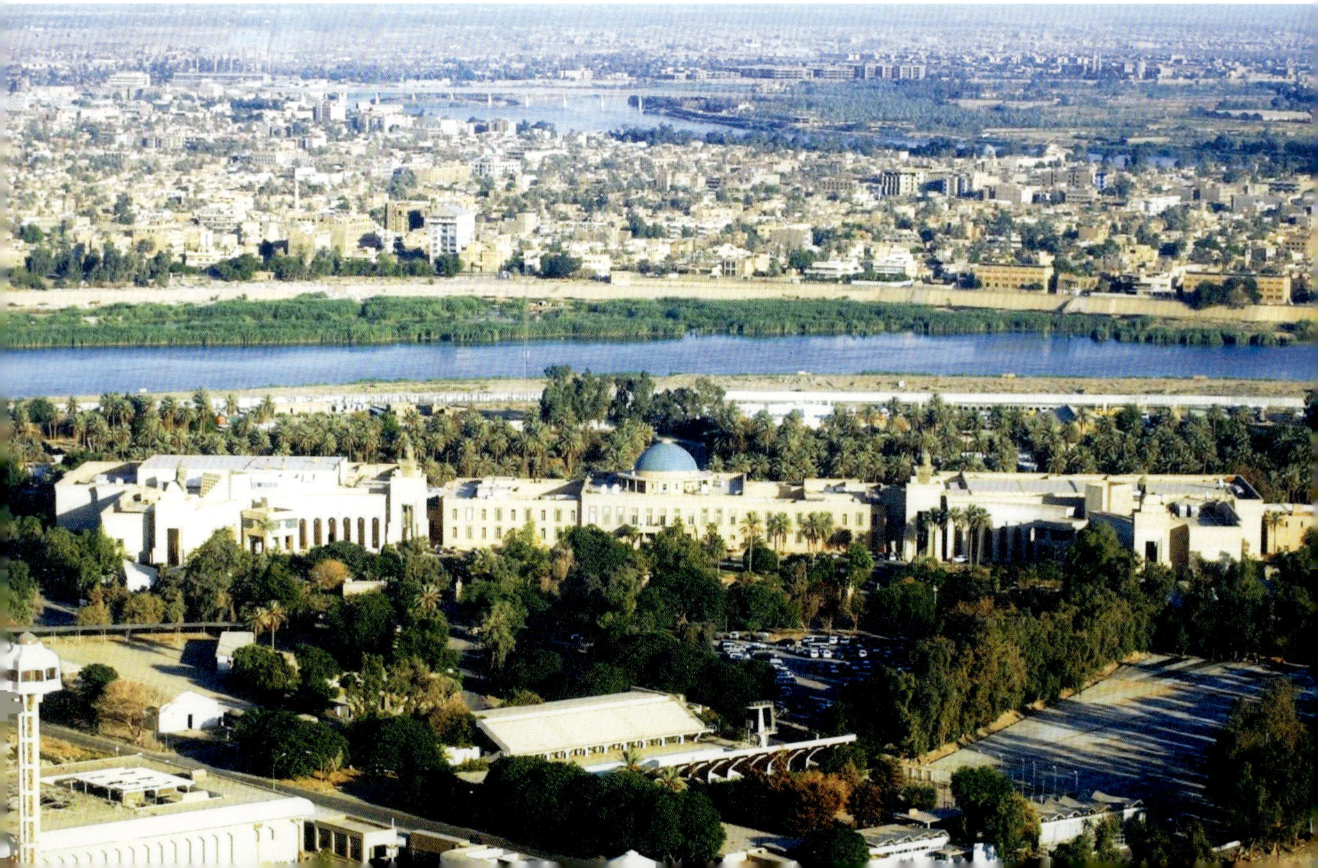

▲ 바그다드 복원도

"이전 수도였던 다마스쿠스가 우마이야 가문의 근거지였거든. 반면 바그다드는 옛 페르시아의 수도였던 크테시폰에서 가까웠어. 또 제국 한복판에 자리 잡고 있어서 도로를 따라 어디든 쉽게 갈 수 있고, 티그리스강과 유프라테스강을 끼고 있어 곧장 바다로 나갈 수 있었지. 한마디로 육로와 해로를 이용해 사방팔방으로 연결되기 좋은 교통의 요지였다, 이 말씀이지."

"아하, 교통이 편리하니까 상인들한테는 무척 편리한 도시였겠네요."

"그럼 이제 아랍 상인들도 떼돈을 벌었겠네요?"

"그래. 바그다드를 근거지로 삼은 아랍 상인들은 날개를 단 듯 전 세계를 누비며 활발히 무역 활동을 벌였단다. 특히 바닷길을 통한 교역이 활발했어. 아랍인들은 먼저 가까운 인도양과 동아프리카 일대의 무역을 장악했고, 나중에는 동남아시아를 넘어서 저 멀리 중

▲ 이슬람의 크리스털 공예

이슬람 세계가 황금기를 맞이하다 263

국에 이르기까지 아랍 상인의 발길이 닿지 않는 곳이 없을 정도가 되었지. 심지어 신라에까지 아랍 상인이 찾아왔다는 기록이 남아 있단다."

"우아, 정말요?"

아이들의 눈이 동그래졌다.

"그래. 이렇게 활발한 아랍인들의 활동은 세계의 문화 교류를 촉진

탈라스 전투와 제지술의 전파

751년, 동쪽으로 팽창하던 아바스 왕조의 군대와 고선지 장군이 이끄는 당나라 군대가 중앙아시아의 탈라스라는 곳에서 맞부딪쳤어. 그동안 비단길을 통해 간접적으로 교류해 왔던 서아시아와 중국이 처음으로 직접 격돌한 거야.

탈라스 전투는 아바스 왕조의 승리로 끝났어. 그 때문에 당나라는 더 이상 서쪽으로 나아갈 수 없었고, 반면에 이슬람 세력은 중앙아시아로 진출할 수 있는 발판을 마련했지. 현재 중앙아시아의 많은 사람들이 이슬람교를 믿게 된 것은 바로 아바스 왕조가 탈라스 전투에서 승리한 덕분이란다.

그런데 이 전투는 세계사에 또 한 가지 뜻밖의 결과를 불러왔어. 바로 제지술의 전파야. 중국에서는 후한 때 채륜이라는 환관이 종이 만드는 기술을 개발했어. 하지만 중국 조정에서 이 기술을 비밀로 했기 때문에 제지술은 오직 중국만이 가진 기술이었지. 그런데 탈라스 전투 때 당나라의 제지 기술자 한 명이 포로로 잡혔어. 이 기술자를 통해 이슬람 세계에 종이 만드는 법이 전파되었고, 훗날 이 기술이 유럽까지 전해졌단다.

제지술이 전해지기 전까지 서양에서는 양가죽을 말려서 만드는 값비싼 양피지를 주로 사용했어. 그런데 값이 싸면서도 튼튼한 종이가 전파되자 책을 만들거나 문서를 만들어 보관하기가 훨씬 쉬워졌지. 종이 제작 기술의 전파는 세계 역사를 바꿔 놓은 중요한 사건 중 하나로 평가받고 있단다.

← 종이를 만들고 있는 이슬람 세계의 기술자들

하는 역할도 했단다. 특히 중국의 4대 발명품인 종이와 화약, 나침반과 인쇄술이 유럽으로 전해진 것도 아랍인들 덕택이었지. 그뿐이겠니? 인도인들이 사용하던 숫자를 전 세계에 퍼뜨린 것 역시 아랍인이었어. 그래서 우리가 쓰는 숫자를 아라비아 숫자라고 부르게 됐다는 건 지난번에 얘기했지?"

"기억나요. 알고 보니 아랍인들도 문화 배달부 역할을 톡톡히 한 거네요."

"그래. 하지만 아랍 세계는 단순한 문화 배달부가 아니라 전 세계 지식들이 모이고 새로운 지식이 탄생하는 학문의 중심지였어. 특히 천문학과 지리학, 의학에서는 아랍이 세계 최고였지. 아랍인들은 고대 헬레니즘 시대 때부터 꾸준히 발전되어 온 지식을 이어받아 발전시켰거든."

"헤, 옛날 지식들을 그대로 이어받았다고요?"

장하다가 미심쩍은 표정을 짓자 용선생은 씩 미소를 지어 보였다.

"그렇다니까. 바그다드에는 당대 세계 최대의 도서관이자 학술 연구소도 있었어. 바로 지혜의 집이지! 지혜의 집에는 고대 그리스와 로마, 페르시아와 이집트 등에서 전해 내려온 각종 고서적들이 죄다 수집되어 있었어. 아바스

▲ 지혜의 집에서 토론을 하는 학자들

▲ 1100년 무렵 제작된 세계 지도 아라비아반도의 메카를 중심으로 세계를 표현하고 있어. 오늘날 우리가 사용하는 지도와는 달리 남쪽이 위, 북쪽이 아래로 표현되어 있단다.

◀ 아스트롤라베 별의 위치, 시각, 경도와 위도 등을 알아내기 위한 천문 관측 기구야.

이슬람 세계가 황금기를 맞이하다 **265**

왕조의 칼리프들은 세계 곳곳의 학자들이 지혜의 집에 모여서 학문 연구에 전념할 수 있도록 온갖 지원을 아끼지 않았지. 이슬람 세계가 당대 세계 최고의 학술 중심지가 될 수 있었던 건 다 이런 노력 덕택이었단다."

"이제 보니 아바스 왕조가 세계 최고 선진국이잖아! 우아."

"이 정도 저력이면 이슬람 세계가 진짜로 세계 정복을 해 버릴 수도 있겠는걸요."

장하다가 눈을 빛내며 말했지만 용선생은 웃으며 고개를 가로저었다.

"흐흐. 그건 아니란다. 아바스 왕조가 들어선 뒤 이슬람 문명이 황금기를 맞은 건 사실이야. 하지만 정작 아바스 왕조의 힘은 오래가지 못하고 기울기 시작했지."

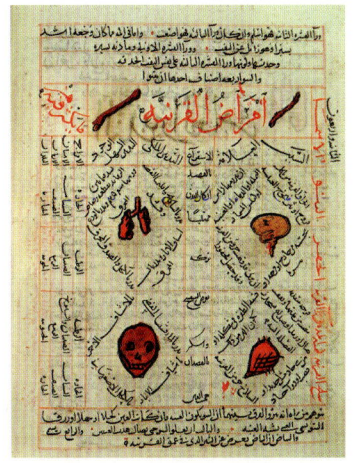

▲ 이븐시나의 의학서 철학자이자 의사인 이븐시나의 해부학 지식은 현대 의학이 발전하기 전까지 서양 의학의 길잡이가 되었어.

 **용선생의 핵심 정리**

750년, 시아파와 페르시아인들의 협력으로 아바스 왕조가 탄생하고 이슬람 문명은 황금기를 맞이함. 새로운 수도 바그다드는 교역뿐 아니라 천문학, 지리학, 의술 등 여러 학문의 중심지가 됨.

세 명의 칼리프가 등장하다

용선생의 예상치 못한 말에 나선애가 어리둥절한 표정을 지으며 물었다.

"엥? 이슬람 문명이 황금기인데 아바스 왕조는 기울어요?"

이슬람 세계가 황금기를 맞이하다

▲ **프랑크 왕국 카롤루스 대제의 사절단을 맞이하는 하룬 알 라시드** 아바스 왕조의 전성기를 이끌었던 칼리프 하룬 알 라시드. 그러나 그의 죽음 이후 아바스 왕조는 쇠퇴기로 접어들게 돼.

"그렇단다. 제일 큰 문제는 나라가 너무 커진 거야. 그러다 보니 바그다드에서 멀리 떨어진 곳까지 칼리프의 명령이 제대로 전달되기가 어려웠지. 그래서 아바스 왕조 칼리프들은 지방 총독들에게 자치권을 주어 그 지역을 다스리고, 또 자식에게 총독 자리를 물려줄 수 있게 해 주었는데, 세월이 흐르자 이 총독들이 마치 독립된 왕처럼 굴기 시작한 거야."

"그걸 그냥 둬요? 군대를 끌고 가서 혼내 주면 되지."

"칼리프한테 그럴 힘이 있을 때는 당연히 가만히 내버려 두지 않았겠지. 하지만 제5대 칼리프인 하룬 알 라시드가 죽은 뒤 칼리프 자리를 두고 왕자들 사이에 내분이 벌어지면서 칼리프들의 힘이 크게 약화되고 말았어. 칼리프가 지방 총독들을 힘으로 제압할 만큼 강하지 못했던 거야. 특히 아바스 왕조 건설의 일등공신이었던 페르시아 출신 총독들의 세력은 결코 무시할 수가 없었지."

"형~, 그럼 어떡해요?"

"혹시나 총독들이 반란을 일으키지는 않을까 몹시 불안했던 칼리프들은 결국 특단의 대책을 마련하기로 했어. 오직 칼리프에게만 충성하는 군대를 만들어서 총독들을 찍어 누르기로 한 거지."

"오직 칼리프에게만 충성하는 군대? 그런 게 갑자기 어디서 나와요?"

장하다가 아리송한 표정으로 묻자 용선생은 씩 웃음을 지었다.

"다른 건 몰라도, 칼리프가 돈은 무지무지 많았거든! 이 돈으로 사람들을 사서 잘 훈련시키면 오직 칼리프에게만 충성하는 군대를 만들 수 있다고 생각했던 거야. 때마침 이때 중앙아시아의 국경 지대에는 돌궐 제국이 멸망하면서 뿔뿔이 흩어진 튀르크인들이 왕창 몰려와 있었어."

"어라? 당나라랑 싸웠던 그 튀르크인 말인가요? 그 사람들이 여기까지 왔어요?"

"그래. 지난번에 튀르크인의 역사는 아직 끝나지 않았다고 말했던 것 기억나지? 중앙아시아의 노예 상인들은 나라를 잃은 튀르크인들을 붙잡아서 이슬람 세계 곳곳에 노예로 팔아넘기고 있었어. 칼리프는 튀르크인의 뛰어난 기마술을 눈여겨보고는 국경에서 붙잡힌 튀르크인 노예들을 왕창 사들여 이슬람교로 개종시킨 뒤 오직 자신의 명령만 듣는 친위 부대로 삼았지. 이렇게 탄생한 튀르크인 노예 병사들을 맘루크라고 부른단다."

용선생의 세계사 돋보기

모든 사람이 평등하다는 이슬람교의 가르침 때문에 이슬람 세계에서는 같은 이슬람교도를 노예로 삼는 것이 금지되어 있었어. 그래서 노예 상인들은 아프리카나 중앙아시아의 약소 민족들을 붙잡아다가 이슬람 세계에 노예로 팔았단다.

이슬람 세계가 황금기를 맞이하다 **269**

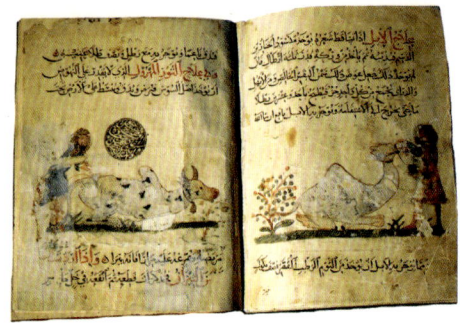

▲ **맘루크들의 군사 훈련서** 보통 10세에서 13세 튀르크인 어린이들이 노예로 끌려와 군사 훈련을 받았대.

▲ **사마라의 대모스크 미나렛** 맘루크가 득세한 뒤 아바스 왕조는 바그다드에서 북쪽으로 약 100킬로미터쯤 떨어진 사마라를 50년간 수도로 삼았어.

"휴. 튀르크인은 정말 신세가 처량하네요. 나라를 잃고 도망다니는 것도 서러운데, 이젠 칼리프의 노예로 전락하다니."

허영심의 입에서 저절로 한숨이 푹 새어 나왔다.

"그런데 말이야, 맘루크는 절대로 평범한 노예가 아니었단다. 시간이 흐르면서 칼리프들이 자신에게만 충성하는 맘루크에게 심하게 의존하게 됐거든. 맘루크들은 칼리프를 24시간 둘러싸고 철통같이 지켰지. 나중에는 아무리 높은 관리라고 하더라도 맘루크의 승인 없이는 칼리프의 얼굴조차 볼 수 없게 되었어. 칼리프의 명령도 모두 맘루크들의 입을 거쳐서 관리들에게 전달되는 판이었지."

"중국 한나라의 환관 같아요!"

"그래. 화가 난 관리들은 당장 맘루크들을 내치라고 칼리프에게 조언을 올렸고, 때로는 맘루크들과 싸움도 벌였어. 그러자 칼리프는 오히려 맘루크하고만 살겠다며 일방적으로 새 도시를 짓고 바그다드를 떠나 버렸단다. 이제 칼리프가 아니라 맘루크들이 나라를 다스린다고 말해도 될 정도였지."

"그래도 결국 칼리프가 정신만 차리면 끝이잖아요? 그래 봐야 노예인데."

"천만에. 처음에는 맘루크들이 칼리프의 신임을 바탕으로 위세를 부렸지만, 나중에는 칼리프를 꼭두각시처럼 조종하기 시작했어. 머지않아 맘루크가 칼리프를 죽이고 말 잘 듣는 사람을 골라서 칼리프 자리에 앉히는 사건도 버젓이 일어났단다."

"남의 땅에서 노예 생활 한다고 불쌍히 여겼더니, 그게 아니었네요."

"칼리프가 이 모양이니 아바스 왕조가 무너지는 것은 당연했지. 지방 총독들은 더욱 노골적으로 칼리프의 명령을 무시했고, 관리들은 부정부패를 일삼았어. 결국 900년대에 들어서자 아바스 왕조는 안팎으로 골병이 들어서 아무 힘도 쓸 수 없는 처지가 되고 말았지."

"그럼 이런 상황을 해결할 수 있는 사람은 없었어요?"

나선애의 말에 용선생은 고개를 가로저었다.

"그럴 리가 있겠니. 이슬람 세계가 이렇게 곤경에 처할 때마다 고

↑ 파티마 왕조 시기의 상아 공예품

개를 불쑥 내미는 사람들이 있었잖아. '여러분! 아바스 왕조의 칼리프는 칼리프 자격이 없는데도 온갖 사치를 부리다가 결국 알라의 벌을 받은 것입니다. 예언자 무함마드의 혈통을 이어받은 알리의 후손 중 진정한 신앙심을 가진 자만이 칼리프의 자리를 차지할 자격이 있습니다!'"

무슨 소린가 하며 귀를 쫑긋했던 아이들이 탄성을 내질렀다.

"에엑? 또 시아파?"

"그래. 시아파들이 다시 고개를 든 거야. 이번에는 알리의 후손 중 한 명인 이스마일을 따르는 시아파가 반란에 앞장섰어. 909년, 북아프리카에서 군대를 일으킨 시아파 반란군은 969년에 이집트를 점령한 뒤 카이로를 수도로 삼아 새로운 나라를 세우고 자신들이 정당한 칼리프라고 주장했단다. 이 왕조를 파티마 왕조라고 불러. 이슬람 세계에 또 한 명의 칼리프가 존재하게 된 거야."

"시아파들, 정말 끈질기네요. 다 쫓겨났나 싶으면 또 나타나고……."

"하하. 그런데 시아파 말고도 끈질긴 사람들이 또 있는걸. 바로 우

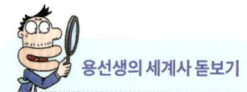

용선생의 세계사 돋보기

파티마는 예언자 무함마드의 딸이자 알리의 아내이기도 했어. 그의 이름을 따서 파티마 왕조라고 지었다고 해.

↑ **카이로의 나스르 성문** 파티마 왕조는 이집트에 신도시 카이로를 건설하고 수도로 삼았어. 당시 지어진 이 성문은 두께와 높이 모두 10미터가 넘는 웅장한 자태를 자랑한단다.

↑ **코르도바의 대모스크** 오늘날은 가톨릭 성당으로 쓰이고 있어. 아치의 독특한 색감과 장식들에서 이슬람 문화의 영향을 느낄 수 있지.

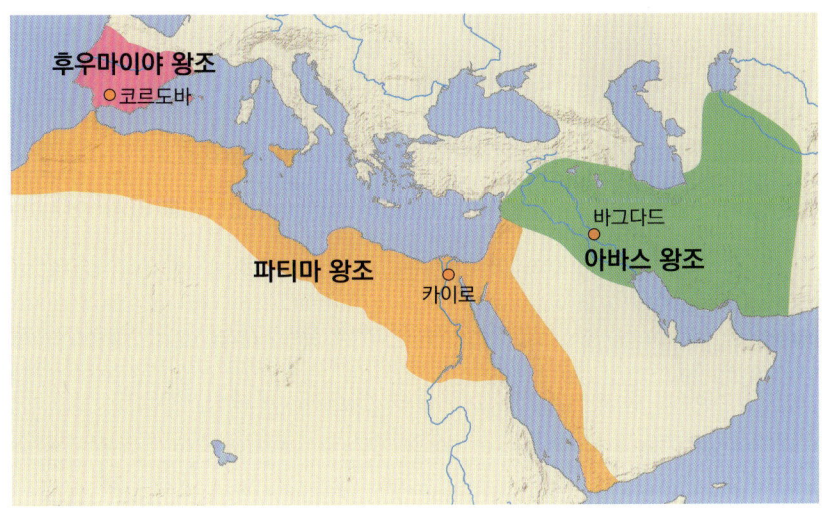

▲ 후우마이야, 파티마, 아바스 왕조로 쪼개진 900년대 말 이슬람 세계

마이야 가문이었지."

"우마이야? 우마이야 가문은 완전히 끝장난 거 아니었어요?"

"끝난 줄 알았지? 우마이야 가문 사람들이 몰살당하는 와중에, 탈출에 성공한 왕자가 한 명 있었단다. 그는 서아시아에서 아주 멀리 떨어진 이베리아반도까지 도망가서 우마이야 왕조를 재건하는 데 성공했어. 756년, 코르도바를 수도로 삼아 이베리아에 건설된 이 나라를 후우마이야 왕조라고 부른단다. 한동안 막강한 아바스 왕조의 눈을 피해 조용히 살고 있던 후우마이야 왕조는 아바스 왕조가 혼란에 빠진 틈을 타서 독립을 선언하고 나섰어. 그리고 자신들이야말로 우마이야 가문의 대를 이은 진짜 칼리프라고 선언했지."

"그럼 칼리프가 셋이에요?"

"응. 이슬람 세계가 셋으로 갈라져 버린 거야. 이제 아바스 왕조는 바그다드를 중심으로 아주 제한된 지역에만 영향력을 미칠 수 있었지."

왕수재의 지리 사전

코르도바 이베리아반도 남부의 도시야. 이슬람 세계의 중심 도시 중 하나였던 이곳에는 오늘날까지도 이슬람 문화의 흔적이 뚜렷이 남아 있어.

이슬람 세계가 황금기를 맞이하다 **273**

↑ **코르도바를 찾아온 프랑크 왕국의 사절단**
아브드 알 라흐만 3세 칼리프가 프랑크 왕국에서 온 사신을 맞이하고 있어. 이때가 후우마이야 왕조의 최전성기였지.

"금방 세계를 정복할 것처럼 마구 팽창하더니. 역시 영원히 가는 나라는 없네요."

장하다가 탄식하듯이 말했다.

"그래, 영원한 나라는 없지. 하지만 역사가들은 이슬람 세계가 혼란에 빠졌던 이 시기도 이슬람 문화의 황금기로 꼽고 있어. 비록 정치적으로는 분열되었지만, 이슬람 세계의 발달된 학문과 지식 수준은 여전히 세계 최고였거든. 특히 로마가 멸망한 이후 오랜 암흑기를 보내고 있던 유럽인들에게 이슬람의 앞선 지식은 선생님 역할을 했지."

"그럼 유럽인들이 이슬람 세계에서 배운 게 많다는 말씀이세요?"

"그래. 후우마이야 왕조의 수도였던 코르도바는 유럽인들의 유학지로 인기를 끌기도 했어. 이곳에는 80여 개의 공립 학교와 70개의 도서관이 있었고, 칼리프는 물론이고 보통 시민들까지도 글쓰기와 학문을 즐기는 세련된 도시로 이름이 높았거든."

"저는 뭐든지 유럽 사람들이 더 세련됐을 줄 알았는데, 의외네요."

허영심이 중얼거리듯 말하자 용선생은 빙긋 미소를 지었다.

"오늘날 이슬람 세계에 대한 편견 때문에 그렇게 생각하기 쉽지. 하지만 적어도 1000년대 무렵 이슬람 세계는 세계에서 가장 앞선 선진국이었단다. 얘들아, 오늘은 여기까지! 모두 수고 많았어!"

 **용선생의 핵심 정리**

지방 총독에 비해 힘이 약해진 칼리프가 맘루크 군대를 만들었으나, 오히려 맘루크의 꼭두각시가 됨. 900년대 말에 이르러 이슬람 세계는 후우마이야, 파티마, 아바스 왕조로 분열. 이슬람의 앞선 지식은 계속해서 유럽에 큰 영향을 미침.

나선애의 정리노트

1. ### 우마이야 왕조의 탄생
   - 제4대 칼리프 알리가 암살당하고 우마이야 가문이 칼리프 자리를 차지함.
     → 칼리프 자리를 세습하면서 우마이야 왕조 성립
   - 우마이야 왕조에 반발 → 시아파 탄생: 무함마드의 혈육인 알리와 그 후손만이 칼리프가 될 자격이 있다고 믿음.
     ↔ 수니파: 알리의 후손이 아니어도 신앙심이 깊다면 이슬람 세계의 지도자가 될 자격이 있다고 생각.

2. ### 아바스 왕조의 등장
   - 아랍인 제일주의에 반발한 여러 민족의 반란 → 아바스 왕조(페르시아인+시아파의 협력) 탄생 → 바그다드를 건설하고 활발한 교역으로 전성기를 이룸!
   - 아랍 상인의 전성시대: 동남아시아, 중국까지 진출함.
     → 종이와 화약, 나침반과 인쇄술, 아라비아 숫자 등 각종 신문물 교류에 앞장섬.
     * 탈라스 전투: 중앙아시아에 이슬람교가 퍼지고 서아시아와 유럽에 제지술이 전파되는 계기!

3. ### 이슬람 세계의 분열
   - 왕위 계승 갈등으로 칼리프의 힘 약화. 지방 총독들의 세력이 커짐.
   - 칼리프는 튀르크인 노예 병사 맘루크를 통해 힘을 키우려고 함.
     → 맘루크들이 중앙 권력을 장악하면서 혼란이 극심해짐!
   - 이베리아반도의 후우마이야 왕조와 북아프리카의 파티마 왕조가 제각기 칼리프라 선언하며 이슬람 세계 분열

세계사 퀴즈 달인을 찾아라!

1 우마이야 왕조에 대한 설명으로 알맞은 것에 ○표, 알맞지 <u>않은</u> 것에 X표 해 보자.

○ 칼리프는 회의를 통해서 선출하였다.
( )

○ 신도시 바그다드를 건설하고 수도로 삼았다.
( )

○ 아랍인 제일주의 때문에 많은 사람들의 반발을 샀다. ( )

2 빈칸에 들어갈 알맞은 말을 써 보자.

이 그림은 제4대 칼리프 알리의 추종자들과 알리의 후손을 모두 살해한 사건인 카르발라의 참극을 묘사하고 있어. 수니파에 맞서 알리를 따르는 ○○○는 오늘날까지도 이 사건을 기리고 있단다.

( )

3 다음 중 사건이 순서대로 알맞게 나열된 것은? ( )

① 알리의 죽음 - 정통 칼리프 시대 - 아바스 왕조의 탄생
② 정통 칼리프 시대 - 알리의 죽음 - 아바스 왕조의 탄생
③ 아바스 왕조의 탄생 - 정통 칼리프 시대 - 알리의 죽음
④ 아바스 왕조의 탄생 - 알리의 죽음 - 정통 칼리프 시대

4 아바스 왕조에 대해 바르게 설명한 친구는? ( )

 ① 아랍인 제일주의를 주장했어.

 ② 노예로 잡혀 온 튀르크인들이 세운 나라야.

 ③ 수도인 바그다드가 이슬람 세계의 중심이 되었어.

 ④ 다수파인 수니파와 페르시아인들의 협력으로 건설된 왕조야.

5 다음 중 서로 관련 있는 것들을 바르게 연결해 보자.

① 아바스 왕조 •   • ㉠ 탈라스 전투

　　　　　　　　• ㉡ 아랍인 제일주의

　　　　　　　　• ㉢ 다마스쿠스

② 우마이야 왕조 •   • ㉣ 지혜의 집

6 빈칸에 들어갈 알맞은 말을 써 보자.

○○○는 이슬람 세계에서 활동했던 튀르크인 노예 병사들을 가리키는 말이야. 이들은 칼리프의 신임을 받아 권력을 장악하고, 나중에는 자기 맘대로 칼리프를 갈아 치우기도 했지.

( )

7 다음 설명에 해당하는 나라의 이름을 지도에서 찾아 써 보자.

우마이야 가문의 왕자가 도망쳐서 세운 나라야. 이 나라의 수도는 학문과 예술의 중심지로, 많은 학교와 도서관이 들어서서 유럽인들의 유학지로 인기를 끌기도 했어.

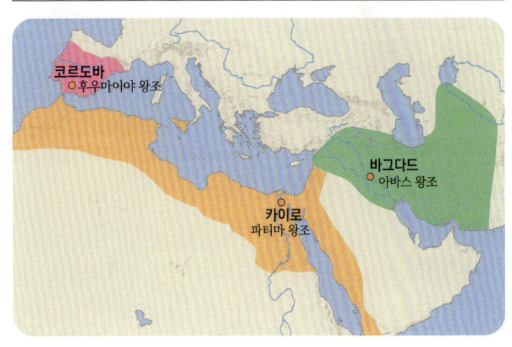

( )

정답은 353쪽에서 확인하세요!

용선생 세계사 카페

이슬람 세계의 베스트셀러 《천일야화》

옛날 옛적 페르시아에 왕비와 후궁에게 배신을 당한 뒤 여자들에 대한 분노에 휩싸여 살던 왕이 있었어. 복수심에 사로잡힌 왕은 매일 밤 처녀 한 명씩을 불러들인 뒤 다음 날 아침이면 갖은 핑계를 대며 죽이는 짓을 3년이나 계속했지.

그러던 어느 날 예쁘고 슬기로운 세헤라자드의 차례가 되었어. 왕궁에 들어간 세헤라자드는 꾀를 내어 재미난 이야기를 왕에게 들려주기 시작했어. 이야기의 줄거리가 한창 무르익을 무렵이면 아침이 되는 바람에 뒷이야기가 궁금했던 왕은 차마 세헤라자드를 죽이지 못했지. 이런 날이 매일 밤 계속되었어. 천하루 밤을 그렇게 보낸 끝에 왕은 마침내 자신의 잘못을 뉘우치고 세헤라자드와 결혼했어. 또 더 이상 여자들도 죽이지 않았대. 이때 천하루 밤 동안 세헤라자드가 왕에게 들려준 이야기들이 바로 우리에게 《아라비안나이트》로도 알려진 《천일야화》란다.

《천일야화》는 아마도 세계적으로 가장 잘 알려진 서아시아 문학 작품일 거야. 원래는 페르시아와 인도, 이집트 등 여러 지역에 전해 내려온 옛날이야기들을 한데 모은 이야기책이었는데, 아바스 왕조 때 이 이야기들이 아랍어로 번역되

↑ 세헤라자드의 이야기를 듣는 페르시아 왕

고 이슬람 문화의 영향을 받아 정리되면서 오늘날의 모습에 가까워지게 되었지. 그래서 《천일야화》에 등장하는 대부분의 인물들은 이슬람교를 믿으며 아랍식 이름을 쓴단다. 심지어 아바스 왕조의 전성기를 이끈 칼리프인 하룬 알 라시드와 그의 재상 자파는 이야기 속에 직접 등장하기도 해.

우리는 《천일야화》가 서아시아 일대의 좁은 세계만 무대로 삼은 이야기라고 생각하기 쉽지만, 의외로 그렇지 않단다. 우리가 잘 알고 있는 <신드바드의 모험> 같은 경우에는 인도와 아프리카 일대가 주된 배경이고, <알리바바와 40인의 도적>은 페르시아를 배경으로 삼고 있거든. 즉 《천일야화》의 다양한 이야기들을 통해 이슬람 세계가 얼마나 많은 민족들이 어울려 사는 넓은 세계였는지 알 수 있는 셈이지.

↑ 《천일야화》에 실린 <알리바바와 40인의 도적>의 한 장면

용선생 세계사 카페

이슬람 사원은 어떻게 생겼을까?

이슬람교 신자들이 알라에게 기도를 올리는 사원을 모스크라고 해. '꿇어 엎드려 경배하는 곳'이란 뜻을 가지고 있지. 이슬람 사원 하면 떠오르는 것은 뾰족하게 하늘로 치솟은 첨탑과 동그랗게 생긴 돔 지붕이야. 참 신기하게 생겼지? 지금부터 이슬람 사원들이 어떻게 생겼는지, 각 부분들이 어떤 역할을 하는지 알아보자.

▼ 튀르키예 이스탄불의 술탄 아흐메드 모스크

세정식(우두)용 분수
기도 전에 반드시 몸을 청결하게 닦아야 하는데, '손-팔-입-코-얼굴-머리-목-발'의 순서로 세 번씩 씻어야 한대.

아라베스크 무늬 천장
둥근 돔 천장에 그려진 기하학 무늬는 이슬람 건축의 특징이야.

미나렛
모스크 주변에 세우는 첨탑이야. 하루 다섯 번 사람이 올라가서 예배 시간을 알린대. 중요한 모스크일수록 미나렛을 많이 세우는데, 메카의 카바 신전을 둘러싸고 있는 알 하람 모스크에 가장 많은 9개의 미나렛이 세워져 있다는구나.

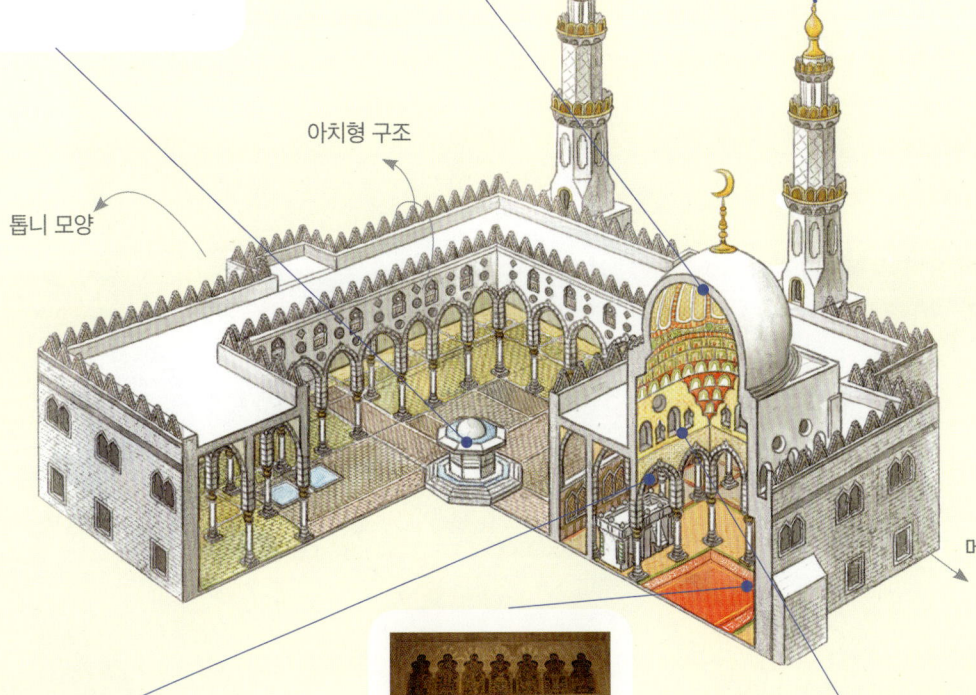

아치형 구조

톱니 모양

메카 방향

민바르
금요일마다 합동 예배를 주관하는 이맘이 설교를 하는 자리야. 계단 제일 윗자리는 예언자 무함마드를 위한 자리이기 때문에, 이맘은 한 계단 아래에 서서 설교를 한다는구나.

미흐라브
메카 방향을 알려 주는 아치 모양의 장식. 보통 벽면에 설치돼. 모스크에 모인 신자들은 이 아치 쪽을 향해 예배를 드리지.

모스크 내부
특별한 장식이 없는 커다란 홀처럼 생겼어. 바닥에는 보통 양탄자를 깔아서 신발을 벗고 입장하도록 되어 있단다.

7교시

서로마 제국 멸망 이후 급변하는 유럽

서로마 제국이 멸망한 이후 유럽은 큰 혼란에 빠졌어.
안에서는 서유럽의 주인이 되기 위한
여러 게르만 부족들 간의 경쟁이 치열하게 펼쳐졌고,
밖에서는 이민족들의 침략과 약탈이 끊이지 않았지.
오늘은 서로마 제국 멸망 이후
급변하는 유럽 사회에 대해 살펴보도록 하자.

481년	627년	717년	726년	800년	843년	850년 무렵
프랑크 왕국 건국	비잔티움 제국, 페르시아의 침략 격퇴	콘스탄티노폴리스 공방전	성상 파괴 운동 시작	카롤루스 대제, 서로마 황제로 즉위	프랑크 왕국의 삼분할	바이킹의 침략이 격화됨

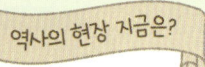

바이킹의 고향, 스칸디나비아 지역을 가다

유럽의 북쪽 끝 스칸디나비아 지방에는 세계에서 가장 앞선 복지와 민주주의를 자랑하는 세 나라가 자리를 잡고 있단다. 이 나라들은 중부 유럽에 비해 춥고 농사지을 땅도 변변치 않다 보니 옛날에는 주로 교역과 어업으로 생계를 꾸렸어. 오늘날도 세 나라의 면적을 모두 합치면 한반도의 다섯 배가 넘지만, 인구는 다 합쳐도 우리의 절반에도 미치지 못해.

북극과 가깝지만 그렇게 춥지 않은 곳

북위 50~70도에 위치한 스칸디나비아반도는 북극과의 거리가 불과 2,000킬로미터에 불과할 정도로 북쪽에 있어. 하지만 막상 겨울 기온은 영하 15도 정도에 머무르고, 해안 지대의 여름 기온은 때때로 30도를 넘을 만큼 따뜻하단다. 원인은 다름 아닌 멕시코 난류와 편서풍 때문이야. 멕시코 난류는 열대 지방인 멕시코 동해안에서 출발해 대서양 북쪽을 따라 흐르는 따뜻한 바닷물이야. 또 편서풍은 멕시코 난류에서 나오는 온기를 유럽으로 날라다 주지.

↑ 북위 68도에 위치한 노르웨이 나르비크 항구

↑ '천상의 커튼' 오로라 스칸디나비아반도에서는 밤하늘에 너울거리며 춤을 추는 황홀한 오로라를 관측할 수 있어.

← 끝이 없는 침엽수림
내륙 지대로 조금만 들어가면 광활한 침엽수림과 험준한 산이 펼쳐져 있어.

→ 노르웨이 로포텐 해안가의 백야
북극에 가까운 지역에서는 한여름이 되면 자정에도 해가 지지 않고 이렇게 계속 떠 있는 백야 현상이 발생해.

세계 최고의 복지 국가 노르웨이

노르웨이는 '세계에서 가장 살기 좋은 나라'로 첫손 꼽히는 나라야. 의료, 교육, 노후 보장과 실업 대책 등 태어나서 죽을 때까지 국가가 모든 것을 책임지는 세계 최고의 복지 정책 덕분이지. 인구는 550만 명, 1인당 국민 소득은 10만 달러 가까이 돼.

↑ **노르웨이 경제를 이끄는 북해 유전** 노르웨이는 1970년대에 북해 유전이 개발되면서 세계에서 열 손가락 안에 드는 산유국이 되었어.

↑ **빙하가 흐른 길 피오르** 빙하기가 끝난 뒤 육지에 있던 거대한 빙하가 바다로 흘러내렸어. 빙하가 지나간 길은 이 거대한 얼음덩어리에 깎여 가파르고 깊은 계곡이 되었지. 빙하가 빠져나간 내륙 깊숙한 계곡까지 바닷물이 들어차며 피오르 해안이 탄생했어.

↑ **노르웨이의 수도 오슬로** 노르웨이는 국토 면적에 비해 인구가 매우 적은 편이야. 가장 큰 도시인 오슬로의 인구도 60만 명 남짓일 정도니까. 하지만 그 덕분에 천연자원 개발로 벌어들인 돈으로 모든 국민들에게 충분한 복지 혜택을 줄 수 있어.

스칸디나비아 전통의 강국 덴마크

덴마크는 북유럽에서 가장 긴 역사를 가지고 있는 나라로 한때는 스칸디나비아 지방 전체를 지배하기도 했지. 오늘날에는 독일 북부와 접한 윌란 반도와 그 사이의 크고 작은 섬들, 그리고 북쪽 멀리 그린란드가 덴마크의 영토를 이루고 있단다. 인구는 590만 명가량, 1인당 국민 소득은 7만 달러 가까이 돼.

◀ 레고의 나라
덴마크는 세계 어린이들이 사랑하는 장난감 레고가 탄생한 나라이기도 해. 사진은 덴마크의 레고랜드를 방문한 아이와 아버지의 모습이란다.

▶ 코펜하겐의 《인어 공주》 기념 동상
덴마크는 《인어 공주》, 《미운 오리 새끼》, 《눈의 여왕》 등으로 유명한 동화 작가 안데르센의 조국이야.

◆ 발트해의 관문 코펜하겐
수도 코펜하겐은 예로부터 북해에서 발트해로 들어가는 배들이 꼭 거쳐야 하는 교통의 요지였지. 인구는 우리나라 중소 도시 정도이지만, 유서 깊은 장소들이 많아 관광지로도 유명해.

북유럽의 핵심 국가 스웨덴

스칸디나비아반도의 중앙에 위치한 스웨덴은 실제로도 북유럽의 핵심이라 할 수 있는 나라야. 인구도 1,000만 명 정도로 이웃한 다른 나라들에 비하면 훨씬 많고, 풍부한 천연자원과 이를 기반으로 한 제조업 덕분에 경제도 튼튼하지. 1인당 국민 소득은 5만 5천 달러 정도야.

↑ **물의 도시 스톡홀름** 스웨덴의 수도 스톡홀름은 13개의 섬을 다리로 연결해서 만들어진 물의 도시야. 스톡홀름이라는 이름은 '통나무 섬'이란 뜻이지.

↑ **노벨상 시상식** 스웨덴 하면 뭐니 뭐니 해도 노벨상이지. 노벨상을 제정한 알프레드 노벨이 바로 스웨덴 사람이거든. 사진은 2024년 12월 우리나라의 한강 작가가 노벨 문학상을 수상하는 장면이야.

↑ **스웨덴의 세계적인 가구 기업 IKEA** 스웨덴은 국토의 절반을 뒤덮고 있는 울창한 침엽수림에서 생산되는 목재 덕분에 가구 공업이 매우 발달해 있어.

프랑크족이 서유럽을 통일하다

"오늘은 서유럽을 차지한 게르만족 얘기부터 해볼까? 서로마가 멸망한 뒤 게르만의 여러 부족간에 치열한 경쟁이 벌어졌어."

"기껏 로마 멸망시키더니 이젠 자기들끼리 싸우는군요."

"응. 게르만족은 줄곧 부족 단위로 살아왔으니까 사실 비슷한 언어를 쓴다는 것만 빼면 그냥 완전 남남이나 다를 바 없었지. 여러 부족들은 저마다 나라를 세우고는 자기들끼리 땅 다툼을 벌이기 시작했단다. 여기에 서로마 제국의 잔존 세력들도 자기 땅을 지키고 세력을 넓히느라 안간힘을 쓰는 통에 유럽 전체가 전쟁으로 몸살을 앓았지."

"혼란이 시작된 거네요."

왕수재가 고개를 절레절레 젓자 용선생은 손으로 지도를 짚어 가

▲ 476년 서로마 제국 멸망 직후의 유럽

며 설명을 이었다.

"그런데 생존과 세력 확장을 위한 치열한 경쟁에서 유달리 두각을 나타낸 게르만 부족이 있었어. 바로 오늘의 주인공 프랑크족이지."

"프랑크족? 프랑스랑 혹시 무슨 관계가 있나요?"

허영심이 지나가는 투로 툭 던진 질문에 뜻밖의 대답이 돌아왔다.

"흐흐, 어떻게 알았지? 우리가 알고 있는 프랑스라는 이름이 바로 이 프랑크족에서 나왔거든. 프랑크족은 원래 라인강변의 로마 국경 가까운 곳에서 살았어. 그러다가 481년에 부족장이던 클로비스 1세가 오늘날의 프랑스와 벨기에 일대를 근거지로 삼아 나라를 세웠는

→ **게르만족이 살았던 독일의 흑림 지대** 게르만족이 살았던 라인강 동쪽은 몹시 습하고 춥고 숲이 우거져 제대로 농사를 짓기도 힘들었어.

↑ **클로비스 1세의 아버지인 킬데리크의 인장 반지** 도장처럼 쓰던 것으로 추정돼.

용선생의 세계사 돋보기

프랑크 왕국의 첫 왕조를 메로베우스 왕조라고 불러. 클로비스 1세의 할아버지인 메로베우스의 이름을 따왔지. 프랑크족은 이미 이때부터 서로마 제국의 용병으로 활약하며 꾸준히 힘을 길러 왔단다.

곽두기의 국어 사전

평정 평평할 평(平) 정할 정(定). 반란이나 혼란을 누르고 평온한 상태로 만든다는 뜻이야.

데, 이것이 장차 유럽의 패권을 차지하는 프랑크 왕국의 출발이었단다."

"아하, 그럼 이제 프랑크족이 다른 게르만 부족들을 모두 불리치게 되는 모양이네요."

"그래. 프랑크 왕국은 제일 먼저 지금의 프랑스 서부에 남아 있던 서로마 세력을 물리치고, 뒤이어 프랑스 곳곳의 게르만족을 제압해 프랑스 지역 대부분을 통일했어. 그리고 클로비스의 아들 대에 이르면 지금의 이탈리아 북부와 독일 지역까지 평정하면서 갈가리 찢어졌던 서유럽을 다시 하나로 합치게 되지."

"우아, 그렇게 순식간에 유럽을 통일하다니, 뭔가 비결이 있겠죠?"

곽두기가 호기심 가득한 눈빛으로 묻자 용선생이 고개를 끄덕였다.

"물론이지! 첫 번째 비결은 프랑크족이 변두리 출신이었다는 거야."

◀ **서로마 제국 땅이었던 프랑스 지역의 평원**
새롭게 차지하게 된 라인강 서쪽 지역은 날씨도 따뜻하고, 잘 가꾸어진 농장이 펼쳐져 있었어. 이곳은 지금도 유럽에서 손꼽히는 곡창 지대지.

"네? 변두리 출신이었다는 게 비결이라고요?"

"흐흐, 그렇단다. 서로마 제국 멸망 이후 여러 세력들 간의 싸움이 가장 치열하게 벌어졌던 곳은 지중해에 접한 남유럽이었어. 527년에는 동로마 제국이 잠시나마 게르만족을 몰아내고 지중해를 재정복할 만큼 로마 제국의 저항 역시 만만치가 않았지. 반면 프랑크족이 자리 잡은 북서부 지역은 이런 아귀다툼에서 약간 비켜나 있었어. 덕분에 비교적 차분하게 힘을 기를 수 있었지."

▲ **클로비스 1세**
(466년~511년)
크리스트교 교회의 도움을 받아 프랑크 왕국을 세웠어.

"아하, 남쪽에서 서로 치고받느라 힘을 빼는 사이에 착실히 힘을 키웠다는 말씀이시네요."

"그래. 두 번째 비결은 다른 게르만족과 달리 클로비스 1세가 자신은 물론 부하들까지 모두 크리스트교로 개종하고 앞장서서 교회를 보호했다는 거야. 서로마가 멸망한 이후에도 옛 로마 제국 영토에 살던 유럽 사람들은 대부분 크리스트교를 믿었거든."

"그럼 다른 게르만족들은 크리스트교를 믿지 않았던 모양이죠?"

서로마 제국 멸망 이후 급변하는 유럽

↑ 프랑크족 마을을 복원한 독일 민속촌 모습

이단 다를 이(異) 바를 단(端). 정통으로 인정된 믿음이나 이론에 어긋나는 사상을 부르는 말이야.

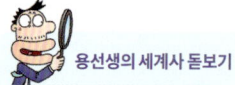

예수님을 하느님과 동격으로 보지 않는 아리우스의 주장을 따르는 크리스트교의 한 갈래야.

"아니. 사실 다른 게르만족들 사이에도 크리스트교가 꽤 퍼져 있었어. 문제는 그게 종교 회의에서 이단이라는 판정을 받은 아리우스파였다는 거였지. 그런데 프랑크족은 아리우스파를 버리고 로마 제국이 인정한 정통 크리스트교를 따르기로 한 거야. 바로 이 점 때문에 그동안 로마에 속해 있었던 서유럽 사람들은 프랑크족의 지배에 큰 거부감이 없었단다. 게다가 교회도 프랑크 왕국에 매우 협조적이었지."

"교회가 협조했다는 게 중요한 건가요?"

아이들이 아리송한 듯 고개를 갸웃거렸다.

"중요하지. 군대와 용감한 전사만으로는 나라를 다스릴 수가 없거든. 나라를 다스리려면 그 나라에 대한 갖가지 정보를 알아야 하고, 중앙의 명령이 지방의 작은 마을까지 전달되도록 하기 위한 관료 제

예수님은 하느님일까 아닐까?

초기 크리스트교 성직자들 사이에서 이 문제를 두고 치열한 논쟁이 벌어졌어. 한쪽은 예수님이 곧 하느님이라고 주장했어. 대표적인 사람이 아타나시우스였지. 다른 쪽에서는 예수님도 하느님 같은 신이기는 하지만 하느님은 아니라고 주장했어. 이렇게 주장한 대표적인 사람은 아리우스였지.

아타나시우스파와 아리우스파의 논쟁이 격렬해지자 황제는 325년 니케아에서 모든 교회의 대표 성직자가 참여하는 종교 회의인 공의회를 열었어. 니케아 공의회는 아타나시우스의 손을 들어 주었지. 아리우스의 주장을 인정한다면 신은 오직 하느님뿐이라는 유일신 신앙이 뿌리째 흔들릴 수 있었기 때문이지.

하지만 니케아 공의회 이후에도 여전히 많은 사람들이 아리우스의 교리를 따랐어. 결국 392년, 테오도시우스 황제는 아타나시우스파 크리스트교를 로마 제국 국교로 삼고 아리우스파를 이단으로 선언하며 대대적인 탄압을 가했지. 아리우스파 성직자들은 탄압을 피해 게르만족의 땅으로 몸을 피했고, 게르만족을 상대로 크리스트교를 전파했어. 대부분의 게르만 부족들이 아리우스파를 믿게 된 것은 그 때문이지.

↑ 니케아 공의회에서 정한 신앙 고백문

도가 꼭 필요해. 그런데 프랑크 왕국에는 관료 제도는커녕 관료로 쓸 만한 사람조차 거의 없었어."

"그건 왜요? 그냥 똑똑한 사람들 뽑아서 시키면 되지 않나요?"

"그럼 좋겠지만, 게르만 전사들은 위아래 할 것 없이 싸움만 잘했지 글자도 읽을 줄 모르는 까막눈들이었거든."

"엥? 진짜 그렇게 무식했어요?"

▶ **세례 받는 클로비스 1세**
정통 크리스트교로 개종한 클로비스 1세가 세례를 받는 모습이야.

허영심이 어처구니없다는 듯 혀를 쑥 빼물었다.

"그렇다니까. 그런데 이런 문제들을 교회가 싹 해결해 줬어. 서유럽에는 로마 시대부터 도시에서 시골 마을까지 행정 구역 단위로 교회가 세워져 있었는데, 교회마다 그 지역 주민들에 관한 모든 정보가 일목요연하게 정리되어 있었지. 나라를 다스리는 데 필요한 게 교회에 다 있었던 거야."

"교회가 그 정도였어요? 우아."

"그래. 이단인 게르만 부족들의 위협에 시달리고 있던 교회는 프랑크 왕국의 통치를 돕는 대신 안전을 보장받을 수 있었어. 결국 양쪽이 서로 이익이었던 거야."

"프랑크 왕국은 교회를 보호해 주고, 교회는 프랑크 왕국의 통치를 돕고. 누이 좋고, 매부 좋고!"

곽두기가 턱을 손으로 괸 채 연신 고개를 끄덕이자 용선생은 흐뭇

298

한 미소를 지어 보였다.

"그리고 교회 입장에서는 프랑크 왕국과 손을 잡은 덕택에 얻을 수 있는 게 하나 더 있었단다. 바로 동로마 제국, 즉 비잔티움 제국과 결별할 수 있게 된 거였지."

"엥? 결별하는 게 좋은 거예요?"

아이들이 눈을 동그랗게 뜨고 서로를 쳐다보았다.

▲ 파리 생드니 성당의 클로비스 1세 무덤
파리 생드니 성당에 있는 클로비스 1세의 무덤이야.

 곽두기의 국어사전

결별 이별할 결(訣) 나눌 별(別). 영원히 관계를 끊는다는 뜻이야.

 용선생의 핵심 정리

400년대 말부터 프랑크 왕국이 게르만족을 제압하며 서유럽을 차지함. 교회의 협조를 받아 나라를 다스림.

서로마 제국 멸망 이후 급변하는 유럽 **299**

크리스트교가 둘로 갈라지다

용선생은 스크린에 유럽 지도를 띄웠다.

"로마의 크리스트교 교회는 원래 총 다섯 명의 고위 성직자들이 총괄하는 체계로 짜여 있었어. 이 고위 성직자들을 총대주교라고 하는데, 그중 서유럽 지방의 교회들을 관리하는 총대주교는 로마에 있었지. 그런데 476년 서로마 제국이 멸망하자 로마의 총대주교는 게르만족의 위협 앞에 그대로 노출된 꼴이 되어 버렸어. 사나운 게르만 부족들은 앞을 다투어 로마를 위협하며 로마 총대주교의 혼을 쏙 빼놓았지."

"그래서 보호가 필요했던 거군요."

설명을 듣고 있던 곽두기가 고개를 끄덕였다.

"로마 총대주교는 다급하게 비잔티움의 황제에게 도움을 요청했

용선생의 세계사 돋보기

지도에 표시된 콘스탄티노폴리스, 로마, 안티오크, 알렉산드리아, 예루살렘에 각각 총대주교가 있었어.

▶ 5대 교구와 게르만족의 위협

◆ 가톨릭 교황과 러시아 총대주교의 만남
프란치스코 전 교황이 러시아 정교회 총대주교와 만나는 모습이야. 오늘날 로마 교황을 수장으로 하는 서방 교회는 주로 서유럽에 퍼져 있고, 동방 교회는 그리스와 러시아를 비롯한 동유럽 지역에 널리 퍼져 있단다.

단다. 하지만 페르시아와의 싸움 때문에 비잔티움 제국은 로마에 큰 도움을 줄 형편이 못 되었어. 그나마 약간의 군사를 보내 이탈리아 반도와 로마 시를 방어해 주는 게 전부였지."

"그나마 지켜 주니 다행 아니에요?"

"문제는 이걸 빌미로 비잔티움의 황제가 사사건건 대장 노릇을 하려고 들었다는 거야. 예컨대 주교를 임명할 때마다 보고해라, 교리 논쟁이 있을 때는 콘스탄티노폴리스 총대주교 편을 들어라, 뭐 그런 식으로 말이야."

"그래도 황제의 말을 들어야죠."

"으흠. 그런데 말이다. 사실 로마의 역대 총대주교들은 자신들이야말로 크리스트교 세계의 으뜸 성직자라는 자부심을 가지고 있었

서로마 제국 멸망 이후 급변하는 유럽 **301**

▶ 정교회 사제 가족
오늘날 동방 교회와 서방 교회는 여러 문화적 차이를 보이고 있어. 특히 가톨릭 신부님들과는 달리 정교회 사제들은 결혼을 해서 가족을 이룰 수 있지.

> 나선애의 세계사 사전
>
> **서방 교회** 가톨릭 혹은 로마 가톨릭이라고도 해. 가톨릭(Catholic)은 '보편적'이란 뜻을 가지고 있단다. 전 세계 모든 크리스트교 교회의 뿌리라는 뜻이지.
>
> **동방 교회** 서방 교회와 달리 자신들은 정통성을 가졌다는 걸 드러내기 위해 정교회라고도 불러. 비잔티움 제국이 그리스 지역에 있었기 때문에 그리스 정교회로도 불러. 또 러시아 정교회처럼 나라마다 정교회가 따로 있기도 해.

어. 로마는 로마 제국의 수도였을 뿐 아니라 예수님의 첫 번째 제자였던 베드로가 순교한 곳이기 때문이지. 그래서 다른 지역의 성직자들도 모두 로마의 총대주교를 베드로의 정통 후계자라고 여기며 교회의 우두머리로 존중했단다. 우리나라에서는 '교황'이라고 부르기도 하지."

"아하, 로마 총대주교가 교황이에요?"

"그래. 자부심 강한 교황은 비잔티움 제국을 대신할 새로운 보호자를 찾고 있었어. 그때 나타난 게 바로 프랑크 왕국이었던 거야. 프랑크 왕국의 등장과 함께 교황은 서서히 비잔티움 제국의 간섭에서 벗어나 자기 목소리를 내기 시작했단다. 그래서 이때부터 크리스트교 세계는 로마의 교황을 중심으로 한 서방 교회와 콘스탄티노폴리스를 중심으로 한 동방 교회로 각기 다른 길을 걷기 시작했지. 이렇게 갈라지게 된 데에는 문화적으로 서방과 동방이 많이 다른 것도 한몫했어."

"그게 무슨 말씀이시죠?"

"전에 비잔티움 제국이 그리스어를 쓰고 그리스 문화가 중심이 됐다고 했지? 그런데 이제 누가 뭐래도 서유럽의 주인은 게르만족이었어. 문화가 전혀 다른 게르만족을 상대로 선교 활동을 하고 자신의 기반을 닦아야 하는 교황으로서는 비잔티움 제국과 갈라져 점차 독자적인 길로 나아갈 수밖에 없었던 거야."

"그래도 결국엔 같은 하느님을 믿는 교회잖아요? 하루아침에 갈라선다는 게 좀 이상한걸요."

곽두기가 아리송한 표정을 지으며 물었다.

"그래. 결정적인 계기가 된 사건이 있었지. 바로 726년에 비잔티움 제국에서 시작된 성상 파괴 운동이었어."

"성상 파괴 운동? 성상을 왜 파괴해요?"

"단순하게 말하면, 성서에 있는 말씀을 충실히 따르자는 운동이야. 십계명에는 '너희는 신의 모습을 본뜬 모양을 만들고 그것에 절하지 말라.'라는 구절이 있거든. 그러니까 엄밀히 말하면 예수님이나 하느님의 모습, 천사의 모습을 조각이나 그림으로 표현하는 건 모두 성서의 가르침에 어긋나는 거지."

"엥? 그럼 교회에 가면 있는 그림이나 조각은 전부 성서의 가르침을 어긴 건가요?"

장하다가 눈을 동그랗게 뜨며 물었다.

"그런 셈이지. 그런데 사람들이 성서의 가르침을 어기면서까지 성상을 만든 데는 이유가 있겠지? 한번 생각해 보렴.

허영심의 상식 사전

성상 성스러울 성(聖) 형상 상(像). 하느님이나 예수님, 혹은 성서의 한 장면 등 성스러운 형상을 표현한 그림이나 조각을 말해.

▲ 성상 파괴 운동으로 훼손된 성모 마리아와 아기 예수 그림

→ **성상 숭배를 찬성하는 이들을 고문하는 황제** 비잔티움 황제는 성상을 파괴하라는 명령을 내리고, 명령을 어긴 사람은 잡아다 직접 고문했어.

↑ **레오 3세의 금화** 성상 파괴 운동을 주도한 비잔티움 제국의 레오 3세의 모습이야.

평범한 사람들에게 형체도 없으면서 절대적인 힘을 가진 하느님의 존재를 설명하기란 여간 어려운 일이 아니야. 하지만 그림이나 조각으로 '이분이 하느님이시다.' 하면 쉽게 설명할 수가 있지. 그래서 성서 말씀에도 불구하고 수백 년이 넘도록 크리스트교 세계에서 활발하게 성상을 제작해 왔단다."

"그렇다면 결국엔 좋은 뜻으로 쓴 건데 왜 굳이 이제 와서 파괴하려고 하는 거죠?"

"600년대 들어서 무섭게 세력을 넓히고 있던 이슬람교한테 큰 자극을 받았거든. 이슬람교에서는 신이나 천사의 모습을 조각이나 그림으로 만드는 걸 철저하게 금지하며 크리스트교도들을 우상 숭배자라고 비난했지. 너희들, 지난 시간에 비잔티움 제국이 이슬람 세력에 밀려서 멸망 일보 직전까지 갔던 거 기억하지? 비잔티움 제국 사람들 중에는 이게 다 신의 말씀을 따르지 않은 벌이라고 생각하는 사람들이 꽤 많았대."

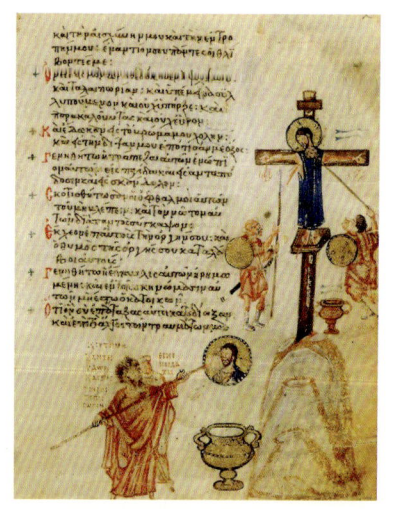

↑ **성상 파괴 운동에 반대하는 메시지가 담긴 삽화** 성상을 파괴하는 것은 십자가에 매달린 예수님에게 창을 들이대는 것과 같은 짓이라는 뜻이 담겨 있지.

"쯧쯧, 이슬람교가 정말 무섭긴 무서웠나 보다. 그런 말도

안 되는 생각을 하다니."

왕수재가 혀를 챘다.

"우리가 보기엔 말도 안 되는 것 같지만, 당시 사람들은 그렇게 생각하지 않았어. 게다가 황제 입장에서는 이를 핑계 삼아 말 안 듣는 성직자들을 싸잡아서 갈아 치울 좋은 기회이기도 했지. 결국 황제가 직접 나서서 제국 내의 모든 성상을 파괴하라는 명령을 내렸고, 여기에 동조한 사람들이 무리를 지어 교회로 몰려가 성상들을 모조리 부수고 다녔단다. 하지만 여기에 반대하는 세력들은 황제의 명령에 조직적으로 반발하기 시작했어. 결국 성상 문제 때문에 제국 전체가 커다란 혼란에 빠져들게 됐어. 로마의 교황은 이런 상황을 전부 다 보고 있었단다."

서로마 제국 멸망 이후 급변하는 유럽

"그럼 고민이 됐겠네요. 성상을 파괴할 것인가, 말 것인가……."

"물론이야. 그런데 사실 교황이 내릴 답은 뻔했어. 까막눈인 게르만족에게 크리스트교를 전해야 하는 교황 입장에서는 성상이 꼭 필요했거든. 하지만 황제의 명령을 거부하려면 비잔티움 제국 대신 교회를 보호해 줄 보호자가 있어야 했지. 황제의 명령을 따른다고 해도 이슬람 세력에 밀려 곤욕을 치르고 있는 비잔티움 제국이 자신을 보호해 줄 힘이 있는지도 의문인 상황이었어. 더군다나 이 무렵 이탈리아반도 북부에서 롬바르드족이 나라를 세우고 남쪽으로 세력을 넓히며 로마를 위협하고 있었거든."

"이제 알겠어요. 그럼 이제 프랑크 왕국이 출동할 차례인 거죠?"

나선애의 말에 용선생은 흐뭇하게 고개를 끄덕였다.

나선애의 세계사 사전

롬바르드족 게르만족의 한 갈래로 북쪽에 살다 이 무렵에 이탈리아로 남하해 왕국을 세웠어. 롬바르드는 '긴 턱수염'이란 뜻이래.

용선생의 핵심 정리

교황이 프랑크 왕국을 보호자로 삼으면서 비잔티움 황제로부터 독립함. 726년, 비잔티움 제국의 성상 파괴 운동으로 서방 교회와 동방 교회가 갈라짐.

카롤루스 대제가 서로마 제국 황제 자리에 오르다

"그런데 여기서 반전이 있었어. 사실 이때는 프랑크 왕국의 사정도 꽤 혼란스러웠어. 왕은 있으나 마나였고, 왕국의 영토는 많은 귀족과 왕족들이 나누어 가진 채 서로 땅따먹기 전쟁에 혈안이 되어 있었거든. 그래서 클로비스 1세가 왕국을 세운 지 200여 년 만에 프랑크 왕국은 사실상 산산조각 나고 만단다."

"왜 그렇게 된 거예요?"

"여러 아들들에게 아버지의 재산을 똑같이 물려주는 게르만족의 관습 때문이야. 게르만족은 나라도 왕의 재산으로 봤기 때문에 여러 아들들이 영토를 똑같이 나누어 가졌거든. 이렇게 나라를 나누어 받은 아들들은 거기에 만족하지 않고 서로 더 많은 땅을 차지하기 위해 전쟁을 벌이기 일쑤였지. 그러다 보니 몇 세대 지나지 않아 왕국은 조각조각 나눠지고, 전쟁도 끝이지 않았던 거야. 귀족과 왕족의 땅따먹기를 말릴 수 없었던 왕은 자연스럽게 있으나 마나 한 사람이 되어 버렸지."

◀ **카롤루스 마르텔**
프랑크 왕국의 궁재로 이슬람 세력의 유럽 진출을 저지해 일약 영웅으로 떠올랐어.

"그럼 나라는 누가 다스려요?"

"실제로 나라를 다스린 건 궁재였어. 궁재는 왕족들 간의 문제를 조정하는 일을 맡은 관리였는데, 왕족 간의 다툼이 워낙 많다 보니 힘이 엄청 커진 상태였지. 이 무렵 이슬람 세력의 공격으로부터 서유럽을 지켜 낸 카롤루스 마르텔도 바로 프랑크 왕국의 궁재였어."

"아, 맞다. 지난 시간에 우마이야 왕조가 프랑스로 진출하려다 실패했다고 하셨죠?"

장하다가 손뼉을 치며 말하자 용선생이 고개를 끄덕였다.

"그렇단다. 이베리아반도를 정복한 이슬람 세력이 내친김에 피레네산맥을 넘어 프랑크 왕국의 심장부까지 들이닥쳤지. 카롤루스 마

나선애의 세계사 사전

궁재 프랑크 왕국에서 궁 안의 일을 책임지는 최고 관리야. 하지만 점차 실권을 장악하고 궁 밖의 일까지 도맡게 된단다.

왕수재의 지리 사전

피레네산맥 이베리아반도와 프랑스 사이에 가로놓여 있는 험준한 산맥이야. 오늘날 프랑스와 에스파냐의 국경을 이루고 있지.

서로마 제국 멸망 이후 급변하는 유럽 **307**

▲ **투르-푸아티에 전투** 카롤루스 마르텔의 전투 모습을 상상한 그림이야. 백마를 타고 도끼를 들고 있는 사람이 바로 카롤루스 마르텔이지. 이 전투에서 승리한 이후 카롤루스는 '망치'라는 뜻을 가진 '마르텔'이라는 별명을 얻게 된단다.

르텔은 프랑크 왕국의 군사들을 끌어 모아 직접 전장에 나갔어. 그리고 732년에 프랑스의 투르와 푸아티에 사이의 평원에서 대승을 거두었지. 이슬람 세력의 침략을 막아 낸 거야."

"우아, 완전 영웅 대접 받았겠는데요?"

"당연하지. 서유럽 사람들은 일제히 카롤루스 마르텔을 영웅으로 치켜세웠단다. 왕은 더욱 뒷전으로 밀리고 궁재가 프랑크 왕국의 명실상부한 지도자로 떠올랐지."

"그럼 이제 그냥 궁재가 왕 하면 되는 거 아닌가요?"

"하지만 아무리 찬밥 신세라 해도 왕을 내쫓고 스스로 왕위에 오르는 건 그리 간단한 일이 아니었단다. 반대 세력이 반란을 일으킬 빌미가 될 수도 있거든. 하지만 카롤루스 마르텔이 죽은 뒤 새로운 궁재가 된 카롤루스의 아들 피핀은 생각이 달랐어. 그는 자신이 왕이 되기로 마음먹었지. 피핀은 교황에게 접근했어. 자신을 프랑크 왕국의 새로운 왕으로 인정해 주면 교황의 새로운 보호자가 되어 주겠다는 뜻을 전한 거야."

"교황이 인정하면 왕이 될 수 있는 거예요?"

"그럼. 유럽 사람들은 거의 전부 크리스트교 신자였어. 교황이 인정한다는 것은 사실상 하느님이 인정한다는 뜻이지. 그런데 바로 이때가 교황이 동방 교회와 결별하기로 마음먹었을 때였어. 교황은 두말할 것 없이 피핀을 프랑크 왕국의 왕으로

▼ 피핀
751년에 프랑크 왕국의 왕이 되어 카롤루스 왕조를 열었어.

바티칸 시국

피핀이 교황에게 기부한 땅에서는 교황이 왕처럼 세금을 걷고 재판도 했단다. 그래서 이 땅을 교황령이라고 해. 현재 교황령은 오늘날 로마 한복판에 세워진 바티칸 시국이 됐지.

바티칸 시국은 세계에서 가장 작은 나라야. 면적은 경복궁보다 조금 넓고, 인구는 1,000명 정도에 불과해. 하지만 가톨릭 교회의 최고 어른인 교황이 다스리는 나라이니만큼 세계적으로 아주 특별한 지위를 가지고 있단다.

▲ 하늘에서 바라본 바티칸 시국의 성 베드로 대성당

> **나선애의 세계사 사전**
>
> **카롤루스 왕조** 메로베우스 왕조에 이은 프랑크 왕국의 두 번째 왕조. 현재의 프랑스, 독일, 이탈리아가 모두 카롤루스 왕조에서 시작되었기 때문에 카롤루스 왕조야말로 현대 유럽의 모태라고 할 수 있지. 흔히 카롤링거 왕조라고 불러.

인정하겠다고 했어. 그러자 피핀은 지체 없이 왕을 내쫓고 왕위에 올랐어. 이렇게 해서 클로비스 1세에서 시작된 메로베우스 왕조가 끝나고 카롤루스 왕조가 막을 올린 거야."

"그럼 피핀도 교황에게 뭔가 보답을 해야겠네요?"

"응. 피핀은 직접 군대를 이끌고 이탈리아로 가서 로마를 위협하던 롬바르드 왕국을 쳐부숴 버렸어. 그리고 롬바르드족한테서 빼앗은 로마 인근의 땅을 교황에게 기부했지. 교황은 입이 찢어질 지경이었어. 늘 골칫거리였던 롬바르드족이 사라지고 땅까지 생겼으니까 말이야. 게다가 프랑크 왕국 덕분에 비잔티움 제국의 간섭에서도 완전히 벗어날 수 있게 되었어."

"크, 교황은 앓던 이가 빠진 기분이었겠다."

"교황의 지원 넉넉에 힘이 나기는 카롤루스 왕조도 마찬가지였지. 피핀에 이어 왕위에 오른 아들 카롤루스는 아직 크리스트교를 받아들이지 않은 중부 유럽의 작센족을 무찌르고, 이베리아의 이슬람 세력이 다시 피레네산맥을 넘지 못하도록 단단히 틀어막았단다. 동쪽으로는 헝가리 초원에 자리를 잡은 채 유럽을 위협하던 아바르인을 무찔렀지. 이렇게 동서남북의 적을 모두 제압한 프랑크 왕국은 마침내 서유럽 전체를 지배하는 강력한 왕국이 되었단다. 서로마 멸망 이후 거의 340년 만이었어."

나선애의 세계사 사전
작센족 독일 동북부 지역에 거주하던 게르만족의 한 갈래. 일부는 영국으로 건너갔는데, 이들은 색슨족이라고 불러.

왕수재의 지리 사전
헝가리 초원 카르파티아산맥과 도나우강 사이에 위치한 동유럽의 넓은 평원으로 오늘날 헝가리 국토의 대부분을 이루고 있단다.

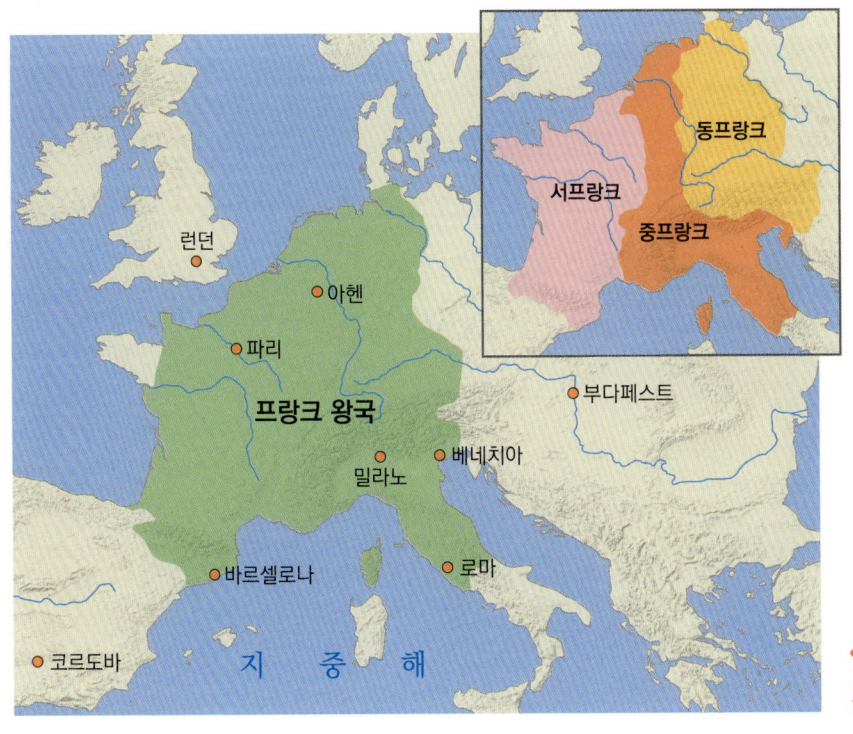

◀ 프랑크 왕국 전성기와 분할된 왕국

"드디어 유럽에 평화가 찾아온 건가요?"

장하다가 기대에 찬 눈빛으로 말했다.

"그래. 로마 교황은 이참에 아예 서로마 제국을 부활시켜 서유럽의 혼란이 끝났음을 선언하려고 했단다. 교황은 카롤루스 왕이야말로 476년에 멸망한 서로마 제국의 정당한 계승자라고 치켜세웠어. 그리고 로마에서 대관식을 열어 카롤루스의 머리 위에 서로마 황제의 관을 씌워 준 거야. 그런데 사실 이건 비잔티움 황제를 향한 독립 선언이기도 했어. 서로마 제국이 부활했으니 교황도 이제 더 이상 비잔티움 제국의 간섭을 받지 않겠다는 뜻을 분명히 한 거야."

"에이, 그동안 싸움만 해왔던 사람들이 어떻게 금방 서로마 제국을 되살리겠어요?"

허영심의 말에 용선생은 어깨를 으쓱했다.

"물론 그렇지. 하지만 카롤루스는 서로마 제국의 문화와 학문을 되살리기 위해 누구보다 열심히 노력했단다. 유럽 각지에서 뛰어난 학자들을 불러와 궁정과 수도원, 교회에 학교를 세우고, 성직자와 귀족들에게 라틴어를 가르치고, 수도원에 보관된 옛 문헌들을 베껴 쓰게 했지. 이런 노력 덕분에 카롤루스가 다스리는 프랑크 왕국에서는 옛 로마의 문화가 조금씩 되살아나기 시작했어. 이런 현상을 카롤링거 르네상스라고 하기도 해."

"이제 보니 카롤루스가 꽤 지혜로운 왕이었나 봐요."

"응. 카롤루스는 학문과 문화의 소중함을 잘 알고 있었던 데다가 누구보다 부지런한 왕이기도 했지. 카롤루스는 왕국을 300여 개의 지방으로 나누어서 관리들을 파견한 뒤, 관리들이 일을 잘 하는지 확

용선생의 세계사 돋보기

유럽에서 크리스트교 서적, 그리스 로마 고전들은 모두 라틴어로 기록되어 있었어. 관청에서 쓰는 문서두 전부 라틴어로 쓰여 있었지. 그래서 라틴어를 모르면 까막눈이나 다름없었단다.

나선애의 세계사 사전

카롤링거 르네상스
카롤루스 왕조가 앞장선 로마 문화 부활 운동. 르네상스는 부활이라는 뜻의 프랑스어인데, 옛 문화가 되살아났다는 뜻이야.

▲ 카롤루스의 대관식 기록화 카롤루스를 서로마 제국의 황제로 임명하는 교황의 모습. 대관식은 800년 로마의 성 베드로 대성당에서 열렸어.

▲ 카롤루스 대제 라틴어로는 카롤루스 마그누스, 프랑스어로는 샤를마뉴라고 해.

인하기 위해 끊임없이 제국 구석구석을 직접 돌아다녔단다. 카롤루스의 노력 덕택에 서유럽 세계는 오랜 혼란에서 벗어나 서서히 안정을 되찾을 수 있었지."

"다행이에요, 이제야 평화를 되찾다니……."

허영심이 가슴을 쓸어내리며 말하자 용선생도 고개를 끄덕였다.

"카롤루스는 오늘날 유럽의 아버지, 카롤루스 대제라고 불리며 유럽인들의 존경을 받고 있어. 사실상 오늘날 유럽의 중요한 몇몇 국가들은 카롤루스가 세운 프랑크 왕국을 이어받았거든."

"그건 무슨 말씀이세요?"

"카롤루스가 죽은 다음 프랑크 왕국은 게르만족의 전통에 따라 세 나라로 나뉘어서 카롤루스의 후손들이 물려받게 돼. 위치에 따라서

각각 서프랑크, 중프랑크, 동프랑크 왕국이라고 하지. 훗날 서프랑크는 프랑스, 중프랑크는 이탈리아, 동프랑크는 독일의 뿌리가 된단다."

"우아, 정말 유럽의 아버지라고 할 만하네요."

"응, 그래서 1949년에는 유럽의 통합과 평화에 기여한 사람에게 주는 '카롤루스상'이라는 상이 만들어지기도 했단다."

용선생의 핵심 정리

카롤루스 왕조 덕분에 이민족의 위협에서 벗어난 교황은 800년에 카롤루스 대제를 서로마 제국의 황제로 임명함. 서유럽에 로마 문화가 되살아남. 카롤루스 대제가 죽은 뒤 세 왕국으로 쪼개짐.

↑ **카롤루스 대제 시기에 만든 《고데스칼크-전례서》**
카롤루스 대제의 명령으로 781년 무렵 아헨의 궁정 학교에서 만들어진 크리스트교 전례서야. 양피지에 금박을 입혀서 장식한 글자와 화려한 그림들이 눈에 띄지. 이 시대 사람들은 대부분 글을 읽을 줄 몰랐기 때문에 이렇게 화려한 그림을 그려 넣은 책을 만들었어. 왼쪽 그림은 생명의 샘으로 '목마른 사람은 나에게 오라'는 성경 구절을 설명하는 거야.

↑ **아헨 대성당** 카롤루스가 처음 지은 이후 오늘날까지 증축이 이어지고 있어. 카롤루스는 프랑크 왕국 한가운데 있는 아헨이 위치나 기후 면에서 수도로 적합하다고 생각해서 왕국의 수도로 삼았어.

우리 생활 속의 게르만 문화

프랑크 왕국이 안정된 이후 게르만족은 명실상부한 유럽의 지배자가 되었지. 그래서 게르만족의 문화가 서양 문명에 큰 영향을 미쳐 오늘날 우리 생활 속의 게르만 문화의 흔적을 찾아볼 수 있단다.

먼저 게르만족의 전설과 신화에서 유래한 수많은 상상의 존재들이 각종 소설이나 게임, 만화, 영화 등에 등장하는 걸 쉽게 볼 수 있지. 흉측한 괴물 트롤과 숲속에 사는 아름다운 엘프, 보석을 좋아하고 손재주가 좋은 난쟁이도 원래는 모두 게르만족이 믿던 신화 속 존재들이었거든. 심지어 북유럽의 시골 마을에 가면 아직도 요정과 트롤의 존재를 믿는 사람들이 있대.

게다가 우리가 지금 쓰고 있는 달력에도 게르만 문화의 영향이 남아 있단다. 각 요일을 의미하는 영어 단어에 게르만 신들의 이름이 붙어 있거든! 영어로 화요일을 뜻하는 Tuesday는 전쟁의 신 티르(Tyr)에서, 수요일 Wednesday는 최고신 보탄(Wotan)에서, 목요일 Thursday는 천둥의 신 토르(Thor), 금요일 Friday는 사랑의 신 프레이야(Freyja)의 이름에서 따온 거래.

▲ 공주를 납치한 트롤

▲ 풍요와 아름다움의 여신 프레이야 프레이야는 고양이가 끄는 마차를 타고 다닌다고 해.

▲ 할리우드 영화 〈어벤저스〉에 등장하는 토르
천둥의 신 토르는 천둥과 번개를 부르는 망치 '묠니르'를 들고 다니는 전사라고 해. 영화, 만화 등 다양한 작품의 주인공으로 곧잘 등장하지.

동쪽에서 이슬람 세력을 막아 낸 비잔티움 제국

그때 왕수재가 손을 들고 물었다.

"선생님, 그런데 비잔티움 제국은 교황이 독립하려는 걸 손 놓고 보고만 있었어요?"

"그게 말이지, 이 무렵 비잔티움 제국은 몇 가지 큰 어려움에 처해 있었기 때문에 어쩔 수가 없었단다. 첫 번째는 전염병이었어. 500년대 중반부터 750년까지 유스티니아누스 역병이라는 전염병이 여러 차례 비잔티움 제국을 휩쓸었거든. 수도 콘스탄티노폴리스에서만 도시 인구의 절반이 넘는 30만 명이 목숨을 잃을 만큼 무시무시한 전염병이었지. 이전에도 전염병이 유행한 적은 많았지만 이렇게 단숨에 많은 사람이 죽는 전염병은 처음이었어."

"인구의 절반이 전염병으로 죽었다고요?"

아이들이 눈을 휘둥그렇게 떴다.

"그래. 그뿐만이 아니었어. 북쪽에서는 게르만족의 뒤를 이어서 슬라브인들이 국경을 위협하고 있었어. 비잔티움은 500년대 후반부터 거의 400년 동안 슬라브인의 침입을 막느라고 골머리를 앓는단다."

"에구, 게르만족이 좀 잠잠해지니까 이번엔 또 다른 사람들이 나타나요? 정말 끝이 없네요."

장하다가 고개를 절레절레 저었다.

하지만 용선생은 아랑곳없이 세 번째 손가락

역병 전염병 역(疫) 병 병(病). 빠르게 퍼져 나가는 급성 전염병을 가리키는 말.

↑ **유스티니아누스 역병에 걸린 사람들** 유스티니아누스 역병은 훗날 유럽을 휩쓴 흑사병과 동일한 전염병일 것으로 보여. 아프리카, 아라비아, 아시아 전역으로 퍼졌고, 전 세계적으로 2,000만 명이 넘는 사람이 목숨을 잃었대.

을 펴며 설명을 이었다.

"아직 세 번째가 남았어. 바로 비잔티움 제국의 숙적 페르시아! 페르시아와 비잔티움 제국은 100년 넘게 치열한 전쟁을 벌여 왔는데, 유스티니아누스 황제가 죽은 뒤에는 오히려 페르시아에 계속 밀려

용선생의 세계사 돋보기

이 전쟁 때문에 서아시아의 동서 교역로가 막히면서 아라비아반도를 지나는 무역로가 주목받게 되었어.

비잔티움 제국과 슬라브인

↑ 오늘날 대표적인 슬라브인의 국가

↑ 전통 의상을 입은 우크라이나 남녀

슬라브인은 원래 흑해와 카스피해 사이의 캅카스 지방에 살던 사람들이야. 로마의 멸망과 함께 게르만족이 서쪽으로 이동하자 그 빈자리로 이동해 오늘날 동유럽과 발칸반도에 자리 잡게 되었지. 러시아, 우크라이나, 폴란드, 세르비아, 보스니아, 크로아티아 등이 모두 슬라브인이 절대 다수를 차지하는 국가들이야.

도나우강 유역으로 이동한 슬라브인 부족들은 비잔티움 제국 북쪽 국경을 수시로 약탈했어. 비잔티움 제국은 슬라브인에게 크리스트교를 전파해서 충돌을 줄여 보려고 했단다. 오늘날 러시아를 비롯한 대부분의 슬라브인 국가들이 정교회를 믿는 것은 그런 노력의 결과야.

▶ **페르시아와 싸우는 헤라클리우스 황제**
칼을 든 헤라클리우스 황제가 페르시아왕을 공격하는 모습을 왼쪽의 천사들이 지켜보고 있지.

이집트와 시리아까지 빼앗기게 되었어."

"후유. 안팎으로 정말 정신이 없었군요."

"후후. 그런데 610년, 비잔티움의 헤라클리우스 황제가 즉위하며 반전이 시작되었어. 황제는 각지의 병사들을 끌어모아 마지막 일격을 가할 원정군을 준비했지. 헤라클리우스 황제가 직접 이끄는 원정군이 연전연승을 거두더니 이란고원까지 진군해서 페르시아를 궁지에 몰아넣었어. 627년, 결국 헤라클리우스 황제는 페르시아에 빼앗긴 이집트와 시리아를 되찾고 휴전 조약을 맺은 뒤 의기양양하게 콘스탄티노폴리스로 돌아왔지. 황제의 작전이 성공을 거둔 거야."

"이야, 완전히 영웅이네요."

"그런데 이슬람을 공부할 때 비잔티움 제국은 이슬람 세력한테 밀려서 멸망 직전까지 갔다고 하셨잖아요?"

"맞아. 헤라클리우스 황제의 활약이 무색하게, 비잔티움은 기껏 페르시아에게서 되찾은 시리아와 이집트를 10년도 채 지나지 않아 이슬람 세력에게 빼앗겼어. 게다가 717년에는 수도 콘스탄티노폴리스

마저 이슬람 세력에 함락당할 위기에 처하게 되지. 하지만……."

"비잔티움 제국이 이겼습니다!"

왕수재가 재빠르게 대답했고, 다른 아이들도 이미 알고 있다는 듯이 고개를 끄덕였다.

"하하, 그래. 난공불락의 콘스탄티노폴리스 성벽 덕분에 이슬람 세력의 거센 공격을 막아 내긴 했어. 하지만 비잔티움 제국은 이때부터 장장 300년 동안이나 북쪽의 슬라브와 동쪽의 이슬람 세력의 침략에 시달리게 된단다. 정말이지 단 한 해도 그냥 넘어간 적이 없을 정도였어."

"어쩐지 불쌍한데요. 그렇게 쉴 새 없이 전쟁에 시달리다니……."

"그런데 놀라운 건 그런 가운데서도 비잔티움 제국이 끈질기게 버티면서 부활의 기회를 노렸다는 점이야. 바로 테마 제도 덕분이었지."

"테마 제도? 그게 뭔데요?"

"국경을 지키는 장군들에게 나라의 일정한 지역을 떼어 준 뒤 그 지역에서 직접 세금을 거둬 군사비를 충당하고, 지역 주민들을 병사로 동원해 군대를 꾸리는 제도야. 각 장군들이 관할하는 지역을 테마라고 하고, 이 제도를 테마 제도라고 한단다. 테마 제도가 실시되면서 비잔티움 제국의 국방력은 몰라보게 강력해졌어. 병력도 늘어났고, 익숙한 고향에서 싸울 수 있으니 병사들의 전투력도 상승했지."

↑ **참십자가를 들고 귀환하는 헤라클리우스** 페르시아가 크리스트교의 성지 예루살렘을 정복했을 때 예수님이 못 박혔던 십자가를 약탈해 갔대. 이 그림은 전쟁에서 승리한 헤라클리우스가 십자가를 되찾아서 돌아오는 모습을 그린 거란다.

▲ 콘스탄티노폴리스 공방전 기록화 비잔티움 제국은 물로 끌 수 없는 '그리스의 불'이라는 비밀 무기를 사용해서 적을 막아 냈다고 해. '그리스의 불'은 비잔티움 제국의 일급 비밀이라 아직까지도 그 정체를 알 수 없대.

"흠, 당나라에서 나왔던 절도사랑 비슷한 것 같아요."

"그렇게도 볼 수 있겠구나. 테마 제도는 비잔티움 제국 전역에서 실시되며 나라를 지키는 든든한 기둥이 되었단다. 그러다 1000년대에 이르러 아바스 왕조가 혼란에 빠지자 드디어 기회가 찾아왔어. 테마 제도를 통해 키운 군사력을 동원해 이슬람 세력에 빼앗겼던 아나톨리아반도 일대를 모두 되찾았고, 골칫거리였던 슬라브인을 몰아내면서 제2의 전성기를 열었거든."

"히야, 정말 불사조 같아. 죽었나 싶으면 되살아나고, 죽었나 싶으면 되살아나고……."

▲ 1025년 무렵 제2의 전성기를 맞이한 비잔티움 제국

"그렇지? 비잔티움 제국이 이렇게 굳건히 버텨 준 덕분에 서유럽 세계는 이슬람 세력의 거센 물결로부터 안전할 수 있었단다. 그래서 학자들은 비잔티움 제국이 유럽의 방파제 역할을 했다고 말하기도 해."

"이제 보니까 프랑크 왕국이나 교황은 비잔티움 제국한테 큰절이라도 해야겠네요."

왕수재가 팔짱을 낀 채로 중얼거렸다.

"그래. 이렇게 정신없는 상황이었기 때문에 비잔티움은 로마 교황이 떨어져 나가려 하는 걸 뻔히 알면서도 지켜볼 수밖에 없었다, 이 말씀."

 **용선생의 핵심 정리**

비잔티움 제국은 슬라브인과 페르시아, 이슬람의 공격을 막아내며 유럽의 방파제 역할을 함.

바이킹의 시대가 열리다

"자, 다시 서유럽으로 가 보자. 서유럽을 절체절명의 위기에 빠뜨린 적은 남쪽도 동쪽도 아닌 북쪽에서 나타났어."

"카롤루스 대제 덕분에 잘나가는 줄 알았는데 갑자기 위기라고요?"

아이들이 어리둥절한 표정을 짓자 용선생은 스크린에 새로운 지도를 띄웠다.

"너희들 혹시 바이킹이라고 들어 봤니? 서유럽을 위기에 몰아넣은

 **곽두기의 국어사전**

절체절명 끊을 절(絶) 몸 체(體) 끊을 절(絶) 목숨 명(命). 몸뚱이가 잘리고 목숨이 끊어질 만큼 위태로운 순간을 뜻해.

적은 바로 바이킹이었어."

"아, 바이킹! 크하하, 바이킹을 왜 몰라요. 배를 타고 다니며 도끼를 휘두르는 용감무쌍한 바다 사나이들이잖아요."

장하다의 말을 들은 용선생은 씩 웃음을 지으며 설명을 이어 나갔다.

"그래. 바이킹은 원래 스칸디나비아반도 남서부와 덴마크에 흩어져 살던 게르만족의 한 갈래였어. 발트해와 북해에서 고기잡이를 하거나, 추운 곳에서 나는 질 좋은 모피, 발트해에서 나는 호박 따위를 내다 팔아서 생계를 꾸려 나갔지. 그러니까 이들은 어부이자 사냥꾼이자 상인이었던 셈이야. 이 지도에 표시된 길이 바이킹이 배를 타고 다니며 교역을 하던 길이란다."

왕수재의 지리 사전

스칸디나비아반도
유럽의 북서쪽 끝에 있는 거대한 뱀처럼 생긴 반도야. 노르웨이와 스웨덴이 이곳에 자리 잡고 있어.

↑ 바이킹의 활동

↑ **발트해의 호박** 발트해의 해안 지역은 예로부터 질 좋은 호박 산지로 이름이 높았어. 폭풍이 불어서 큰 파도가 치고 나면 이렇게 바다 밑에서 떠밀려 온 호박을 해변에서 구할 수 있었다는구나.

↑ **호박으로 만든 펜던트** 호박은 수백만 년 전 나무 수액이 굳어 만들어진 보석이야. 반투명한 노란 빛깔이 아름다워 장식으로 이용되었지.

지도를 유심히 보던 나선애가 고개를 갸웃거리며 손을 들었다.

"선생님, 그런데 이 지도 잘못된 거 같아요. 배를 타고 다녔다면서 바다가 아니라 육지에도 교역로가 그려져 있는데요?"

"호호. 그 교역로는 강을 따라가는 길이야. 바이킹의 배는 폭이 좁고 얕은 물에서도 운항할 수 있어서 쉽게 강을 거슬러 갈 수가 있거든. 바이킹들은 발트해로 흘러드는 강을 따라 내륙 깊숙한 곳까지 거슬러 올라간 뒤 물길이 시작되는 곳까지 배를 들고 이동했어. 그러다 다시 강이 나오면 배를 띄우는 식으로 비잔티움 제국의 콘스탄티노폴리스까지도 오갈 수 있었지. 바이킹들의 교역 활동이 활발해지자 강줄기를 따라 교역 도시가 세워지기도 했지."

"우아. 상상도 못 했어요. 바이킹이 콘스탄티노폴리스까지 가다니!"

허영심이 놀란 듯 눈을 동그랗게 떴다.

"그런데 800년대 중반 이후부터 바이킹의 활동이 유독 활발해지기

▲ 바이외 태피스트리에 묘사된 핼리 혜성
837년 핼리 혜성이 지구를 지나갈 무렵 유럽에 대규모 기상 이변이 일어났어. 대홍수와 가뭄이 잇따라 많은 사람들이 굶어 죽었지.

▲ 바이킹의 뿔투구
바이킹의 상징과도 같은 뿔투구. 이런 투구는 실제 전투가 아니라 종교 의식이 있을 때 썼다고 해.

시작했단다."

"갑자기 왜요?"

"우선 첫 번째 이유는 갑작스러운 기후 변화 때문이었어. 북유럽 일대의 기온이 뚝 떨어져서 거의 농사를 지을 수가 없게 되었거든. 먹고살기가 힘들어진 바이킹은 가까운 서유럽 해안 지대로 쳐들어가 본격적으로 약탈에 나섰지."

"그런데 서유럽에는 프랑크 왕국이 버티고 있잖아요? 함부로 약탈하긴 어려웠을 텐데."

장하다의 말에 용선생은 고개를 가로저었다.

"카롤루스 대제가 세상을 떠난 뒤 프랑크 왕국은 혼란을 겪고 있었단다. 나라를 나누어 가진 카롤루스 가문의 후손들이 서로 더 많은 땅을 차지하려고 끊임없이 전쟁을 벌였기 때문이지."

"또요? 전에 메로베우스 왕조도 그랬다고 하셨잖아요."

"그래. 거의 판박이였지. 카롤루스 왕조 역시 분할 상속이라는 게르만 관습을 따랐기 때문에 똑같은 문제가 불거진 거야. 바이킹들은 혼란을 틈타 온 유럽을 휩쓸며 무자비하게 살육과 약탈을 벌였단다. 바다에서 멀리 떨어진 곳도 결코 안전하지 않았어. 아까 바이킹의 배는 강을 거슬러 가기에 안성맞춤이라고 했지? 바이킹들은 배를 타고 유럽의 내륙 깊숙한 곳까지 침입해서 마을을 불태우고 재물을 빼앗은 뒤 군대가 출동하기도 전에 바람처럼 사라져 버리기 일쑤였단다."

◆ 전통 방식대로 만들어진 바이킹의 배
폭이 좁고 길이가 길어서 얕은 강에서도 빠르게 몰 수 있었어.

"에휴~. 어쩔 수 없겠네요. 빨리 날씨가 좋아져서 바이킹들이 원래 살던 곳으로 돌아가길 바라는 수밖에……."

"글쎄? 그렇게 간단한 문제가 아니었어. 900년대로 접어들어 날씨가 다시 따뜻해졌는데도 바이킹들은 고향으로 돌아가기는커녕 오히려 활동 무대를 더욱 넓혔어. 얼어붙은 강물이 풀리고 북극에 가까운 바다의 빙하가 녹으면서 더 멀리까지 항해할 수 있었기 때문이지. 바이킹들은 대서양을 항해해 아이슬란드와 그린란드에도 진출했고, 유럽에서는 아예 계절을 가리지 않고 무차별적인 약탈에 나섰지. 바이킹의 약탈은 1100년대에 이르기까지 거의 200년 동안 계속됐단다. 그야말로 온 유럽이 공포에 떨었던 시기였지."

"그래 봐야 떼강도일 뿐이잖아요. 그깟 강도들 때문에 온 유럽이 200년 동안이나 공포에 떨다니, 말이 돼요?"

◆ 바다를 건너는 바이킹
바이킹은 주로 부유한 수도원이나 교회를 약탈 목표로 삼았어.

서로마 제국 멸망 이후 급변하는 유럽 325

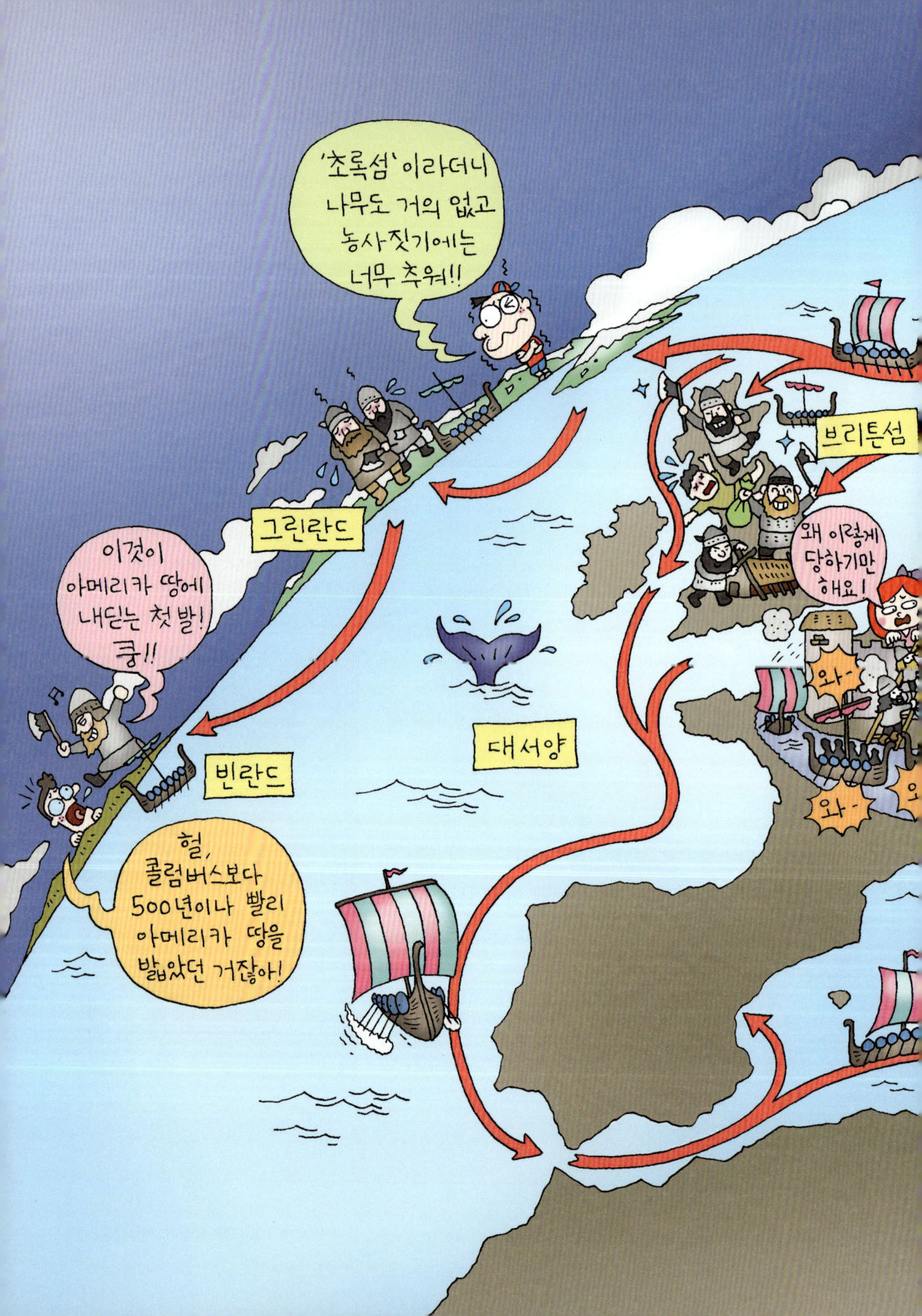

▲ **비잔티움 기록에 남은 북아프리카 해적들** 북아프리카 해적들이 날뛰기 시작하면서 지중해 무역이 줄어들었어.

용선생의 세계사 돋보기

프랑크 왕국이 서유럽 일대를 통일하는 동안, 바다 건너 영국에는 게르만족의 한 갈래인 앵글로색슨족이 세운 일곱 왕국이 자리를 잡고 있었어.

장하다가 용선생의 설명에 어이가 없다는 듯 말했다.

"바이킹은 단순한 해적이 아냐. 영국을 공격한 바이킹은 앵글로색슨족 왕국을 정복하고 자기들의 나라를 세우기까지 했는걸. 또 비슷한 시기 프랑스 북부 해안 지역에도 바이킹의 영토가 생겼고."

"바이킹이 나라도 세우고 영토까지 차지했다고요?"

"그래. 반복되는 침략에 견디다 못한 서프랑크의 왕이 자신에게 충성을 맹세하는 조건으로 바이킹 대장에게 정착할 땅을 내주었거든. 프랑스 북서부 해안의 노르망디가 그곳인데, 프랑스어로 '노르만족의 땅'이라는 뜻이야. 프랑스에서는 바이킹을 북쪽 사람이라는 뜻으로 노르만이라고 불렀거든."

"와, 얼마나 지긋지긋했으면 땅을 다 내줬을까……."

"그런데 더 큰 문제는 이때 프랑크 왕국을 괴롭힌 게 바이킹만이 아니었다는 거야."

"바이킹 말고 누가 또 있어요?"

"남쪽 지중해의 해적들. 이슬람교를 받아들인 북아프리카 원주민이 유럽인을 상대로 해적질을 벌이기 시작했거든. 이들은 지중해 연안을 습격해 창고를 털고 이슬람교를 믿지 않는 수많은 유럽인을 납치해 갔단다. 납치된 사람들은 몸값을 주고 풀려나거나, 이슬람 세계에 노예로 팔렸지."

"바이킹에 북아프리카 해적까지, 어휴~."

"또 있어. 유라시아 대초원에서 이동해 온 마자르라는 유목민이었지. 800년대 중반 마자르는 동유럽의 헝가리 초원에 근거지를 마련하고 중부 유럽과 이탈리아 북부를 끈질기게 약탈했어. 심지어 유

나선애의 세계사 사전

마자르 오늘날 헝가리인의 선조로 500년 무렵부터 우랄산맥에서 서쪽으로 이동해 온 유목민이야. 헝가리 초원을 근거지로 삼아 프랑크 왕국을 약탈했어.

▼ **아르파드왕과 마자르의 일곱 족장** 헝가리를 세운 아르파드왕과 마자르 부족장들의 동상. 유럽의 골칫거리였던 마자르는 크리스트교를 받아들이고 헝가리 초원에 정착해 헝가리 왕국을 세웠어.

럽을 가로질러서 저 멀리 이베리아반도까지 약탈하러 떠난 적도 있었단다. 하지만 분열된 프랑크 왕국은 속수무책이었어."

"사방에서 약탈을 당하고 있었군요. 유럽 사람들, 정말 힘들었겠다."

"그렇지? 이렇게 무차별 약탈이 수백 년 동안이나 계속되면서 유럽은 그야말로 쑥대밭이 되고 말았지. 하지만 그런 가운데서도 유럽 사람들은 삶을 향한 희망을 갖고서 새로운 질서를 만들어 내기 시작했단다."

"이렇게 힘든데 새로운 걸 만들 수 있을까요?"

"흐흐, 아무리 힘들어도 인간은 결코 희망을 포기하지 않거든. 자, 다음 시간에는 유럽 사람들이 만들어 가는 새로운 질서가 어떤 모습인지 알아보기로 하자꾸나."

 **용선생의 핵심 정리**

바이킹은 북유럽을 근거지로 교역 활동을 하던 게르만족의 한 갈래. 800년대 중반부터 본격적으로 약탈에 나서며 온 유럽을 공포로 몰아넣고 유럽 곳곳에 정착하며 나라를 세움.

나선애의 정리노트

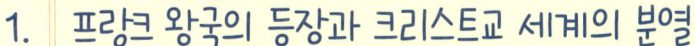

1. ### 프랑크 왕국의 등장과 크리스트교 세계의 분열
   - **프랑크 왕국**: 오늘날의 벨기에 일대가 근거지. 500년대에 서유럽 대부분 통일
     → 크리스트교로 개종하고 교회의 협조를 받아 적극적으로 세력 강화
   - 크리스트교는 성상 파괴령을 계기로 동방 교회와 서방 교회로 분열 시작
     → 서방 교회의 수장인 로마 교황은 비잔티움 제국을 대신할 새로운 보호자로 프랑크 왕국을 선택

2. ### 유럽의 아버지 카롤루스 대제
   - **카롤루스 마르텔**: 프랑크 왕국의 궁재. 이슬람 세력을 막아 내며 명성을 날림.
   - **피핀**: 교황과 협력해 프랑크 왕국의 왕으로 즉위. 카롤루스 왕조 시작
   - **카롤루스 대제**: 서유럽 전역을 정복 → 프랑크 왕국의 전성기. 서로마 황제로 즉위
     * 카롤루스 대제의 프랑크 왕국은 오늘날 서유럽의 뿌리가 됨!

3. ### 비잔티움 제국의 활약
   - 전염병, 슬라브인의 침략, 페르시아와의 전쟁을 겪으며 큰 어려움에 처함.
     → 테마 제도를 중심으로 국력을 강화하며 1000년대에는 제2의 전성기
     * 비잔티움 제국은 이슬람 세력을 막는 방파제 역할!

4. ### 바이킹의 침략과 유럽의 대혼란
   - **바이킹**: 800년대부터 스칸디나비아반도를 근거지로 활발한 교역과 약탈 활동
     → 영국을 정복해 나라를 세우고 프랑스 북서부의 노르망디에 정착하기도 함.
   - 북아프리카 해적의 활동, 마자르의 약탈 등으로 유럽은 쑥대밭이 됨.

세계사 퀴즈 달인을 찾아라!

1 다음 설명에 해당하는 인물의 이름으로 알맞은 것은? ( )

프랑크 왕국을 세운 사람이야. 크리스트교를 받아들이고 교회의 협조를 받아 왕국의 기틀을 다졌지.

① 피핀 ② 클로비스
③ 카롤루스 대제 ④ 카롤루스 마르텔

2 사건이 일어난 순서대로 나열해 보자.

㉠ 클로비스가 크리스트교로 개종함.
㉡ 카롤루스 대제가 서로마 황제가 됨.
㉢ 피핀이 교황에게 로마 인근의 땅을 기부함.
㉣ 투르-푸아티에 전투에서 이슬람 세력을 막아냄.

(- - -)

3 동방 교회와 서방 교회에 대해 잘못 설명한 친구는? ( )

① 서방 교회의 중심지는 로마였어.

② 서방 교회의 우두머리는 황제였지.

③ 동방 교회는 콘스탄티노폴리스를 중심으로 삼고 있었어.

④ 두 교회가 갈라서게 된 결정적인 계기는 성상 파괴 운동이었지.

4 프랑크 왕국에 대한 설명으로 알맞은 것에 ○표, 알맞지 <u>않은</u> 것에 X표 해 보자.

○ 프랑크 왕국은 오늘날 서유럽의 뿌리가 되었다. ( )

○ 클로비스는 프랑크 왕국의 궁재로, 피핀의 아버지이다. ( )

○ 피핀은 투르-푸아티에 전투에서 이슬람 세력의 침입을 물리쳤다. ( )

○ 카롤루스 대제 시기에 이루어진 로마 문화 부활 현상을 '카롤링거 르네상스'라고 한다. ( )

6 다음 사진들을 통해 유추할 수 있는 집단에 대한 설명으로 알맞지 <u>않은</u> 것은? ( )

① 뛰어난 항해술을 가진 사람들이었다.
② 북유럽의 스칸디나비아반도를 근거지로 삼았다.
③ 800년대 이후로는 활동이 급격하게 줄어들었다.
④ 이들 중 일부는 영국을 정복하고 자신들의 나라를 세웠다.

5 비잔티움 제국에 대한 설명으로 알맞은 것을 골라 보자.

○ 비잔티움 제국은 (인도 / 페르시아)와 100년 넘게 전쟁을 벌였다.

○ 비잔티움 제국은 북쪽에서 (슬라브인 / 프랑크 왕국)의 지속적인 침입을 받았다.

○ 비잔티움 제국은 (테마 제도 / 염철 전매 제도)를 실시해 제2의 전성기를 맞이했다.

정답은 353쪽에서 확인하세요!

| 용선생 세계사 카페 |

앵글로색슨족의 영국 침략과 아서왕 전설

서로마 제국이 무너져 가던 400년대 무렵, 바다 건너 영국에도 게르만족의 한 갈래인 앵글족과 색슨족의 침입이 시작됐어. 로마군이 철수한 뒤 켈트족 왕국들은 게르만족의 침략에 맞서 치열한 항쟁을 벌였지.

아서왕과 그를 따르는 원탁의 기사는 이때 게르만족에 맞서 싸운 켈트족 영웅이야. 전설에 따르면 아서왕과 원탁의 기사들은 치열하게 싸운 끝에 침략자를 물리치고 자신들의 땅을 지켜 냈어. 이때 아서왕에게 큰 도움을 준 것이 마법의 검 엑스칼리버와 마법사 멀린의 조언이었대.

하지만 아서왕이 실존 인물이었는지는 확실하지 않아. 학자들은 앵글로색슨족에 맞서 싸웠던 켈트족 왕을 모델로 삼아 승리의 전설이 만들어진 게 아닐까 생각하고 있어.

전설과 달리 실제 켈트족은 영국 중부의 평야 지대를 게르만 침략자들

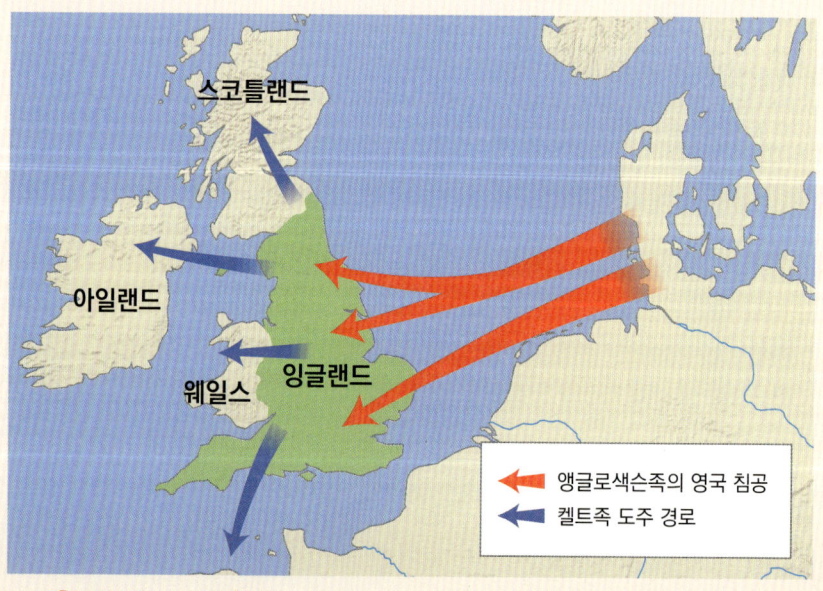

▲ 앵글로색슨족의 영국 침공

에게 내어 주고 북쪽의 스코틀랜드, 서쪽의 웨일스 같은 척박한 땅으로 쫓겨났어. 영국의 중부 지방은 잉글랜드, 즉 말 그대로 앵글로색슨족의 땅이 되었지. 한편 이때 많은 켈트족이 지금의 프랑스 해안으로 달아나기도 했어. 이들은 대대손손 아서왕의 전설을 전하며 고향으로 돌아갈 날을 손꼽아 기다렸지.

수백 년이 흐른 1066년, 노르망디 공 윌리엄은 켈트족의 오랜 염원을 잉글랜드 정복에 이용하기로 했어. 잉글랜드의 주인은 켈트족이며, 잉글랜드 정복은 잃어버린 켈트족의 땅을 되찾는 것이라는 명분을 내세웠지. 윌리엄 공은 아서왕의 전설을 퍼뜨려 잉글랜드 정복을 정당화하고, 기사들의 사기를 드높였지. 아서왕의 전설은 삽시간에 유럽에서 가장 인기 있는 무용담이 되었어. 아서왕은 이제 단순히 켈트족의 영웅이 아니라, 영국 왕실의 영웅, 나아가 야만에 맞서 크리스트교를 수호하는 영웅이 되었지. 훗날 아서왕의 전설에 성배를 찾는 기사들의 모험, 원탁의 기사 랜슬롯과 귀네비어 왕비의 사랑 이야기 등이 덧붙여졌어. 아서왕은 중세 기사들의 영원한 롤모델이 되었지.

> **잉글랜드** '앵글로색슨족의 땅'이라는 뜻이야. 우리가 보통 영국이라고 부르는 나라의 정식 명칭은 '그레이트 브리튼과 북아일랜드 연합 왕국'이야. 그레이트 브리튼섬에 있는 잉글랜드, 스코틀랜드, 웨일스, 아일랜드의 북부인 북아일랜드로 이루어진 연합 왕국이지. 원래 이 넷을 하나로 통합한 것은 잉글랜드였어. 그래서 잉글랜드는 브리튼섬의 잉글랜드 지역을 뜻하기도 하고 영국이라는 나라 전체를 뜻하기도 해. 여기서 말하는 잉글랜드는 영국의 일부인 잉글랜드 지방을 말해.

◀ **바위에서 마법의 검을 뽑는 아서**
전설에 따르면 아서가 손을 대기 전까지 누구도 바위에서 검을 뽑지 못했다고 해. 바위에서 뽑은 검이 바로 엑스칼리버 혹은 칼리번으로 알려진 마법의 검이란다.

◀ **아서왕과 원탁의 기사들**
아서왕은 앉는 위치에 따라 지위에 차별을 두지 않기 위해 모든 기사들과 함께 원형 탁자에 앉았다고 해.

| 용선생 세계사 카페 |

아메리카로 간 바이킹

> **사가** 중세 아이슬란드 이야기의 한 형식이야. '사가'는 '말해진 것'이라는 뜻이지.

1200년대에 쓰인 아이슬란드의 《붉은 머리 에이리크 사가》에는 1000년 무렵 붉은 머리 에이리크라는 바이킹이 아메리카를 발견하고 그곳에 정착지를 건설한 이야기가 실려 있어.

800년대부터 시작된 기상 이변 때문에 바이킹들은 살기 위해 끊임없이 바깥으로 나가야 했지. 북해를 건너 영국으로 건너가거나, 유럽의 서해안, 심지어 이탈리아까지 가서 약탈을 일삼기도 했어. 그중 일부는 바다 건너 아이슬란드에 정착해 나라를 세웠어.

붉은 머리 에이리크는 아이슬란드 출신의 바이킹이었어. 그는 살인죄를 저지르고 그린란드로 추방당했는데, 그곳에서 농사지을 수 있는 땅을 발견했지. 3년의 추방형을 마치고 아이슬란드로 돌아온 에이리크는 아들인 레이프 에이릭손과 함께 개척 이민자를 모아 그린란드로 떠났지. 그린란드로 간 레이프 에이릭손과 이민자들은 집을 지을 목재가 부족하다는 걸 알게 됐어. 에이릭손은 한 선장으로부터 그린란드 서쪽에 숲이 우거진 해안이 있다는 이야기를 전해 들었지.

▲ 노르웨이의 화가 크리스티안 크로그가 그린 〈아메리카를 발견한 레이프 에이릭손〉

에이릭손은 사람들을 이끌고 서쪽으로 향했고, 이내 숲이 우거진 해안을 발견할 수 있었어.

모험심이 발동한 에이릭손은 더 남쪽으로 항해했고, 마침내 한 섬에 도착했어. 에이릭손은 날씨가 따뜻한 그곳을 빈란드라고 이름 짓고 정착지를 세웠어. 하지만 에이릭손의 정착 계획은 실패하고 말았어. 그곳에 살고 있던 원주민들과 싸움이 벌어져 많은 동료들이 목숨을 잃었거든. 에이릭손과 동료들은 어쩔 수 없이 빈란드를 떠나 그린란드로 돌아와야 했지. 그 후 에이릭손의 모험 이야기는 입에서 입으로 전해지다 1200년대에 《붉은 머리 에이리크 사가》라는 책으로 정리되어 지금까지 전해 온단다.

1960년 캐나다 남동쪽에 있는 뉴펀들랜드섬에서 1000년 무렵에 건설된 정착지가 발견되었어. 그런데 그 정착지의 가옥들은 1000년 무렵의 아이슬란드 가옥처럼 지붕에 잔디가 심어져 있었지. 또 노르웨이에서 만든 청동 핀이 발견되었어. 의심할 바 없는 바이킹 유적이었지. 이로써 《붉은 머리 에이리크 사가》는 실제 모험담이었고, 북유럽 바이킹이 콜럼버스보다 500년이나 앞서 아메리카 땅을 밟은 유럽인이었다는 사실이 밝혀졌단다.

↑ 아이슬란드에 세워져 있는 레이프 에이릭손의 동상

← 캐나다 뉴펀들랜드 섬에 복원되어 있는 바이킹 가옥

에이릭손이 뉴펀들랜드에 도착했더니 이곳에 포도가 자라고 있어서, 이 섬에 포도의 땅이라는 뜻의 빈란드라는 이름을 붙였다는 전설이 있어.

한눈에 보는 세계사-한국사 연표

세계사

250년 무렵	일본에서 거대한 고분들이 만들어짐
304년	중국에서 5호 16국 시대가 시작됨
313년	로마의 콘스탄티누스 황제가 밀라노 칙령으로 크리스트교를 공인함
320년	인도에서 굽타 왕조가 건설됨
395년	동서 로마가 분리됨
400년 무렵	유라시아 초원에 유연 제국이 들어섬
439년	중국에서 북위가 화베이 지역을 통일하고 남북조 시대가 시작됨
476년	서로마 제국이 멸망함
481년	프랑크 왕국이 건국됨
493년	북위 효문제가 뤄양으로 수도를 옮김
500년 무렵	에프탈이 인도를 침략하고 굽타 왕조가 쇠퇴함
523년	중국 북위에서 육진의 난이 일어남
527년	유스티니아누스가 동로마 제국 황제로 즉위
534년	북위가 동위와 서위로 분열됨
552년	돌궐 제국 건국
570년	메카에서 무함마드가 탄생함
582년	돌궐 제국이 동·서돌궐로 분열됨
589년	수나라가 중국을 통일함
610년	무함마드가 이슬람교를 퍼트리기 시작함
618년	수나라가 멸망하고 당나라가 들어섬
622년	무함마드가 메디나로 탈출함(헤지라)
627년	비잔티움 제국이 페르시아로부터 이집트와 시리아를 되찾음
630년	동돌궐이 당나라에 멸망당함
632년	무함마드가 사망하고 정통 칼리프 시대가 시작됨
645년	일본에서 다이카 개신이 선포됨
657년	서돌궐이 당나라에 멸망함
661년	이슬람 세계에 우마이야 왕조가 들어섬
700년 무렵	멕시코고원에서 테오티우아칸이 쇠퇴함
710년	일본에서 나라 시대가 시작됨
717년	콘스탄티노폴리스 공방전이 벌어짐
726년	비잔티움 제국에서 성상 파괴 운동이 시작됨
750년	이슬람 세계에 아바스 왕조가 들어섬
751년	프랑크 왕국에 카롤루스 왕조가 들어섬
755년	당나라에서 안녹산의 난이 일어남
762년	아바스 왕조가 바그다드를 건설해 수도를 옮김
794년	일본에서 헤이안 시대가 시작됨
800년 무렵	인도 남부에서 박티 신앙이 유행함
800년	프랑크 왕국의 카롤루스 대제가 서로마 황제로 즉위함
843년	프랑크 왕국이 셋으로 분할됨
850년 무렵	바이킹의 침략이 극심해짐
875년	중국에서 황소의 난이 일어남
907년	주전충이 당나라를 멸망시키고 5대 10국 시대가 시작됨
962년	독일의 오토 1세가 신성 로마 제국 황제로 즉위함

도다이지 대불전

당 태종 이세민

이슬람 세계의 크리스털 공예품

카롤루스 대제

한국사

313년	고구려가 낙랑군을 무너뜨림
369년	근초고왕이 마한을 정복함
372년	소수림왕이 불교를 받아들이고 태학을 세움
400년	광개토 대왕이 왜를 물리침
404년	광개토 대왕이 후연과의 전쟁에서 승리해 요동 일대를 차지함
427년	장수왕이 수도를 평양으로 옮김
433년	신라와 백제가 동맹을 맺음
475년	장수왕이 한강 유역을 손에 넣고, 백제는 웅진으로 수도를 옮김
503년	지증왕이 나라 이름을 신라로 정함
512년	신라 이사부가 우산국을 정벌함
520년	법흥왕이 율령을 반포함
527년	이차돈의 순교로 신라가 불교를 받아들임
538년	백제 성왕이 사비로 도읍을 옮김
553년	신라가 한강 유역을 차지함
598년	수나라 문제가 고구려로 쳐들어옴
612년	을지문덕이 살수에서 수나라 군대를 크게 무찌름
645년	당나라가 고구려로 쳐들어옴
648년	김춘추가 당 태종을 만남
660년	백제가 멸망함
668년	고구려가 멸망함
676년	신라가 삼국을 통일함
681년	신문왕이 왕위에 오름
685년	9주 5소경이 정비됨
698년	대조영이 발해를 건국함
723년	혜초가 《왕오천축국전》을 씀
732년	발해가 당나라를 공격함
756년	발해 문왕이 수도를 옮김
774년	석굴암을 완성함
788년	원성왕이 독서삼품과를 실시함
802년	신라에서 해인사가 창건됨
828년	장보고가 청해진을 세움
846년	장보고가 암살당함
889년	농민 원종과 애노가 반란을 일으킴
894년	최치원이 〈시무 10조〉를 올림
900년	견훤이 후백제를 세움
901년	궁예가 후고구려를 세움
918년	왕건이 왕위에 오름
926년	발해가 멸망함
935년	신라 경순왕이 왕건에게 항복함
936년	고려가 후삼국을 통일함
943년	왕건이 〈훈요 10조〉를 남김
956년	광종이 노비안검법을 실시함
958년	광종이 과거 제도를 실시함

발해 용머리 석상

성덕대왕 신종

서역에서 온 유리병

다보탑

월지에서 발견된 주사위

'고려국조'가 새겨진 청동 거울

찾아보기

ㄱ

가나 101, 108
가브리엘 천사 213~214, 220, 237
갠지스강 155, 160~162, 165, 183
게이타이 81~83
격구 37
견당사 95~96
견수사 95
고비 사막 26, 113, 121
고선지 12, 264
공지공민제 100
관백 100~102
구니 78~82
구법승 56~57, 185~186
국풍 문화 101, 108~109
굽타 왕조 154, 160~164, 168~176, 179, 183, 185
궁재 307~308
그린란드 290, 325, 336~337
기나이 81

ㄴ

나라 분지 63, 79~82, 94, 97
나라 시대 94, 96~97
나카노오에 왕자 87, 89, 91
날란다 대학 57, 155, 185~186
남조 18, 123
노르망디 328, 335

ㄷ

다마스쿠스 197, 212, 241, 250~252, 263

다이카 개신 87~88, 91, 93
당 태종(이세민) 25~27, 37, 40, 57, 140~141
당 현종 41, 54
당나라 12, 15, 25~26, 28~34, 36~37, 40~45, 47~48, 52, 57~58, 88, 92~96, 101 , 128, 135, 137, 140~146, 150~151, 264, 269, 320
당삼채 36, 135
《대당서역기》 58~59, 185
대상 209~210
대안탑 58
대운하 13, 20~21
덴무 천황 90~92, 94
덴지왕 89~90, 98~99
도다이지 96
도래인 76~79, 83~84
도쿄 64~65
도호부 26~28, 142~143
돌궐 제국 22, 26, 28, 134, 137~141, 143~146, 150~151, 176, 182, 269
동남아시아 165, 182~184, 186, 263
동돌궐 128~129, 137~143, 150~151
동로마 295, 299
동방교회 301~302, 306, 309
동위 123, 125, 127
동프랑크 314
두보 52, 54
드라비다인 165

ㄹ

라마 왕자 190
라마야나 170, 190~191, 193
라자스탄 154, 156~157, 159
라지푸트 154, 177~178, 182
레오 3세 304
로마 134, 205, 243, 247, 265, 274, 295~296, 298, 300~302, 305, 310, 312, 317, 321
롬바르드족 306, 310~311
리그베다 170

ㅁ

《마누 법전》 162
마자르 329
맘루크 241, 269~270, 274
메디나(야스리브) 197~199, 219~221, 251
메로베우스 왕조 294, 310, 324
메카 196~199, 209~213, 217~219, 221, 223, 229, 236, 263, 265, 281
모노가타리 109
모노노베 가문 83~85
모병제 42
무아위야 249~252
무측천 37, 40, 143
무함마드 196~197, 199, 212~215, 217~227, 237, 248~249, 253~254, 256, 260, 271
문성 공주 12, 28
문하성 29~30, 93

ㅂ

바그다드 228, 241, 260, 262~263, 265, 267, 270, 273
바라하 167, 193
바스라 197, 228, 241, 260
바이킹 284~286, 321~325, 328~330, 336~337
바카타카 왕국 161~162
바티칸 시국 310
박티 신앙 179~182
발트해 290, 322~323
백제 83, 84, 86, 89
번진 42, 46
베두인 205, 209
부구트 비석 129
북아프리카 228, 328~329, 242~247, 255, 273
북위 120~124
북제 127~128
북주 18, 31, 127~128
불교 32, 35, 37, 40, 49, 56, 71, 83~87, 92, 96, 98, 154~155, 162~164, 166, 168, 171, 173~175, 181~182, 184~186, 193, 196
붉은 머리 에이리크 336~337
브라만 166~169, 177~178, 180, 181, 184, 193
브라만교 160, 162~164, 166~167, 169

브라흐마 166, 193
비슈누 166~167, 192~193
비잔티움 제국 136, 196~197, 208, 213, 217, 226~228, 230, 240, 255, 256, 260, 285, 299, 301~304, 306
빈공과 32~33
빈란드 336~337
빌게 카간 142~144

ㅅ

사마라 241, 255, 270
사마르칸트 56, 112, 114, 116~117, 128, 130, 135, 241, 255
사산 왕조 페르시아 134, 139, 160, 197
사우디아라비아 198~200, 203, 254
산스크리트어 156, 169, 170, 176, 180, 184
살수대첩 23
3성 6부제 29, 30, 33, 92, 93
상서성 29, 30, 93
샤리아 222
서돌궐 12, 34, 112, 128, 131, 134, 136~139, 142~143
서로마 257, 290, 292~295, 300, 312~314, 334
서방교회 301~302, 306
서위 13, 125, 127
《서유기》 58~59, 191
서프랑크 311, 314, 322, 328

석굴 사원 154, 172, 174~176
선비 120, 122, 124, 128
섭관가 100
성상 파괴 운동 284, 303~304, 306
소가 가문 83~85, 87, 98
소그드인 129, 135
소그디아나 130~131, 134~137, 176
소금 전매 제도 45, 48
송첸캄포 12
쇼토쿠 태자 83~87
수나라 12, 13, 18~27, 34
수니파 253~254, 261
수 문제(양견) 18~19, 34, 139
수 양제 21, 23, 25
스칸디나비아반도 285, 287~288, 291, 322
슬라브인 316~317, 320
시르다르야강 112, 131
시바 166, 180
시아파 241, 248, 253~254, 257, 260~261, 272
시안 14~15, 20, 58
시타 왕비 191
시텐노지 85

ㅇ

아나괴 125
아라비아반도 165, 198~199, 203~205, 208~209, 219 250, 265
아라비아 사막 196, 206, 208, 212
《아라비안 나이트》 278

아랍어 217, 242, 246~247, 258, 262
아리아인 160, 162, 165, 169, 179
아리우스파 296~297
아마테라스 91, 106~107
아무다리야강 131
아바스 왕조 260~262, 264~265, 267~268, 270~271, 273~274, 279, 320
아바타 168, 171~172
아부 바크르 224~226, 231
아부 알 아바스 260~261
아서왕 334~335
아스카 81~83, 94
아잔타 154, 162, 173~175
아잔타 석굴 173~175
아타나시우스파 297
안녹산 40, 43~45, 52, 135
알라 199, 214~215, 217, 221, 223, 230, 237, 256, 271, 280
알리 224~226, 229, 230~232 248~254, 271~272, 279
알타이산맥 112, 124~125, 128
앙코르 와트 184
앵글로색슨족 328, 334~335
야마타이 구니 79, 81~82
야요이 시대 77~78
양귀비 41, 43, 54
양세법 45
에프탈 131, 134, 136, 176, 182

예루살렘 196, 256
오르콘강 113, 127
오사카 62, 80, 85
오아마 왕자 90
오토모 왕자 90
와카 108~109
외튀켄산 114
우마르 26~227, 229
우마이야 왕조 248~249, 252, 254~261, 273~274, 307
우스만 229~232, 248~249
움마 220~221, 224~227, 229~231, 249, 251~252, 254
위구르 제국 145
유스티니아누스 역병 316
유연 120~127, 129
윤회 사상 168
율령 29, 32~33, 91~94, 98
2관 8성제 92
이맘 222, 254, 281
이백 52, 54~55
이스테미 128, 131, 136, 138
이슬람교 164, 198~205, 212~224, 227, 229, 236~237, 243, 249, 253~254, 257~259, 262, 264, 269, 279~280, 304, 329
이식쿨호 118
이연 25
일본 32~33, 36, 64~102, 106~109
잉글랜드 335

ㅈ

자이나교 154, 163, 164, 166, 168, 174~175
작센족 311
장손성 138
장안 15, 25, 33~37, 43, 47~48, 57, 63, 94~95, 140
전방후원분 62, 80~82
절도사 13, 42~44, 46~48
정관의 치 25
정통 칼리프 시대 232
조몬 문화 75, 78
조용조 30~33, 45
중서성 29~30, 93
지진 68~69, 74, 97
지혜의 집 265

ㅊ

찬드라굽타 2세 161
천가한 26, 141
철륵 125
체라 165
촐라 165
총대주교 300~302
최치원 33

ㅋ

카간 26, 122, 125, 127~129, 138~144, 150~151
카롤루스 대제 268, 284, 306, 313~314, 321, 324
카롤루스 마르텔 307~309
카롤루스 왕조 309~312, 314, 324
카롤링거 르네상스 312
카르발라 241, 253~254, 260
카바 신전 209~211, 217, 221, 236~237, 281
카스트 제도 163
카이로 240, 272
칼리프 224~227, 229~232, 248~252, 254, 257, 260~261, 263, 265, 267~274, 279
코르도바 240, 272~274
코살라 왕국 190~191
콘스탄티노폴리스 37, 228, 240, 255, 257
콘스탄티노폴리스 공방전 256, 284, 320
쿠란 214~215, 220, 222, 226, 252, 258, 262
쿠샨 왕조 131, 160, 182
쿠틀룩 143~144, 150~151
퀼 테긴 144
크샤트리아 168, 177, 193
크테시폰 197, 229, 263
클로비스 1세 294~295, 298~299, 310~311
키예프 285
킬데리크 294

ㅌ

타림 분지 12, 26, 112, 128, 130
타밀 지방 165
탈라스 12, 241, 264
탈라스 전투 264
태무제 123
태정관 92~93
튀르키예 146, 280
테마 제도 319~321
테오도시우스 황제 297
텐산산맥 118~119
토르 315
토번 12
토번 왕국 28, 143
투르-푸아티에 전투 308
투르판 112, 130
튀르크인 13, 26, 43, 112, 124~125, 134, 137, 141~144, 146, 150, 269~270
튀멘 125, 127~128

ㅍ

파리 284, 299
파미르고원 128, 130, 142
파탈리푸트라 155
파티마 왕조 240, 272
판디아 155, 165
프랑크 왕국 257, 260, 268, 274, 284, 294~299, 302, 306~315, 321, 324, 328, 330
프랑크족 257, 292~296
프레이야 315
피레네산맥 307, 311
피핀 309~311

ㅎ

하누만 170, 190~191
하룬 알 라시드 268, 279
하즈 236
헝가리 초원 285, 311, 329
헤라클리우스 136, 318~319
헤이안 시대 97~98, 108~109
헤이안쿄 94, 97~98
헤이조쿄 63, 94, 96
헤지라 219
현장 스님 56~59, 155, 185
호류지 85~86
호박 322~323
호적 19, 89
호족 82~84, 87~88, 90~91, 93, 98, 100
화번 공주 27
환태평양 조산대 69
황소의 난 44, 47
황투고원 16
후우마이야 왕조 240, 273~274
후지와라 가문 98~102
후지와라노 미치나가 100
히미코 여왕 79, 81
힌두교 154~155, 164, 166~169, 174~186

참고문헌

국내 도서

2022 개정 교육과정에 따른 중학교, 고등학교 사회교과군 교과서.
21세기연구회 저/전경아 역, 《지도로 보는 세계민족의 역사》, 이다미디어, 2012.
E.H. 곰브리치 저/백승길, 이종숭 역, 《서양미술사》, 2012.
R.K. 나라얀 편저/김석희 역, 《라마야나》, 아시아, 2012.
R.K. 나라얀 편저/김석희 역, 《마하바라타》, 아시아, 2014.
가와쓰 요시오 저/임대희 역, 《중국의 역사》, 혜안, 2004.
강선주 등저, 《마주보는 세계사 교실》, 1~8권, 웅진주니어, 2011.
강희숙, 공수진, 박미선, 이동규, 정기문 저, 《세계사 뛰어넘기 1》, 열다, 2012.
강창훈, 남종국, 윤은주, 이옥순, 이은정, 최재인 저, 《세계사 뛰어넘기 2》, 열다, 2012.
거지엔슝 편/정근희 외역, 《천추흥망》1~8권, 따뜻한손, 2010.
고려대 중국학연구소 저, 《중국지리의 즐거움》, 차이나하우스, 2012.
고처, 캔디스&월튼, 린다 저/황보영조 역, 《세계사 특강》, 삼천리, 2010.
교육공동체 나다 저, 《피터 히스토리아》1~2권, 북인더갭, 2011.
권동희 저, 《지리이야기》, 한울, 2005.
금현진 등저, 《용선생의 시끌벅적 한국사》1~10권, 사회평론, 2016.
기노 쓰라유키 외 편/구정호 역, 《고킨와카슈(상/하)》, 소명출판, 2010.
기노 쓰라유키 외 편/최충희 역, 《고금와카집》, 지만지, 2011.
기쿠치 요시오 저/이경덕 역, 《결코 사라지지 않는 로마, 신성 로마 제국》, 다른세상, 2010.
김경묵 저, 《이야기 러시아사》, 청아, 2012.
김기협 저, 《냉전 이후》, 서해문집, 2016.
김대륜, 김윤태, 안효상, 이은정, 최재인 글, 《세계사 뛰어넘기 3》, 열다, 2013.
김대호 저, 《장건, 실크로드를 개척하다》, 아카넷주니어, 2012.
김덕진 저, 《세상을 바꾼 기후》, 다른, 2013.
김명호 저, 《중국인 이야기 1~5권》, 한길사, 2016.
김상훈 저, 《통세계사 1, 2》, 다산에듀, 2015.
김성환 저, 《교실 밖 세계사여행》, 사계절, 2010.
김수행 저, 《세계대공황》, 돌베개, 2011.
김영한, 임지현 편저, 《서양의 지적 운동》, 1~2권, 지식산업사, 1994/1998.
김영호 저, 《세계사 연표사전》, 문예마당, 2012.
김원중 저, 《대항해 시대의 마지막 승자는 누구인가?》, 민음인, 2011.
김종현 저, 《영국 산업혁명의 재조명》, 서울대학교출판문화원, 2013.
김진섭 편, 《한 권으로 읽는 인도사》, 지경사, 2007.
김진호 저, 《근대 유럽의 역사: 종교개혁부터 신자유주의까지》, 한양대학교출판부, 2016.
김창성 저, 《세계사 산책》, 솔, 2003
김태권 저, 《르네상스 미술이야기》, 한겨레출판, 2012.

김현수 저, 《이야기 영국사》, 청아출판사, 2006.
김형진 저, 《이야기 인도사》, 청아출판사, 2013.
김호동 역, 《마르코 폴로의 동방견문록》, 사계절, 2005.
김호동 저, 《아틀라스 중앙유라시아사》, 사계절, 2016.
김호동 저, 《황하에서 천산까지》, 사계절, 2011.
남경태 저, 《종횡무진 동양사》, 그린비, 2013.
남경태 저, 《종횡무진 서양사(상/하)》, 그린비, 2013.
남문희 저, 《전쟁의 역사 1, 2, 3》, 휴머니스트, 2011.
남종국 저, 《지중해 교역은 유럽을 어떻게 바꾸었을까?》, 민음인, 2011.
노명식 저, 《프랑스 혁명에서 파리 코뮌까지 1789~1871》, 책과함께, 2011.
누노메 조후 등저/임대희 역, 《중국의 역사: 수당오대》, 혜안, 2001.
닐 포크너 저/이윤정 역, 《좌파 세계사》, 엑스오북스, 2016.
데라다 다카노부 저/서인범, 송정수 공역, 《중국의 역사: 대명제국》, 혜안, 2006.
데이비드 O. 모건 저/권용철 역, 《몽골족의 역사》, 모노그래프, 2012.
데이비드 아불라피아 저/이순호 역, 《위대한 바다: 지중해 2만년의 문명사》, 책과함께, 2013.
도널드 쿼터트 저/이은정 역, 《오스만 제국사》, 사계절, 2008.
두보, 이백 등저/최병국 편, 《두보와 이백 시선》, 한솜미디어, 2015.
라시드 앗 딘 저/김호동 역, 《부족지: 몽골 제국이 남긴 최초의 세계사》, 사계절, 2002,
라시드 앗 딘 저/김호동 역, 《칭기스칸기》, 사계절, 2003.
라시드 앗 딘 저/김호동 역, 《칸의 후예들》, 사계절, 2005.
라인하르트 쉬메켈 저/한국 게르만어 학회 역, 《인도유럽인, 세상을 바꾼 쿠르간 유목민》, 푸른역사 2013.
러셀 프리드먼 저/강미경 역, 《1차 세계대전: 모든 전쟁을 끝내기 위한 전쟁》, 두레아이들, 2013.
로버트 M. 카멕 편저/강정원 역, 《메소아메리카의 유산》, 그린비, 2014.
로버트 템플 저/과학세대 역, 《그림으로 보는 중국의 과학과 문명》, 까치, 2009.
로스 킹 저/신영화 역, 《미켈란젤로와 교황의 천장》, 다다북스, 2007.
로스 킹 저/이희재 역, 《브루넬레스키의 돔》, 세미콜론, 2007.
로저 크롤리 저/이순호 역, 《바다의 제국들》, 책과함께, 2010.
루츠 판다이크 저/안인희 역, 《처음 읽는 아프리카의 역사》, 웅진씽크빅, 2014.
류시화, 《백만 광년의 고독 속에서 한 줄의 시를 읽다》, 연금술사, 2014.
르네 그루세 저/김호동, 유원수, 정재훈 공역, 《유라시아 유목제국사》, 사계절, 1998.
르몽드 디플로마티크 기획/권지현 등 역, 《르몽드 세계사 1, 2, 3》, 휴머니스트 2008/2010/2013.
리처드 번스타인 저/정동현 역, 《뉴욕타임스 기자의 대당서역기》, 꿈꾸는돌, 2003.

린 화이트 주니어 저/강일휴 역, 《중세의 기술과 사회변화: 등자와 쟁기가 바꾼 유럽 역사》, 지식의 풍경, 2005.
마르크 블로크 저/한정숙 역, 《봉건사회 1, 2》, 한길사, 1986.
마리우스 B. 잰슨 저/김우영 등역, 《현대일본을 찾아서》, 이산, 2010.
마이클 우드 저/김승욱 역, 《인도 이야기》, 웅진지식하우스, 2009.
마이클 파이 저/김지선 역, 《북유럽세계사 1, 2》, 소와당, 2016.
마크 마조워 저/이순호 역, 《발칸의 역사》, 을유문화사, 2014.
마틴 버넬 저/오흥식 역, 《블랙 아테나 1》, 소나무, 2006.
마틴 자크 저/안세민 역, 《중국이 세계를 지배하면》, 부키, 2010.
마틴 키친 편저/유정희 역, 《사진과 그림으로 보는 케임브리지 독일사》, 시공아크로총서, 2001.
매리 하이듀즈 저/박장식, 김동역 역, 《동남아의 역사와 문화》, 솔과학, 2012.
문을식 저, 《인도의 사상과 문화》, 도서출판 여래, 2007.
미르치아 엘리아데 저/이용주 등 역, 《세계종교사상사 1, 2, 3》, 이학사, 2005.
미셸 파루티 저/ 권은미 역, 《모차르트: 신의 사랑을 받은 악동》, 시공디스커버리총서 011, 시공사, 1999.
미야자키 마사카쓰 저/노은주 역, 《지도로 보는 세계사》, 이다미디어, 2005.
미조구치 유조 저/정태섭, 김용천 역, 《중국의 공과 사》, 신서원, 2006.
박금표 저, 《인도사 108장면》, 민족사, 2007.
박노자 저, 《거꾸로 보는 고대사》, 한겨레, 2010.
박노자 저, 《러시아는 우리에게 무엇인가》, 신인문사, 2011.
박래식 저, 《이야기 독일사》, 성하출판사, 2006.
박수철 저, 《오다 도요토미 정권의 사사지배와 천황》, 서울대학교출판문화원, 2012.
박용진 저, 《중세 유럽은 암흑시대였는가?》, 민음인, 2011.
박윤덕 등저, 《서양사강좌》, 아카넷, 2016.
박종현 저, 《희랍사상의 이해》, 종로서적, 1990.
박지향 저, 《클래식영국사》, 김영사, 2012.
박찬영, 엄정훈 등저, 《세계지리를 보다 1, 2, 3》, 리베르스쿨, 2012.
박한제, 김형종, 김병준, 이근명, 이준갑 공저, 《아틀라스 중국사》, 사계절, 2015.
배병우 등저, 《신들의 정원, 앙코르와트》, 글씨미디어, 2004.
배영수 편, 《서양사 강의》, 한울아카데미, 2000.
배재호 저, 《세계의 석굴》, 사회평론, 2015.
버나드 루이스 편/김호동 역, 《이슬람 1400년》, 까치, 2001.
베른트 슈퇴버 저/최승완 역, 《냉전이란 무엇인가》, 역사비평사, 2008.
베빈 알렉산더 저/김형배 역, 《위대한 장군들은 어떻게 승리하였는가》, 홍익출판사, 2000.
벤자민 킨, 키스 헤인즈 공저/김원중, 이성훈 공역, 《라틴아메리카의 역사 상/하》, 그린비, 2014.
볼프람 폰 에센바흐 저/허창운 역, 《파르치팔》, 한길사, 2009.
브라이언 타이어니, 시드니 페인터 공저/이연규 역, 《서양 중세사》, 집문당, 2012.
브라이언 페이건 저/이희준 역, 《세계 선사 문화의 이해》, 사회평론아카데미, 2015.
브라이언 페이건 저/최파일 역, 《인류의 대항해》, 미지북스, 2012.
브라이언 페이건, 크리스토퍼 스카레 등저/이청규 역, 《고대 문명의 이해》, 사회평론아카데미, 2015.
비토리오 주디치 저/남경태 역, 《20세기 세계 역사》, 사계절, 2005.
사마천 저/김원중 역 《사기 본기》, 민음사, 2015.
사마천 저/김원중 역 《사기 서》, 민음사, 2015.
사마천 저/김원중 역 《사기 세가》, 민음사, 2015.
사마천 저/김원중 역 《사기 열전 1, 2》, 민음사, 2015.
사와다 아시오 저/김숙경 역, 《흉노: 지금은 사라진 고대 유목국가 이야기》, 아이필드, 2007.
새뮤얼 노아 크레이머 저/박성식 역, 《역사는 수메르에서 시작되었다》, 가람기획, 2000.
새뮤얼 헌팅턴 저/강문구, 이재영 역, 《제3의 물결: 20세기 후반의 민주화》, 인간사랑, 2011.
서영교 저, 《고대 동아시아 세계대전》, 글항아리, 2015.
서울대학교 독일학연구소 저, 《독일이야기 1, 2》, 거름, 2003.
서진영 저, 《21세기 중국정치》, 폴리테이아, 2008.
서희석, 호세 안토니오 팔마 공저, 《유럽의 첫 번째 태양, 스페인》, 을유문화사, 2015.
송영배 저, 《동서 철학의 교섭과 동서양 사유 방식의 차이》, 논형, 2004.
수잔 와이즈 바우어 저/꼬마이실 역, 《교양 있는 우리 아이를 위한 세계역사이야기》, 1~5권, 꼬마이실, 2005.
스테파니아 스타푸티, 페데리카 로마뇰리 등저/박혜원 역, 《고대 문명의 **역사와 보물: 그리스/로마/아스텍/이슬람/이집트/인도/켈트/크메르/ 페르시아**》, 생각의나무, 2008.
시바료타로 저/양억관 역, 《항우와 유방 1, 2, 3》, 달궁, 2003.
시오노 나나미 저/김석희 역, 《로마 멸망 이후의 지중해 세계(상/하)》, 한길사, 2009.
시오노 나나미 저/김석희 역, 《로마인 이야기》, 1~15권, 한길사 2007.
신성곤, 윤혜영 저, 《한국인을 위한 중국사》, 서해문집, 2013.
신승하 저, 《중국사(상/하)》, 미래엔, 2005.
신준형 저, 《뒤러와 미켈란젤로》, 사회평론, 2013.
아사다 미노루 저/이하준 역, 《동인도회사》, 피피에, 2004.
아사오 나오히로 편저/이계황, 서각수, 연민수, 임성모 역, 《새로 쓴 일본사》, 창비, 2013.
아서 코트렐 저/까치 편집부역, 《그림으로 보는 세계신화사전》, 까치, 1997.
아일린 파워 저/이종인 역, 《중세의 사람들》, 즐거운상상, 2010.
안 베르텔로트 저/체계병 역, 《아서왕》, 시공사, 2003.
안병철 저, 《이스라엘 역사》, 기본소식, 2012.
안효상 저, 《미국은 어떻게 만들어졌을까》, 민음인, 2013.
알렉산드라 미네르비 저/조행복 역, 《사진으로 읽는 세계사 2: 나치즘》, 플래닛, 2008.
앙투안 갈랑/임호경 역, 《천일야화 1~6》, 열린책들, 2010.
애덤 하트 데이비스 편/윤은주, 정범진, 최재인 역, 《히스토리》, 북하우스, 2009.
양은영 저, 《빅히스토리: 제국은 어떻게 나타나고 사라지는가?》, 와이스쿨 2015.
양정무 저, 《난생 처음 한번 공부하는 미술 이야기 1, 2》, 사회평론, 2016.

양정무 저, 《상인과 미술》, 사회평론, 2011.
에드워드 기번 저/윤수인, 김희용 공역, 《로마제국 쇠망사 1~6》, 민음사, 2008.
에르빈 피노프스키 저/김율 역, 《고딕건축과 스콜라철학》, 한길사, 2015.
에릭 홉스봄 저/김동택 역, 《제국의 시대》, 한길사, 1998.
에릭 홉스봄 저/정도역, 차명수 공역, 《혁명의 시대》, 한길사, 1998.
에릭 홉스봄 저/정도영 역, 《자본의 시대》, 한길사, 1998.
에이브러험 애셔 저/김하은, 신상돈 역, 《처음 읽는 러시아 역사》, 아이비북스, 2013.
엔리케 두셀 저/박병규 역, 《1492년, 타자의 은폐》, 그린비, 2011.
오토 단 저/오인석 역, 《독일 국민과 민족주의의 역사》, 한울아카데미, 1996.
웨난 저/이익희 역, 《마왕퇴의 귀부인 1, 2》, 일빛, 2005.
유랴쿠 천황 외 저/고용환, 강용자 역, 《만엽집》, 지만지, 2009.
유세희 편, 《현대중국정치론》, 박영사, 2009.
유용태, 박진우, 박태균 공저, 《함께 읽는 동아시아 근현대사 1, 2》, 창비, 2011.
유인선 등저, 《사료로 보는 아시아사》, 종이비행기, 2014.
이강무 저, 《청소년을 위한 세계사. 서양편》, 두리미디어, 2009.
이경덕 저, 《함께 사는 세상을 보여주는 일본 신화》, 현문미디어, 2005.
이기영 저, 《고대에서 봉건사회로의 이행》, 사회평론, 2017.
이노우에 고이치 저/이경덕 역, 《살아남은 로마, 비잔틴 제국》, 다른세상, 2010.
이명현 저, 《빅히스토리: 세상은 어떻게 시작되었을까?》, 와이스쿨, 2013.
이병욱 저, 《한권으로 만나는 인도》, 너울북, 2013.
이영림, 주경철, 최갑수 공저, 《근대 유럽의 형성: 16~18세기》, 까치글방, 2011.
이영목 등저, 《검은, 그러나 어둡지 않은 아프리카》, 사회평론, 2014.
이옥순 등저, 《세계사 교과서 바로잡기》, 삼인, 2011.
이익선 저, 《만화 로마사 1, 2》, 알프레드, 2017.
이희수 저, 《이슬람의 모든 것》, 주니어김영사, 2009.
일본사학회 저, 《아틀라스 일본사》, 사계절, 2011.
임태승 저, 《중국 서예의 역사》, 미술문화, 2006.
임승희 저, 《유럽의 절대 군주는 어떻게 살았을까?》, 민음인, 2011.
임한순, 최윤영, 김길웅 공역, 《에다. 북유럽신화》, 서울대학교출판문화원, 2015.
임홍배, 송태수, 장병기 등저, 《독일 통일 20년》, 서울대학교출판문화원, 2011.
자닉 뒤랑 저/조성애 역, 《중세미술》, 생각의 나무, 2004.
장문석 저, 《근대정신은 어떻게 탄생했을까?》, 민음인, 2011.
장 콩비 저/노성기 외 역, 《세계교회사여행: 고대·중세 편》, 가톨릭출판사, 2013.
장진쾌이 저/남은숙 역, 《흉노제국 이야기》, 아이필드, 2010.
장 카르팡티에, 프랑수아 르브룅 편저/강민정, 나선희 공역, 《지중해의 역사》, 한길사, 2009.
재레드 다이어몬드 저/김진준 역, 《총, 균, 쇠》, 문학사상, 2013.
전국역사교사모임 저, 《살아있는 세계사 교과서 1, 2》, 휴머니스트, 2013.
전국역사교사모임 저, 《처음 읽는 미국사》, 휴머니스트, 2013.
전국역사교사모임 저, 《처음 읽는 인도사》, 휴머니스트, 2013.
전국역사교사모임 저, 《처음 읽는 일본사》, 휴머니스트, 2013.
전국역사교사모임 저, 《처음 읽는 중국사》, 휴머니스트, 2013.
전국역사교사모임 저, 《처음 읽는 터키사》, 휴머니스트, 2013.
전종한 등저, 《세계지리: 경계에서 권역을 보다》, 사회평론아카데미, 2017.
정기문 저, 《크리스트교의 탄생: 역사학의 눈으로 본 원시 크리스트교의 역사》, 길, 2016.
정기문 저, 《역사보다 재미있는 것은 없다》, 신서원, 2004.
정수일 편저, 《해상 실크로드 사전》, 창비, 2014.
정재서 저, 《이야기 동양신화 중국편》, 김영사, 2010.
정재훈 저, 《돌궐 유목제국사 552~745》, 사계절, 2016.
제니퍼 올드스톤무어 저/이연승 역, 《처음 만나는 도쿄》, SBI, 2009.
제임스 포사이스 저/정재겸 역, 《시베리아 원주민의 역사》, 솔, 2009
조관희, 《중국사 강의》, 궁리, 2011.
조길태 저, 《인도사》, 민음사, 2012.
조르주 루 저/김유기 역, 《메소포타미아의 역사 1, 2》, 한국문화사, 2013.
조성일 저, 《미국학교에서 가르치는 미국역사》, 소이연, 2014.
조셉 린치 저/심창섭 등역, 《중세교회사》, 솔로몬, 2005.
조셉 폰타나 저/김원중 역, 《거울에 비친 유럽》, 새물결, 2005.
조지프 니덤 저/김주식 역, 《조지프 니덤의 동양항해선박사》, 문현, 2016.
조지형 등저, 《지구화 시대의 새로운 세계사》, 혜안, 2008.
조지형 저, 《빅히스토리: 세계는 어떻게 연결되었을까?》, 와이스쿨, 2013.
조흥국 등저, 《제3세계의 역사와 문화》, 한국방송통신대학교출판부, 2012.
존 루이스 개디스 저/박건영 역, 《새로 쓰는 냉전의 역사》, 사회평론, 2003.
존 리더 저/남경태 역, 《아프리카 대륙의 일대기》, 휴머니스트, 2013.
존 맥닐, 윌리엄 맥닐 공저/ 유정희, 김우역 역, 《휴먼 웹. 세계화의 세계사》, 이산, 2010.
존 줄리어스 노리치 편/남경태 역, 《위대한 역사도시70》, 위즈덤하우스, 2010.
주경철 저, 《대항해시대: 해상 팽창과 근대 세계의 형성》, 서울대학교출판부, 2008.
주경철 저, 《히스토리아》, 산처럼, 2012.
주디스 코핀, 로버트 스테이시 등저/박상익 역, 《새로운 서양 문명의 역사. 상》, 소나무, 2014.
주디스 코핀, 로버트 스테이시 등저/손세호 역, 《새로운 서양 문명의 역사. 하》, 소나무, 2014.
중앙일보 중국연구소 외, 《공자는 귀신을 말하지 않았다》, 중앙북스, 2010.
지리교육연구회 지평 저, 《지리 교사들, 남미와 만나다》, 푸른길, 2011.
지오프리 파커 편/김성환 역, 《아틀라스 세계사》, 사계절, 2009.
찰스 스콰이어 저/나영균, 전수용 공역, 《켈트 신화와 전설》, 황소자리, 2009.

최재호 등저, 《한국이 보이는 세계사》, 창비, 2011.
최충희 등역, 《햐쿠닌잇슈의 작품세계》, 제이앤씨, 2011.
카렌 암스트롱 저/장병옥 역, 《이슬람》, 을유문화사, 2012.
콘수엘로 바렐라, 로베르토 마자라 등저/신윤경 역, 《크리스토퍼 콜럼버스》, 21세기북스, 2010.
콘스탄스 브리텐 부셔 저/강일휴 역, 《중세 프랑스의 귀족과 기사도》, 신서원, 2005.
크리스 브래지어 저/추선영 역, 《세계사, 누구를 위한 기록인가?》, 이후, 2007.
클린 존스 저/방문숙, 이호영 공역, 《사진과 그림으로 보는 케임브리지 프랑스사》, 시공아크로총서, 2001.
타밈 안사리 저/류한월 역, 《이슬람의 눈으로 본 세계사》, 뿌리와이파리, 2011.
타키투스 저/천병희 역, 《게르마니아》, 숲, 2012.
토마스 말로리 저/이현주 역, 《아서왕의 죽음 1, 2》, 나남, 2009.
파멜라 카일 크로슬리 저/강선주 역, 《글로벌 히스토리란 무엇인가》, 휴머니스트, 2010.
패트리샤 버클리 에브리 저/이동진, 윤미경 공역, 《사진과 그림으로 보는 케임브리지 중국사》, 시공아크로총서 2010.
퍼트리샤 리프 애너월트 저/한국복식학회 역, 《세계 복식 문화사》, 예담, 2009.
페리클레스, 뤼시아스, 이소크라테스, 데모스테네스 저/김헌, 장시은, 김기훈 역, 《그리스의 위대한 연설》, 민음사, 2012.
페르낭 브로델 저/강주헌 역, 《지중해의 기억》, 한길사, 2012.
페르낭 브로델 저/김홍식 역, 《물질문명과 자본주의 읽기》, 갈라파고스, 2014.
페르디난트 자입트 저/차용구 역, 《중세의 빛과 그림자》, 까치글방, 2002.
폴 콜리어 등저/강민수 역, 《제2차 세계대전》, 플래닛미디어, 2008.
프레드 차라 저/강경이 역, 《향신료의 지구사》, 휴머니스트, 2014.
플라노 드 카르피니, 윌리엄 루부룩 등저/김호동 역, 《몽골 제국 기행: 마르코 폴로의 선구자들》, 까치, 2015.
피터 심킨스 등저/강민수 역, 《제1차 세계대전》, 플래닛미디어 2008.
피터 안드레아스 저/정태영 역, 《밀수꾼의 나라 미국》, 글항아리, 2013.
피터 홉커크 저/정영목 역, 《그레이트 게임: 중앙아시아를 둘러싼 숨겨진 전쟁》, 사계절, 2014.
필립 M.H. 벨 저/황의방 역, 《12전환점으로 읽는 제2차 세계대전》, 까치, 2012.
하네다 마사시 저/이수열, 구지영 역, 《동인도회사와 아시아의 바다》, 선인, 2012.
하름 데 블레이 저/유나영 역, 《왜 지금 지리학인가》, 사회평론, 2015.
하야미 이타루 저/양승영 역, 《진화 고생물학》, 서울대학교출판문화원, 2012.
하우즈 데쓰오 저/김성동 역, 《대영제국은 인도를 어떻게 통치하였는가》, 심산, 2004.
하인리히 뵐플린 저/안인희 역, 《르네상스의 미술》, 휴머니스트, 2002.
한국교부학연구회 저, 《교부학 인명·지명 용례집》, 분도출판사, 2008.
한종수 저, 굽시니스트 그림, 《2차 대전의 마이너리그》, 길찾기, 2015.
해양문화연구원 편집위원회 저, 《해양문화 02. 바다와 제국》, 해양문화, 2015.
허청웨이 편/남광철 등역, 《중국을 말한다》 1~9권, 신원문화사, 2008.
헤수스 알바레스 고메스 저/강운자 편역, 《수도생활: 역사 II》, 성바오로, 2002.
호르스트 푸어만 저/안인희 역, 《중세로의 초대》, 이마고, 2005.
홍익희 저, 《세 종교 이야기》, 행성B잎새, 2014.
황대현 저, 《서양 기독교 세계는 왜 분열되었을까?》, 민음인, 2011.
황패강 저, 《일본신화의 연구》, 지식산업사, 1996.
후지이 조지 등저/박진한, 이계황, 박수철 공역, 《쇼군 천황 국민》, 서해문집, 2012.

외국 도서

クリステル・ヨルゲンセン 等著/竹内喜, 徳永優子 譯, 《戰鬪技術の歷史 3: 近世編》, 創元社, 2012.
サイモン・アングリム 等著/天野淑子 譯, 《戰鬪技術の歷史 1: 古代編》, 創元社, 2011.
ジェフリー・リ・ガン, 《ウィジュアル版〈決戰〉の世界史》, 原書房, 2008.
ブライアン・レイヴァリ, 《航海の歷史》, 創元社, 2015.
マーティン・J・ドアティ, 《図説 中世ヨーロッパ 武器・防具・戰術百科》, 原書房, 2013.
マシュー・ベネット 等著/野下祥子 譯, 《戰鬪技術の歷史 2: 中世編》, 創元社, 2014.
リュシアン・ルスロ 等著/辻元よしふみ, 辻元玲子 譯, 《華麗なるナポレオン軍の軍服》, マール社, 2014.
ロバート・B・ブルース 等著/野下祥子 譯, 《戰鬪技術の歷史 4: ナポレオンの時代編》, 創元社, 2013.
菊地陽太, 《知識ゼロからの世界史入門 1部 近現代史》, 幻冬舎, 2010.
気賀澤保規, 《絢爛たる世界帝国 隋唐時代》, 講談社, 2005.
金七紀男, 《図説 ブラジルの-歷史》, 河出書房新社, 2014.
木下康彦, 木村靖二, 吉田寅 編, 《詳說世界史研究 改訂版》, 山川出版社, 2013.
山内昌之, 《世界の歷史 20 : 近代イスラームの挑戰》, 中央公論社, 1996.
山川ビジュアル版日本史図録編集委員会, 《山川ビジュアル版日本史図録》, 山川出版社, 2014.
西ヶ谷恭弘 監修, 《衣食住になる日本人の歷史 1》, あすなろ書房, 2005.
西ヶ谷恭弘 監修, 《衣食住になる日本人の歷史 2》, あすなろ書房, 2007.
小池徹朗 編, 《新・歷史群像シリーズ 15: 大淸帝國》, 学習研究社, 2008.
水野大樹, 《図解 古代兵器》, 新紀元社, 2012.
神野正史, 《世界史劇場イスラーム三国志》, ベレ出版, 2014.
神野正史, 《世界史劇場イスラーム世界の起源》, ベレ出版, 2013.
五十嵐武士, 福井憲彦, 《世界の歷史 21: アメリカとフランスの革命》, 中央公論社, 1998.
宇山卓栄, 《世界一おもしろい 世界史の授業》, KADOKAWA, 2014.
伊藤賀一, 《世界一おもしろい 日本史の授業》, 中経出版, 2012.
日下部公昭 等編, 《山川 詳說世界史図錄》, 山川出版社, 2014.
井野瀨久美惠, 《興亡の世界史 16: 大英帝国という経験》, 講談社, 2007.
佐藤信 等編, 《詳說日本史研究 改訂版》, 山川出版社, 2013.

池上良太,《図解 装飾品》, 新紀元社, 2012.
後藤武士,《読むだけですっきりわかる世界史 近代編》, 玉島社, 2011.
後藤武士,《読むだけですっきりわかる現代編》, 玉島社, 2013.
後河大貴 外,《戦国海賊伝》, 笠倉出版社, 2015.
Acquaro, Enrico: 《The Phoenicians: History and Treasures of An Ancient Civilization》, White Star, 2010.
Albert, Mechthild: 《Das französische Mittelalter》, Klett, 2005.
Bagley, Robert: 《Ancient Sichuan: Treasures from a Lost Civilization》, Princeton University Press, 2001.
Beck, B. Roger&Black, Linda: 《World History: Patterns of Interaction》, Holt McDougal, 2010.
Beck, Rainer(hrsg.): 《Das Mittelalter》, C.H.Beck, 1997.
Bernlochner, Ludwig(hrsg.): 《Geschichten und Geschehen》, Bd. 1-6. Klett, 2004.
Bonavia, Judy: 《The Silk Road》, Odyssey, 2008.
Borst, Otto: 《Alltagsleben im Mittelalter》, Insel, 1983.
Bosl, Karl: 《Bayerische Geschichte》, Ludwig, 1990.
Brown, Peter: 《Die Entstehung des christlichen Europa》, C.H.Beck, 1999.
Bumke, Joachim: 《Höfische Kultur》, Bd. 1-2. Dtv, 1986.
Celli, Nicoletta: 《Ancient Thailand: History and Treasures of An Ancient Civilization》, White Star, 2010.
Cornell, Jim&Tim: 《Atlas of the Roman World》, Checkmark Books, 1982.
Davidson, James West&Stoff, Michael B.: 《America: History of Our Nation》, Pearson Prentice Hall, 2006.
de Vries, Jan: 《Die Geistige Welt der Germanen》, WBG, 1964.
Dinzelbach, P. (hrsg.): 《Sachwörterbuch der Mediävistik》, Kröner, 1992.
Dominici, David: 《The Maya: History and Treasures of An Ancient Civilization》, VMB Publishers, 2010.
Duby, Georges: 《The Chivalrous Society》, translated by Cynthia Postan, University of California Press, 1980.
Eco, Umberto: 《Kunst und Schönheit im Mittelalter》, Dtv, 2000.
Ellis, G. Elisabeth&Esler, Anthony: 《World History Survey》, Prentice Hall, 2007.
Fromm, Hermann: 《Basiswissen Schule: Geschichte》, Duden, 2011.
Funcken, Liliane&Fred: 《Rüstungen und Kriegsgerät im Mittelalter》, Mosaik 1979.
Gibbon, Eduard: 《Die Germanen im Römischen Weltreich,》, Phaidon, 2002.
Goody, Jack: 《The development of the family and marriage in Europe》, Cambridge University Press, 1988.
Grant, Michael: 《Ancient History Atlas》, Macmillan, 1972.
Großbongardt, Anette&Klußmann, Uwe, 《Spiegel Geschichte 5/2013: Der Erste Weltkrieg》, Spiegel, 2013.
Heiber, Beatrice(hrsg.): 《Erlebte Antike》, Dtv 1996.
Hinckeldey, Ch.(hrsg.): 《Justiz in alter Zeit》, Mittelalterliches Kriminalmuseum, 1989
Holt McDougal: 《World History》, Holt McDougal, 2010.
Horst, Fuhrmann: 《Überall ist Mittelalter》, C.H.Beck, 2003.
Horst, Uwe(hrsg.): 《Lernbuch Geschichte: Mittelalter》, Klett, 2010.
Huschenbett, Dietrich&Margetts, John(hrsg.): 《Reisen und Welterfahrung in der deutschen Literatur des Mittelalters》, Würzburger Beiträge zur deutschen Philologie. Bd. VII, Königshausen&Neumann, 1991.
Karpeil, Frank&Krull, Kathleen: 《My World History》, Pearson Education, 2012.
Kircher, Bertram(hrsg.): 《König Aruts und die Tafelrunde》, Albatros, 2007.
Klußmann, Uwe&Mohr, Joachim: 《Spiegel Geschichte 5/2014: Die Weimarer Republik》, Spiegel 2014.
Klußmann, Uwe: 《Spiegel Geschichte 6/2016: Russland》, Spiegel 2016.
Kölzer, Theo&Schieffer, Rudolf(hrsg.): 《Von der Spätantike zum frühen Mittelalter: Kontinuitäten und Brüche, Konzeptionen und Befunde》, Jan Thorbecke, 2009.
Langosch, Karl: 《Profile des lateinischen Mittelalters》, WBG, 1965.
Lesky, Albin: 《Vom Eros der Hellenen》, Vandenhoeck&Ruprecht, 1976.
Levi, Peter: 《Atlas of the Greek World》, Checkmark Books, 1983.
Märtle, Claudia: 《Die 101 wichtgisten Fragen: Mittelalter》 C.H.Beck, 2013.
McGraw-Hill Education: 《World History: Journey Across Time》, McGraw-Hill Education, 2006.
Mohr, Joachim&Pieper, Dietmar: 《Spiegel Geschichte 6/2010: Die Wikinger》, Spiegel, 2010.
Murphey, Rhoads: 《Ottoman warfare, 1500-1700》, Rutgers University Press, 2001
Orsini, Carolina: 《The Incas: History and Treasures of An Ancient Civilization》, White Star, 2010.
Pieper, Dietmar&Mohr, Joachim: 《Spiegel Geschichte 3/2013: Das deutsche Kaiserreich》, Spiegel 2013.
Pieper, Dietmar&Saltzwedel, Johannes: 《Spiegel Geschichte 4/2011: Der Dreißigjährige Krieg》, Spiegel 2011.
Pieper, Dietmar&Saltzwedel, Johannes: 《Spiegel Geschichte 6/2012: Karl der Große》, Spiegel 2012.
Pötzl, Nobert F.&Traub, Rainer: 《Spiegel Geschichte 1/2013: Das Britische Empire》, Spiegel, 2013.
Pötzl, Nobert F.&Saltzwedel: 《Spiegel Geschichte 4/2012: Die Päpste》, Spiegel, 2012.
Prentice Hall: 《History of Our World》, Pearson/Prentice Hall, 2006.
Rizza, Alfredo: 《The Assyrians and the Babylonians: History and Treasures of An Ancient Civilization》White Star, 2007.

Rösener, Werner: 《Die Bauern in der europäischen Geschichte》, C.H.Beck, 1993.
Schmidt-Wiegand: 《Deutsche Rechtsregeln und Rechtssprichwörter》, C.H.Beck, 2002.
Seibt, Ferdinand: 《Die Begründung Europas》, Fischer, 2004.
Seibt, Ferdinand: 《Glanz und Elend des Mittelalters》, Siedler, 1992.
Simek, Rudolf: 《Erde und Kosmos im Mittelalter》, Bechtermünz, 2000.
Speivogel, J. Jackson: 《Glecoe World History》, McGraw-Hill Education, 2004.
Talbert, Richard: 《Atlas of Classical History》, Routledge, 2002.
Tarling, Nicholas(ed.): 《The Cambridge of History of Southeast Asia》, Vol. 1-4. Cambridge University Press 1999.
Todd, Malcolm: 《Die Germanen》Theiss, 2003.
van Royen, René&van der Vegt, Sunnyva: 《Asterix – Die ganze Wahrheit》, übersetzt von Gudrun Penndorf, C.H.Beck, 2004.
Wehrli, Max: 《Geschichte der deutschen Literatur im Mittelalter》, Reclam, 1997.
Zimmermann, Martin: 《Allgemeine Bildung: Große Persönlichkeiten》, Arena, 2004.

논문

기민식, 〈고내 '의회'와 셈어 mlk〉, 《구약논단》 17, 한국구약학회, 2005, 140-160쪽.
김병준, 〈진한제국의 이민족 지배: 부도위 및 속국도위에 대한 재검토〉, 역사학보 제217집, 2013, 107-153쪽.
김인화, 〈아케메네스조 다리우스 1세의 왕권 이념 형성과 그 표상에 대한 분석〉, 서양고대사연구 38, 2014, 37-72쪽
남종국, 〈12~3세기 이자 대부를 둘러싼 논쟁: 자본주의의 서막인가?〉, 서양사연구 제52집, 2015, 5-38쪽.
박병규, 〈스페인어권 카리브 해의 인종 혼종성과 인종민주주의〉, 이베로아메리카 제8권, 제1호. 93-114쪽.
박병규, 〈카리브 해 지역의 문화담론과 문화모델에 관한 연구〉, 스페인어문학 제42호, 2007, 261-278쪽.
박수철, 〈직전정권의 '무가신격화'와 천황〉, 역사교육 제121집, 2012. 221-252쪽.
손태창, 〈신 아시리아 제국 후기에 있어 대 바빌로니아 정책과 그 문제점: 기원전 745-627〉, 서양고대사연구 38, 2014, 7-35
우석균, 《《포폴 부》와 옥수수〉, 이베로아메리카연구 제8권, 1997, 65-89쪽.
유성환, 〈아마르나 시대 예술에 투영된 시간관〉, 인문과학논총, 제73권 4호, 2016, 403-472쪽.
유성환, 〈외국인에 대한 이집트인들의 두 시선: 고왕국 시대에서 신왕국 시대까지 창작된 이집트 문학작품 속 외국과 외국인에 대한 묘사를 중심으로〉, 서양고대사연구 제34집, 2013, 33-77쪽.
윤은주, 〈18세기 초 프랑스의 재정위기와 로 체제〉, 프랑스사연구 제16호, 2007, 5-41쪽.

이근명, 〈왕안석 신법의 시행과 대간관〉, 중앙사론 제40집, 2014, 75-103쪽.
이삼현, 〈하무라비法典 小考〉, 《법학논총》 2, 국민대학교 법학연구소, 1990, 5-49쪽.
이은정, 〈'다종교, 다민족, 다문화'적인 오스만제국의 통치 전략〉, 역사학보 제217집, 2013, 155-184쪽.
이은정, 〈오스만제국 근대 개혁기 군주의 역할: 셀림3세에서 압뒬하미드 2세에 이르기까지〉, 역사학보 제 208집, 2010, 103-133쪽.
이종근, 〈고대 메소포타미아의 수메르 우르-남무 법의 도덕성에 관한 연구〉, 《법학연구》 32, 한국법학회, 2008, 1-21쪽.
이종근, 〈메소포타미아 법사상 연구: 받는 소(Goring Ox)를 중심으로〉, 《신학지평》 16, 안양대학교 신학연구소, 2003, 297-314쪽.
이종근, 〈생명 존중을 위한 메소포타미아 법들이 정의: 우르 남무와 리피트이쉬타르 법들을 중심으로〉, 《구약논단》 15, 한국구약학회, 2003, 261-297쪽.
이종득, 〈멕시코-테노츠티틀란의 성장 과정과 한계: 삼각동맹〉, 라틴아메리카연구 제23권, 3호. 111-160쪽.
이지은, "인도 센서스"와 식민 지식의 구축: 19세기 인도 사회와 정립되지 않은 카스트〉, 역사문화연구 제59집, 2016, 165-196쪽.
정기문, 〈로마 제국 초기 디아스포라 유대인의 팽창원인〉, 전북사학 제48호, 2016, 279-302쪽.
정기문, 〈음식 문화를 통해서 본 세계사〉, 역사교육 제138집, 2016, 225-250쪽.
정재훈, 〈북아시아 유목 군주권의 이념적 기초: 건국 신화의 계통적 분석을 중심으로〉, 동양사학연구 제122집, 2013, 87-133쪽.
정재훈, 〈북아시아 유목민족의 이동과 정착〉, 동양사학연구 제103집, 2008, 87-116쪽.
정혜주, 〈태초에 빛이 있었다: 마야의 천지 창조 신화〉, 이베로아메리카 제7권 2호, 2005, 31-62쪽.
조주연, 〈미학과 역사가 미술사를 만났을 때〉, 《미학》 52, 한국미학회, 2007. 373-425쪽.
최재인, 〈미국 역사교육의 쟁점과 전망: 아프리카계 미국인 역사교육을 중심으로〉, 역사비평 제110호, 2015, 232-257쪽.

인터넷 사이트

네이버 지식백과: terms.naver.com
미국 자율학습 사이트: www.khanacademy.org
미국 필라델피아 독립기념관 역사교육 사이트: www.ushistory.org
영국 브리태니커 백과사전: www.britannica.com
영국 대영도서관 아시아, 아프리카 연구 사이트: britishlibrary.typepad.co.uk/asian-and-african
영국 BBC방송 청소년 역사교육 사이트: www.bbc.co.ukschools/primaryhistory
독일 브록하우스 백과사전: www.brockhaus.de
독일 WDR방송 청소년 지식교양 사이트: www.planet-wissen.de
독일 역사박물관 www.dhm.de
독일 청소년 역사교육 사이트: www.kinderzeitmschine.de
독일 연방기록원 www.bundesarchiv.de
위키피디아: www.wikipedia.org

사진 제공

수록된 사진 중 일부는 노력에도 불구하고 저작권자를 확인하지 못하고 출간하였습니다. 확인되는 대로 최선을 다해 협의하겠습니다. 퍼블릭 도메인은 따로 표기하지 않았습니다.

표지
이슬람 세계에서 묘사한 노아의 방주 Alamy

1교시
대안탑에서 바라본 시안 Alamy/게티이미지코리아
고선지 장군 청아출판사
장안으로 입성하는 황소 Akg Images/게티이미지코리아
살수 대첩 상상화 북앤포토
대운하 Tomtom08
문성 공주 Ernst Stavro Blofeld
황투고원 농촌 게티이미지코리아
황투고원 농부들 Alamy/게티이미지코리아
산시성 할머니 Alamy/게티이미지코리아
화산 Shutterstock
화산 절벽 Shutterstock
산시성 국수집 게티이미지코리아
뱡뱡면 Alamy/게티이미지코리아
화덕에 빵 굽는 사람 게티이미지코리아
수 양제의 순행 Lessing Images/토픽이미지스
최치원 북앤포토
장안성 성벽 Shutterstock
팔각 금잔 Imagine China/연합뉴스
화청지 Alamy/게티이미지코리아
양귀비 Akg Images/게티이미지코리아
피란 가는 현종 Agefotostock/토픽이미지스
《두시언해》 서울대학교 규장각한국학연구원
날란다 대학 Shutterstock
대안탑 郭曉雷
드래곤볼 Alamy/게티이미지코리아

2교시
하늘에서 본 나라 분지 Alamy/게티이미지코리아
불꽃 모양 토기 Morio
다이센 고분 Ministry of Land, Infrastructure and Transport Government of Japan & moja resized
야요이 시대 토기 Princeton University Art Museum/Art Resource NY/Scala/Florence

도다이지 대불전 Tx-re
목조반가사유상 북앤포토
도쿄 Shutterstock
시드니 공항의 소니 매장 Alamy/게티이미지코리아
도쿄 아키하바라 거리 Agefotostock/토픽이미지스
철인 28호 게티이미지코리아
도쿄 대학교 Shutterstock
아시모 Vanillase
일본 컨테이너들 Shutterstock
2010년 노벨 화학상 수상자 연합뉴스
한신·아와지 대지진 게티이미지코리아
일본 온천 원숭이 Shutterstock
후쿠시마 원전 사고 Science Photo Library
2011년 대지진 연합뉴스
기모노 Shutterstock
게다 Shutterstock
일본 노인 Shutterstock
99섬 국립 공원 Shutterstock
일본 알프스 Shutterstock
조몬 토기 Lessing Images/토픽이미지스
조몬 시대 토우 Rc 13
조몬 시대 두개골 Momotarou2012
야요이 시대 마을 Saigen Jiro
오늘날의 아스카 게티이미지코리아
호류지 금당 벽화 The Bridgeman Art Library
호류지 Shutterstock
금동반가사유상 국립중앙박물관
일본의 호적 연합뉴스
이세 신궁 Shutterstock
헤이조쿄 주작문 Shutterstock
쇼쇼인 STA3816
나무 발받침 The Bridgeman Art Library
은으로 만든 구형 향로 The Bridgeman Art Library
오현 비파 株式會社講談社,《正倉院美術館》, 136p
도다이지 대불 Shutterstock
아마테라스가 숨어 있는 동굴을 여는 여러 신들 Akg Images/게티이미지코리아
와카가 적힌 카드들 윤익이미지

3교시
알타이산맥 유목민 게티이미지코리아
고창 고성의 유적 Colegota
소그드인 두상 Pratyeka

튀르크 석인상 The Bridgeman Art Library
고비 사막 123RF
돌궐 제국 금관 연합뉴스
아스타나 Shutterstock
카자흐 대초원 Shutterstock
카자흐스탄 석유 산업 Shutterstock
타슈켄트 Shutterstock
사마르칸트 Shutterstock
고려인 상인 뉴스뱅크
우즈베키스탄의 목화밭 노동자들 Alamy/게티이미지코리아
한국-우즈베키스탄 정상 회담 연합뉴스
비슈케크 Shutterstock
톈산산맥 Shutterstock
이식쿨호 Shutterstock
튀르크 금 주전자와 술잔 연합뉴스
오르콘강 Shutterstock
부구트 비석 Photoshot
아무다리야강 Agefotostock/토픽이미지스
사마르칸트의 국제 사신도 동북아역사재단
소그디아나 은제 접시 sailko
퀼 테긴의 두상 Daniel C. Waugh
톤유쿠크 비석 Shutterstock

4교시

갠지스강 Alamy/게티이미지코리아
크리슈나 Agefotostock/토픽이미지스
라지푸트 동상 LRBurdak
아잔타 석굴 벽화 Abdulsayed
엘로라 석굴 Shutterstock
춤추는 시바 신상 Agefotostock/토픽이미지스
굽타 왕조 금화 Nomu420
날란다 대학 Alamy/게티이미지코리아
자이푸르 Shutterstock
자이푸르 시장 Alamy/게티이미지코리아
바람의 궁전 Shutterstock
타르 사막 Shutterstock
타르 사막 관개 농업 게티이미지코리아
란탐보르 국립 공원 Shutterstock
조드푸르 Shutterstock
자이살메르 Shutterstock
전통의상을 입은 여자들 123RF
아잔타 26석굴의 와불 Shutterstock
케랄라 지방의 어촌 Shutterstock
힌두교 3대 신 Vaishnavi
육지를 끌어 올리는 멧돼지 신 바라하 Shutterstock
코끼리 신 가네샤 Mary Evans Picture Library/윤익이미지
사르나트 Shutterstock
아잔타 석굴 Shutterstock
아잔타 제1석굴의 벽화 Akg Images/게티이미지코리아
아잔타 제2석굴 내부 Agefotostock/토픽이미지스
카일라사 사원 Shutterstock
하르샤 대왕 얼굴이 새겨진 동전 Wikipedia
둘라데오 사원   Alamy/게티이미지코리아
둘라데오 사원 부조 Rajenver
아르주나의 고행 Shutterstock
마하보디 사원 Ken Weiland
앙코르 와트 Shutterstock
보로부두르 사원 Agefotostock/토픽이미지스
마왕 라바나와 독수리 왕의 싸움 The Bridgeman Art Library
랑카섬을 불태우는 하누만 Photo Stapleton Historical Collection/Heritage Images/Scala/Florence
애니메이션 〈라마야나〉 한 장면 Nina paley
비슈누의 아홉 화신 The Bridgeman Art Library

5교시

사막을 건너는 대상 행렬 Alamy/게티이미지코리아
예루살렘 바위의 돔 Godot13
아덴 항구 T3n60
다마스쿠스 대사원 Shutterstock
크테시폰의 아치 Karl Oppolzer
바스라 항구 Shutterstock
메디나에서 설교 중인 무함마드 Akg Images/게티이미지코리아
카바 신전 Shutterstock
리야드 Shutterstock
하늘에서 내려다 본 마지드 알 하람 사원 Shutterstock
사우디아라비아 석유 공장 Shutterstock
두바이 Shutterstock
하늘에서 바라본 두바이 해변 Shutterstock
부르즈 할리파 Shutterstock
도하 Shutterstock
알자지라 방송국 게티이미지코리아
칼리파 국제 경기장 Wikipedia
예멘 내전 게티이미지코리아
우주에서 본 아라비아반도 Shutterstock
사막의 오아시스 Shutterstock
단봉낙타 Shutterstock
터번 쓴 사람 www.dmitrimarkine.com
아랍인들이 섬기던 여러 신들 Akg Images/게티이미지코리아
전쟁을 벌이는 아랍 여러 부족들 The Bridgeman Art Library
다마스쿠스 게티이미지뱅크
가브리엘 천사로부터 계시를 받는 무함마드 Akg Images/게티이미지코리아
무함마드가 천사로부터 계시를 받았다는 동굴 Nacizane
쿠란 Akg Images/게티이미지코리아
쿠란을 머리 위에 얹은 아이들 Alamy/게티이미지코리아
자발 사우르 동굴 게티이미지코리아
교우들 사이에 앉아 있는 무함마드 Akg Images/게티이미지코리아
메디나의 예언자 모스크 게티이미지코리아

전투를 지휘하는 무함마드 Akg Images/게티이미지코리아
무함마드의 메카 입성 Akg Images/게티이미지코리아
예배를 주노하는 이맘 Routers
할랄푸드 인증 마크 Shutterstock
이슬람 사원 벽면 아라베스크 무늬 Shutterstock
이슬람 신자 기도 수첩 Alamy/게티이미지코리아
숨을 거두는 무함마드 Akg Images/게티이미지코리아
칼리프 자리에 오르는 아부 바크르 게티이미지코리아
우스만 시대의 주화 Mohammad adil
제4대 칼리프로 선출되는 알리 Alamy/게티이미지코리아
카바 신전과 순례자들 Shutterstock

6교시

코르도바 대모스크 내부 Shutterstock
카이로 밥 알 나스르 성문 Akg Images/이미지코리아
다마스쿠스 대사원 Alamy/게티이미지코리아
사마라 대모스크 미나렛 Alamy/게티이미지코리아
바그다드 복원도 Science Photo Library
카르발라 전투 Akg Images/이미지코리아
콘스탄티노폴리스 성벽 GFDL
이베리아반도에서 바라본 모로코 Shutterstock
사하라 사막 Shutterstock
베르베르인 Alamy/게티이미지코리아
아틀라스산맥 Tolaakini
투브칼산 Jebel Toubkal
계단식 농지 Shutterstock
카사블랑카 게티이미지코리아
올리브 농장 Shutterstock
아틀라스 영화 스튜디오 Shutterstock
알제 Shutterstock
알제리 석유 공장 게티이미지코리아
알제리 독립 기념 행진 게티이미지코리아
튀니스 Shutterstock
시디 부 사이드 해변 Shutterstock
재스민 혁명 게티이미지코리아
알리 The Bridgeman Art Library
카르발라의 이맘 후세인 The Bridgeman Art Library
콘스탄티노폴리스 공방전 기록화 게티이미지코리아
우마이야 왕조 금화 게티이미지코리아
쿠세이르 암라 궁전 Shutterstock
바그다드 전경 JIM GORDAN
이슬람 크리스탈 공예 게티이미지코리아
이슬람 세계 종이 기술자들 Agefotostock/토픽이미지스
아스트롤라베 Marie-Lan Nguyen
이븐 시나의 의학서 The Bridgeman Art Library
카롤루스 대제의 사절단을 맞이하는 하룬 알 라시드 Akg Images/게티이미지코리아
맘루크들의 군사 훈련서 Akg Images/게티이미지코리아
파티마 왕조 시기의 상아 공예품 Alamy/게티이미지코리아

세헤라자드의 이야기를 듣는 페르시아왕 Alamy/게티이미지코리아
〈알리바바와 40인의 도적〉 한 장면 AF Fotografie/ Alamy/윤익이미지
튀르키예 이스탄불 술탄 아흐메드 모스크 Agefotostock/토픽이미지스
모스크 돔 천장 내부 Shutterstock
미나렛 Thisisbossi
민바르 Darwinek
미흐라브 Shutterstock
모스크 내부 Shutterstock
세정식용 분수 Andrew Shiva

7교시

아헨 Alamy/게티이미지코리아
카롤루스 대관식 기록화 Akg Images/게티이미지코리아
바이킹 뿔투구 Alamy/게티이미지코리아
아헨 대성당 Shutterstock
전설 속의 4인방 123RF
헝가리 초원 Shutterstock
노르웨이 나르비크 Shutterstock
노르웨이 로포텐 해안가 백야 게티이미지코리아
오로라 Shutterstock
침엽수림 Shutterstock
북해 유전 Shutterstock
오슬로 Shutterstock
피오르 해안 Shutterstock
코펜하겐 Shutterstock
덴마크 레고랜드 게티이미지코리아
인어 공주 동상 Shutterstock
스톡홀름 Shutterstock
이케아 공장 Christian Koehn (fragwürdig)
노벨상 시상식 뉴스1
킬데리크 인장 반지 The Bridgeman Art Library
흑림 지대 Shutterstock
프랑스 평원 Shutterstock
프랑크 마을 복원한 독일 민속촌 RaBoe
세례 받는 클로비스 1세 Akg Images/게티이미지코리아
클로비스 1세 무덤 The Bridgeman Art Library
가톨릭 교황과 러시아 총대주교의 만남 게티이미지코리아
정교회 사제 가족 Alamy/게티이미지코리아
성상 파괴 운동으로 훼손된 그림 Alamy/게티이미지코리아
레오 3세의 금화 Classical Numismatic Group, Inc.
카롤루스 마르텔 Mary Evans Picture Library/윤익이미지
페피누스 3세 Akg Images/게티이미지코리아
바티칸 시국 성 베드로 대성당 Shutterstock
카롤루스 대제 Akg Images/게티이미지코리아
영화 〈어벤저스〉의 토르 Interfoto/이미지코리아
전통 의상을 입은 우크라이나 남녀 Alamy/게티이미지코리아
발트해의 호박 Shutterstock
호박으로 만든 펜던트 House of Amber
전통 방식의 바이킹 보트 Shutterstock

바다 건너오는 바이킹들 The Bridgeman Art Library
아르파드왕과 마자르의 일곱 족장 Alamy/게티이미지코리아
바위에서 엑스칼리버를 뽑은 아서왕 게티이미지코리아
레이프 에이릭손 동상 Shutterstock
캐나다 뉴펀들랜드섬에 복원되어 있는 바이킹 가옥 Dylan Kereluk from White Rock

연표
다보탑 Asadal
성덕 대왕 신종 Asadal
서역에서 온 유리병 국립중앙박물관
월지에서 발견된 주사위 국립경주박물관
발해 용머리 석상 tjfriese
고려 국조가 새겨진 청동 거울 국립중앙박물관

퀴즈 정답

1교시

1. ②
2. O, X, X
3. ②
4. 당삼채
5. 대운하
6. 중서성, 상서성
7. 황소

2교시

1. 조몬
2. 도래인
3. ③
4. 다이카 개신
5. ④
6. ④

3교시

1. ③
2. X, O, O, X
3. ②
4. ①
5. ①

4교시

1. X, O, O
2. 힌두교
3. 산스크리트어
4. ㉠, ㉡
5. ④
6. ①-㉡, ②-㉢, ④-㉠
7. ③

5교시

1. O, X, O
2. 이슬람교
3. ④
4. ①
5. ㉠-㉢-㉣-㉡
6. 정통 칼리프
7. ①-㉢, ②-㉠, ③-㉡

6교시

1. X, X, O
2. 시아파
3. ②
4. ③
5. ①-㉠, ㉣ / ②-㉡, ㉢
6. 맘루크
7. 후우마이야(왕조)

7교시

1. ②
2. ㉠-㉣-㉢-㉡
3. ②
4. O, X, X, O
5. 페르시아, 슬라브인, 테마 제도
6. ③

일러두기

- 맞춤법과 띄어쓰기는 국립국어원에서 펴낸 《표준국어대사전》을 따랐습니다.
- 역사 용어와 띄어쓰기는 《교과서 편수자료》의 표기 원칙을 따랐습니다.
  단, 학계의 일반적인 표기와 다른 경우 감수자의 자문을 거쳐 학계의 표기를 따랐습니다.
- 중국의 지명은 현재까지 남아 있는 지명은 중국어 발음, 남아 있지 않은 지명은 한자음을 따랐습니다.
- 중국의 인명은 변법자강 운동을 기준으로 그 이전은 한자음, 그 이후는 중국어 발음을 따라하는 것을 원칙으로 했습니다.
- 일본의 지명과 인명은 일본어 발음을 따랐습니다.

- 이 책에 실린 사진은 북앤포토를 통해 저작권자로부터 사용허가를 받았습니다.
- 일부 사진은 wikipedia commons public domain에 게재되어 있습니다.
- 저작권자와 접촉이 되지 않는 등 불가피한 사정으로 사용 허가를 받지 못한 사진에 대해서는
  저작권자의 허락을 구하는 대로 게재 허락을 받고 사용료를 지불하겠습니다.
- 이 책에 실려 있는 지도와 그림의 저작권은 별도의 표기가 없는 한 (주)사회평론에 있습니다.

교양으로 읽는 용선생 세계사 ④ 지역 문화권의 형성 ― 아시아, 이슬람, 유럽 문화권

전면 개정판 1쇄 발행	2025년 7월 23일
전면 개정판 2쇄 발행	2025년 12월 29일

글	이희건, 차윤석, 김선빈, 박병익, 김선혜
그림	이우일, 박기종
지도	김경진
구성	정지윤
사본 및 감수	김병준, 남종국, 박수철, 이은정, 이지은, 정재훈
교과 과정 감수	박혜정, 한유라, 원지혜
어린이사업본부	은지영
편집	송용운, 김언진, 윤선아
마케팅	윤영채, 정하연, 안은지, 박찬수, 염승연
경영지원	나연희, 주광근, 오민정, 정민희, 김수아, 김민주, 김기현
디자인	이수경
본문디자인	박효영, 최한나
사진	북앤포토
영상 제작	(주)트립클립

펴낸이	윤철호
펴낸곳	(주)사회평론
전화	02-326-1182
팩스	02-326-1626
주소	03993 서울시 마포구 월드컵북로6길 56 사평빌딩
용선생 클래스	yongclass.com
출판등록	1993년 10월 6일 제 10-876호

ⓒ사회평론, 2017

ISBN 979-11-6273-363-9 73900

- 이 책 내용의 일부나 전부를 다시 사용하려면 저작권자와 사회평론의 동의를 받아야 합니다.
- 잘못 만들어진 책은 구입하신 곳에서 바꾸어 드립니다.

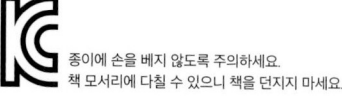

종이에 손을 베지 않도록 주의하세요.
책 모서리에 다칠 수 있으니 책을 던지지 마세요.

이 책을 만드는 데 강의, 자문, 감수하신 분

강영순(한국외국어대학교 강사)
아세아연합신학대학교 아세아학과를 졸업하고 한국외국어대학교 대학원 아시아학과에서 석사 학위를, 국립 인도네시아대학교에서 박사 학위를 받았습니다. 현재 한국외국어대학교 말레이·인도네시아어통번역 학과에서 강의를 하고 있습니다. 〈인도네시아 환경정치에 대한 연구: 열대림을 중심으로〉, 〈수까르노와 이승만: 제2차 세계 대전 후 건국 지도자 비교〉, 〈인도네시아 서 파푸아 특별자치제에 관한 연구〉 등의 논문을 지었습니다.

김광수(한국외국어대학교 HK교수)
한국외국어대학교를 졸업하고 남아프리카 공화국 노스-웨스트대학교 역사학과에서 석사·박사 학위를 받았습니다. 현재 한국외국어대학교 아프리카연구소 HK교수로 재직 중입니다. 지은 책으로 《스와힐리어 연구》, 《에티오피아 악숨 문명》 등이 있고, 함께 지은 책으로 《7인 7색 아프리카》, 《남아프리카사》 등이 있으며 《현대 아프리카의 이해》를 우리말로 옮겼습니다.

김병준(서울대학교 교수)
서울대학교 동양사학과를 졸업하고 같은 학교 대학원에서 석사·박사 학위를 받았습니다. 현재 서울대학교 역사학부 교수로 재직 중입니다. 《순간과 영원: 중국고대의 미술과 건축》, 《고사변 자서》 등을 우리말로 옮겼고, 《중국고대 지역문화와 군현지배》 등을 지었습니다. 함께 지은 책으로 《사료로 보는 아시아사》, 《역사학의 성과와 역사교육의 방향》, 《동아시아의 문화교류와 소통》 등이 있습니다.

남종국(이화여자대학교 교수)
서울대학교 서양사학과를 졸업하고 같은 학교 대학원에서 석사 학위를, 프랑스 파리1대학에서 박사 학위를 받았습니다. 현재 이화여대 사학과 교수로 재직하고 있습니다. 지은 책으로 《이탈리아 상인의 위대한 도전》, 《지중해 교역은 유럽을 어떻게 바꾸었을까?》, 《세계사 뛰어넘기》 등이 있으며 《프라토의 중세 상인》을 우리말로 옮겼습니다.

박병규(서울대학교 HK교수)
고려대학교 서어서문학과를 졸업하고 멕시코 국립대학(UNAM)에서 문학 박사 학위를 받았습니다. 현재는 서울대 라틴아메리카연구소 HK교수로 재직 중입니다. 《불의 기억》, 《파블로 네루다 자서전 - 사랑하고 노래하고 투쟁하다》, 《1492년, 타자의 은폐》 등을 우리 말로 옮겼습니다.

박상수(고려대학교 교수)
고려대학교 사학과를 졸업하고 같은 학교 대학원에서 석사학위와 박사과정 수료를, 프랑스 국립 사회과학고등연구원에서 박사 학위를 받았습니다. 현재 고려대학교 사학과 교수로 재직하고 있습니다. 지은 책으로 《중국혁명과 비밀결사》 등이 있고, 함께 지은 책으로는 《동아시아, 인식과 역사적 실제: 전시기(戰時期)에 대한 조명》 등이 있습니다. 《중국현대사 - 공산당, 국가, 사회의 격동》을 우리말로 옮겼습니다.

박수철(서울대학교 교수)
서울대학교 역사교육과를 졸업하고 같은 대학 대학원 동양사학과에서 석사를, 일본 교토대에서 박사 학위를 받았습니다. 현재는 서울대학교 역사학부 교수로 재직 중입니다. 지은 책으로는 《오다·도요토미 정권의 사사지배와 천황》이 있으며, 함께 지은 책으로는 《아틀라스 일본사》, 《사료로 보는 아시아사》, 《일본사의 변혁기를 본다》 등이 있습니다.

성춘택(경희대학교 교수)
서울대학교 고고미술사학과와 대학원에서 고고학을 전공했으며, 워싱턴대학교 인류학과에서 고고학으로 석사와 박사 학위를 받았습니다. 현재 경희대학교 사학과 교수로 재직 중입니다. 《석기고고학》이란 책을 쓰고, 《고고학사》, 《다윈 진화고고학》, 《인류학과 고고학》 등을 우리말로 옮겼습니다.

유성환(서울대학교 강사)
부산대학교 영문학과를 졸업하고 미국 브라운대학교에서 박사 학위를 받았습니다. 현재 서울대 아시아언어문명학부에서 강의를 하고 있습니다. 〈이히, 시스트럼 연주자- 이히를 통해 본 어린이 신 패턴〉과 〈외국인에 대한 이집트인들의 두 시선〉 등의 논문을 지었습니다.

윤은주(국민대학교 강의 전담 교수)
서울대학교 서양사학과를 졸업하고 프랑스 사회과학고등연구원에서 박사 학위를 받았습니다. 현재 국민대학교 교양대학 강의 전담 교원으로 일하고 있습니다. 《넬슨 만델라 평전》을 우리말로 옮겼으며 《히스토리》의 4-5장과 유럽 국가들의 연표를 우리말로 옮겼습니다.

이근명(한국외국어대학교 교수)
서울대학교 동양사학과를 졸업하고 같은 학교 대학원에서 석사·박사 학위를 받았습니다. 현재 한국외국어대학교 사학과 교수로 재직하고 있습니다. 지은 책으로는 《남송 시대 복건 사회의 변화와 식량 수급》, 《아틀라스 중국사(공저)》, 《동북아 중세의 한족과 북방민족》 등이 있고, 《중국역사》, 《중국의 시험지옥 - 과거》, 《송사 외국전 역주》 등을 우리말로 옮겼습니다.

이은정(서울대학교 강사)
한국외국어대학교 터키어과를 졸업하고 터키 국립 앙카라 대학교 역사학과에서 석사 학위를, 서울대학교 서양사학과에서 박사 학위를 받았습니다. 현재는 서울대학교 등에서 강의를 하고 있습니다. 〈16-17세기 오스만 황실 여성의 사회적 위상과 공적 역할- 오스만 황태후의 역할을 중심으로〉와 〈'다종교·다민족·다문화'적인 오스만 제국의 통치전략〉 등의 논문을 지었습니다.

이지은(한국외국어대학교 전임연구원)
이화여대 사학과를 졸업하고 한국외국어대학교와 인도 델리대학교, 네루대학교에서 석사·박사 학위를 받았습니다. 현재 한국외국어대학교 인도연구소 전임연구원으로 일하고 있습니다. 함께 지은 책으로는 《탈서구중심주의는 가능한가》가 있으며 〈인도 식민지 시기와 국가형성기 하층카스트 엘리트의 저항 담론 형성과 역사인식〉, 〈반서구중심주의에서 원리주의까지〉 등의 논문을 지었습니다.

정기문(군산대학교 교수)
서울대학교 역사교육과를 졸업하고 같은 학교 대학원에서 석사·박사 학위를 받았습니다. 현재 군산대학교 사학과 교수로 재직하고 있습니다. 지은 책으로는 《한국인을 위한 서양사》, 《내 딸을 위한 여성사》, 《역사란 무엇인가》 등이 있고, 《역사, 시민이 묻고 역사가 답하고 저널리스트가 논하다》, 《고대 로마인의 생각과 힘》, 《지식의 재발견》 등을 우리말로 옮겼습니다.

정재훈(경상대학교 교수)
서울대학교 동양사학과를 졸업하고 같은 학교 대학원에서 석사·박사 학위를 받았습니다. 현재 경상대학교 사학과 교수로 재직 중입니다. 지은 책으로는 《돌궐 유목제국사》, 《위구르 유목 제국사(744-840)》 등이 있고 《유라시아 유목제국사》, 《사료로 보는 아시아사》 등을 우리말로 옮겼습니다.

최재인(서울대학교 강사)
서울대학교 서양사학과를 졸업하고 같은 학교 대학원에서 석사·박사 학위를 받았습니다. 현재 서울대학교 강사로 일하고 있습니다. 함께 지은 책으로 《서양여성들 근대를 달리다》, 《여성의 삶과 문화》, 《다민족 다인종 국가의 역사인식》, 《동서양 역사 속의 다문화적 전개양상》 등이 있고, 《가부장제와 자본주의》, 《유럽의 자본주의》, 《세계사 공부의 기초》 등을 우리말로 옮겼습니다.